# 家世

修订版

余世存 著

北京时代华文书局

**图书在版编目（CIP）数据**

家世 / 余世存著 . —修订版 . —北京：北京时代华文书局，2018. 5
ISBN 978-7-5699-2387-2

Ⅰ . ①家… Ⅱ . ①余… Ⅲ . ①家族—介绍—中国—近现代 Ⅳ . ① K820. 9

中国版本图书馆 CIP 数据核字（2018）第 073938 号

# 家 世
JIASHI

著　　者 | 余世存

出 版 人 | 王训海
责任编辑 | 徐敏峰

出版发行 | 北京时代华文书局 http://www.bjsdsj.com.cn
北京市东城区安定门外大街 136 号皇城国际大厦 A 座 8 楼
邮编：100011　电话：010 - 64267955
印　　刷 | 河北鹏润印刷有限公司
（如发现印装质量问题，请与印刷厂联系调换：010-82069336）
开　　本 | 880mm×1230mm　1/32　印　　张 | 10. 5　字　　数 | 209 千字
版　　次 | 2018 年 6 月第 1 版　印　　次 | 2018 年 8 月第 2 次印刷
书　　号 | ISBN 978-7-5699-2387-2
定　　价 | 65. 00 元

# 目录

# 修订版序

在我决定写作《家世》时，社会上只有零星的有关家族荣耀一类的文章。在《家世》出版一个月后，官媒开设了家风一类的栏目，弘扬家教、家风成了社会的思潮。有朋友恭维，我又摸准了社会演进的脉搏。他其实并不了解我在研读家世时的矛盾心理，作为一个受新文化运动影响的当代人，对宗亲家族的负面作用绝不陌生。不过，在国人“离家出走”百年之久，回家的心理越来越迫切，我们需要家的归宿和认同，我必须考虑时代的需要。因此，《家世》虽有曲笔，但在当时，我的文字基本以家族的正面功能为主。

这次修订增补，总算有机会把我对家族的意见尽可能完整地表达出来。我国人动辄以“家国天下”自豪，但何谓家国天下，家族演进的目的何在，现代人的归宿和认同为何，等等，人们并没有基本的共识，人们在成家立业的路上仍走得艰难。

尽管有人称我国有长达千年以上的特殊家族，不少家族也有过数十代的繁荣，但家族一旦完成其庇护个人的任务之后，就失去了意义。在国史上，士族时代是家族最有机会上出的历史阶段，他们本应跟欧洲贵族一样，在独立人格、个体尊严、社会责任、制度建设等方面做出贡献，但他们并没能发挥应有的作用。直到今天，海内外的家族演进仍存在这一遗憾。

家族绝不是家族发展的目的，更不是个人的目的。从时空属性来说，个人和家、国、天下，恰好构成时空的完整。个人属于春天、东方，具有无限的可能性，天然需要生发；家属于夏天、南方，象征光明、温暖、分工和礼乐秩序；国属于秋天，保障财产和赋予财产权，代表理性和法治；天下属于冬天，意味着全局、慧命……个人需要成家，一如春天的时间指向是夏天；家族需要参与国家和天下事务，一如夏天的尽头是秋天、冬天。但如果夏天过于漫长，光明、温暖和秩序就会走向反动，变成潮湿的、发霉的、无序的、令人厌恶的东西。在羡慕贵族子弟积极向上、创造力无限，感叹纨绔子弟没心没肺、败家败物时，我们也当对其属于不同性质的家庭抱有同情的理解。

因此，家庭家族的上出之路，必定是国家社会层面。只有如此，其中优秀个体的创造力才能参与成就国是的共和，和衷共济；国家社会才能成为个人和家族家庭的安全网，而不是成为后者的收割机。没有这样的上出之心及其努力，国家和天下的恶化则会败坏家人、毁灭家人。在极端时刻，仁人志士们不得不毁家纾难，以天下兴亡和国家安康为己任。这样的历史经验和教训不是太少，时空展开的历史就是时空的法庭。遗憾的是，我们众多的个人和家族仍无动于衷；殷鉴不远，只是每隔五年、十年，我们中间会推出一批人和家族献祭给国家天下的“绞肉机”。

《家世》出版后，我接受过很多采访，也写过不少命题作文。有人要我谈“家族与国运”，我在这一命题下感慨过：

“时代或家族命运展开的逻辑是，家族成员之间、代际之间，在社会上的体验或角色表达上有分工之必要。家的本质之一即是分工，这种分工后的综合则意味着全面、整体。就是说，社会分工落实到家族成员之间，只有一个家族走遍社会的阶层、职业或事业时，这个家族的使命才算告一段落。良好的家风、家教既浇灌了它的王谢人物，也成全了寻常百姓。这就是为什么我们都同意‘旧时王谢堂前燕，飞入寻常百姓家’不仅仅是悲剧，也是正剧。我们也都看到，那些曾经权倾一时的家族，那些富可敌国的家族，其后代必然会有在文化艺术上的胜出，其后代也会在‘渔樵耕读’上下功夫，道理即在于此。当今社会流行的‘近亲繁殖’现象，如教授的孩子依然是教授，演员的孩子依然是演员，官员的孩子依然是官员……实在是一种暴发户心理，实在是没有理解家族的使命，没有理解时代变迁的本质。”

在我的时空观中，不仅家国天下属于时空的一部分，就是士农工商的社会结构也意味着时空的完整。农属于春天、东方；工属于夏天、南方；商属于秋天、西方；士属于冬天、北方。一个家族的个体成员或代际成员只有将此时空走完，才算是完成了使命。当然，生活在全球化时代，时空有并存的现象，我们个人更有条件在士农工商的身份、职业中随时转换，出入自如；但要在每一领域、每一时空中有所成就，仍需要我们付出努力。这一努力包括我们对其他时空的同情。

因此，我还感慨过：“只有在社会分工中体悟到人生的丰富，只有在时代变迁中参透了悲欢离合，一个家族的发展才算完整，才算获得了新的起点。当然，家族在时代沉浮中也获得了真正的考验。那就是，一代人的时势权力并不重要，要在自己是否给了子孙命运展开的空间，要在子孙是否跟自己构成一种精神的谱系。在这方面，不给后代空间的人注定成为笑柄，‘始作俑者，其无后乎？’”

不少人担心家和家族的消失。三世四世同堂的家族已经成为历史，两代相处享受亲情的家庭也不多见，孩子毕业走入社会后基本上都是搬出去单独起火过日子。只有在节假日里，人们才会跟父母、孩子在一起“消费”天伦。但我相信这一现象并不长久。全球化时代有超越时空、兼容时空的一面，同样有强化时空的一面。只要夏天还是时间的重要季节和阶段之一，家庭和家族就会存在下去。一如光明、温暖和秩序仍是我们每个人在世时寻找的归宿。

在今天，家的内涵和外延也在丰富，精神家族、朋友圈、同学群，乃至地域、行业等大大小小的共同体或共享社区，也成为个体心灵和精神家园的延伸，很多人乐在其中。当然，这一类“家庭生活”同样需要上出到国家社会和天下层面。不仅如此，传统的家庭关系也在深化，传统东方式的家与传统西方式的家并存而相互补益，兼顾秩序和个体人格独立是今天人类家庭需要实践的两大功能；自然，实现认同和激活创造也应该是家庭的使命……所有这些人类的情感维系，需要我们每一个人提供属于自己的答案。

是为序。

# 自　序

萌生写家世的念头应该很早了。三十岁那年，曾经写过一本自传，当时希望每年有时间修订一遍，四十岁时出版，但写好就搁在那里，至今没再看一眼。我们中国人的人生立得晚，将立未立或立起来时总是忙碌异常而少有心思做这类“自我整理”。

后来的刺激日渐增多。给父母“行孝”，父母或一起或单独来京多次，每次相聚时我和父母都充满了希望，但每次分别时都有些失望、懊悔。住京城芍药居的时候，有一天，楼下的小两口上来希望借用我家给他家的南窗口安装护栏，十几层楼要装护栏，我疑惑了一下没有多问。护栏装好一个月后，他们的母亲从北阳台跳下去了。老人来京是准备享福的，儿子和媳妇也很老实，她为什么选择了轻生？我不敢深想下去……后来知道，京城有几十万这样从各地来京享福的老人，他们语言不通，没有朋友，走在小区里像个“霉气”（家乡语，父亲语），儿女忙得一天到晚难得跟他们交流，他们来到大城市生活，比海外那些“蹲移民监者”更难受。

卜居云南大理的时候，身在海外的同学、西方名牌大学的教授回国，专程来看我。同学跟我说起退休的母亲，六七十岁的干部，孤独得要命，把他当作依靠，英语不通，却再三再四地跑到国外去跟他一起生活，一次都在三个月、半年以上，让他苦不堪言。我笑说，她不是干部吗，应该有不少朋友啊。同学批评我，不准笑，五四反封建也不够彻底，你们在国内也没把五四的精神落实下来……同学很认真地跟我讨论，家人之间的亲情和“边界”问题，家庭、宗族的小共同体跟国家、社会等大共同体的关系问题：为什么大家希望在一起以助力借力，反而更多的是一起沦陷？因为说到底，文明是不断地充分社会化的过程，也是充分个体化的过程，家族乃至国家应是这一文明过程的桥梁，而非障碍。

云南的朋友也跟我讨论社会养老问题，说某地的养老院月收三千元，仍人满为患，昆明的收费低一些，一两千元，但也是“火”得不得了。他们准备引进西方先进的养老经验，做更好的养老院，比如给每个老人配一只狗，给不同年龄的老人编组……我笑说，我写过社会演进纲要，对生老病死吃穿住行婚丧嫁娶中的“老”也有过设想，我是希望把“啃老”事业真正社会化，比如给每家老人配一个大学毕业生，除了陪护，年轻人的任务是给老人整理家世、传记。这样，老人、老人的孩子、待业的年轻人，三方受益。朋友说好，只是开头难啊！

回到京城后，发现有些杂志的经营中，老人的回忆录是重要的一块。香港出版界的朋友则说，他们每年收到的老人回忆录有上千部，但大部分是垃圾，自吹自擂，自我遮羞。而社会上，也确实有年轻人服务于“夕阳产业”，在整理家史、家世方面蹚开了道路。至于舆论流行，“常回家看看”一类的温情宣唱多年，“我们的大中国呀，好大的一个家”

等耳濡目染，让我们不用调查即可断言，家庭是我们社会仍在发挥作用的最重要的“细胞”之一。人们把安身立命转换成安居乐业，把幸福转换成跟家人团聚，把成家安家转换成买房子车子，把成功转换成父母家人凑钱给自己在大城市买下房子……

尽管当代的家庭已经从传统的四世同堂演变成二世或一世家庭，单亲家庭也日益增多，但“家世”问题仍一以贯之。家世甚至从宗族家庭问题，演变成空前的社会问题和政治问题。“高富帅”“凤凰男”等词汇的流行即是明证，“成分论”早已成为历史，但今天人们又自觉自愿地把“出身论”“身份论”招回来了。“我爸是李刚”等关键时刻的话语，无意中透露出我们对家人权势的倚仗。它也说明，有着数千年传统的宗亲文化至今仍根深蒂固地影响着人们。如果说人们曾经认识到它有正面作用也有禁锢作用，今天，它同样维系了人间的善，也放任了人心的罪性和丑恶。

“回家”的人仍是“无家”的人，普遍失教的后果众所周知。家庭教育、社会教育、学校教育三大领域多有缺失，家教的失当和匮乏同样严重。我们不知道如何跟家人相处，也不知道如何教育孩子。曾到乐山去，当地朋友带我去参观老人生活，老人们在一起打“二七十”纸牌，类似民间的“上大人，孔乙己”。朋友说，你得支持啊，这些老人生活多健康啊！但有些子女说起父母沉迷于“国牌”麻将时，也是绝望，说老人对麻将比对子女还要亲。印象中，学者朱大可先生曾嘲笑过这种东方大陆暗夜时代的“方城游戏”。至于教育，一个朋友告诉我，他的亲戚因虚荣和吝啬，让自己的孩子得了精神病。

当一家内刊杂志的主编孙博红约我写专栏时，我想也没想就说写家世。孙博红也为我量身定做，给了方便。我开始梳理百年来的中国家族，挑选我认为值得传述的写成文章。我曾经希望自己能像伟大的司马迁那样纪传前贤，他把孔子等人生的失败者、失意者列入“世家”，我们也应该把当代的风范写出来，从而为当代人寻找真正的人生价值秩序。断断续续两年间，写了十二家，当自己的读书研究领域出现了新突破，对家庭的思索也有了疑惑，我就放下了《家世》，转向新领域。

有“出版梦”的朋友们看到几篇，觉得好，认为我应该写下去。我说顾不过来，而且这个时候对家庭的现实作用下结论为时过早。朋友认为按已有的思路写就可以，我理解他的意思，平实地写出那些值得“风范”的人家，发“修齐”之光，以使人的身心庶几得到安慰。

后来知道此事的朋友不少，他们都希望我把这一专题做出来，但我知道这事的难度。当代文明仍未解答的几大之谜，物质结构、宇宙演化、生命起源、智能本质等，家族的传承跟它们几乎都有关联，尤其与智能本质最为接近。过往的玄学、神秘主义，尽管不知所以然，但至少知其然，如此虽给了人装神弄鬼的空间，却也让人有所敬畏。

此外，“方以类聚，物以群分”。东方的类聚性质近仁，西方近义，故我们重量、重面子、重情分关系，西人重质、重利、重正义理性；我们重恩，西人重爱。家族在差序格局的情感关系中是极为重要的纽带，正反作用兼具。在现代社会，家族关系能否实现“现代转化”，仍有待观察。时近清明，朋友们纷纷说“回家了”或“在回家路上”，慎终追远，养生伤逝，家族关系能否超越小共同体、超越管制和异化中的困顿，仍有待观察。特蕾莎修女对善和世界和平的解决思路：“回家，爱你的家人。”我们中国人的修身齐家是否能够充当先导，仍有待观察。

我后来补写的几篇文字跟前面的风格有所不同，也是有这些思虑在。在最初的计划里，写十五家，做另外十五家的世系表，是谓三十家，“三十”在中国人的时间观念中即为“一世”。山东的刘子豪先生甚至要帮我去编另外十五家的世系。后来重新写起这个系列时，却决定放开来写，我写了老外罗斯柴尔德家，写了我自己的家世，写了朋友杨志鹏的家世，希望能够引起更多人的共鸣。这次成书时重读它们，虽然当时用心用力不一，仍觉新鲜。这并非“敝帚自珍”，而是家世本身是教化之源，只要我们听闻，我们就能看见自己的位置和面貌。

在本书中，有些曲折说得平常，有些人写得简单随意，有些家族写得郑重，有些人介绍得“性情”……希望读者朋友能对我的“放肆”或“笨拙”一笑置之，希望朋友们能从中看到自己和自家的影子。如果读者废书而叹，或者莫逆于心，跟亲人家人相视而笑，那于我“快何如之”。

是的，活在这个世界上，我们都将以自己或家人为起点，游走世界，往而有返。忆苦思甜也好，慎终追远也好，当我们“回家”时，我们都该扪心自问，我们是否解答了“人类情感和认知的急迫性”。

2013年清明节前夕

# 孔家：贵族时代的化石

孔子未能体验到家人关系的圆满。也许正是这些不幸的、不健全的亲情，使孔子一生的学问立足于伦理基础。他的全部努力在于，给这个世界上卑微渺小的个体立心立命，让人们不再孤苦无依。

也许我们都会与夫子握手，在命运和时代的脆弱、孤单和破碎中，一个倔强的老夫子是亲善可信赖的，因为我们都是中国人。

## 一 圣府世家

我国的家族文化传统浓厚，但很多人对家族的理解囿于身边的经验或近几百年的历史，不知道在两三千年的历史中，家族文化经历了非常大的变迁。概括而言，周公制礼作乐标志着宗亲文化的开始，从那时到春秋时代，我国实行宗法制度。周王称天子，即“天下宗主”，他把土地分封给各国诸侯，诸侯再层层分赏，天子、公、卿、大夫，在这个等级或差序格局里，人人都有位置，人人都以伦理的修习为生。“自天子以至于庶人，壹是皆以修身为本。”

先秦的这一家族文化，可称为贵族时代的宗亲文化。随着宗族制度的瓦解，从秦汉到隋唐，世族门阀大家族成为家族文化的典型代表。小家庭都会依附于大家族，社会上多“豪人之室，连栋数百，膏田遍野，奴婢成群，徒附万计”；“一宗近将万室，烟火连接，比屋而居”。这种家族文化，被称为士族时代的文化。

从唐宋至明清，随着科举制度进一步推行，选拔官吏基本通过科举，人们入仕不再受门第的制约，孙以祖贵的现象不多见了。钟鸣鼎食的世卿世禄和门阀大族，都不再是社会结构中的典型，此时的家族文化走向乡绅时代，大致分为文人层和民众层。我们今人理解的世家多半是乡绅时代的现象，而对贵族期、士族期的家族文化只能从文献上领略或猜想。

但是，有些个别家族却可以让我们见识贵族期的家族风范，这些家族中，孔家是一个典型的代表。在历史上，有过许多显赫一时的豪门大户，也出现过辉煌几百年的皇家贵族，但是孔氏家族却历经了两千五百多年，谱系井然，辈分分明，世受封爵，尽享富贵，至今不衰。

孔子是说不尽的。当时人虽然知道孔子作为一个不得志的人有些学问，但无论如何也没有想到他的名声会那么大，他的后人会沾那么大的光。到司马迁写《史记》的时候，他已经看到了历史上隐隐然有一个道统的存在，这个道统要比政统重要得多，有影响得多，为此他把孔写入纪传体的“世家”，在帝王本纪、贵族世家中把孔子列入其中，这个独特的安排很快为现实所承认。朝廷对孔子的封赏越来越高，从西汉开始，师、父、公、王、帝、圣等称号轮番加到孔子身上，孔子的后人则封为世袭的“衍圣公”。

孟子赞美孔子：“圣之时者也，孔子之谓集大成。”司马迁说：“天下君王至于贤人众矣，当时则荣，没则已焉。孔子布衣，传十余世，学者宗之。自天子王侯，中国言六艺者折中于夫子，可谓至圣矣。”宋朝朱熹引用过无名秀才的话：“天不生仲尼，万古如长夜。”

“成天地之大功者，其子孙必彰。”自孔子死后不久，他的后人就享受政府礼遇，历代朝廷都对孔家有所关注、慰问。

1055 年，宋仁宗封孔子后人为世袭“衍圣公”之后，孔氏家族更成为华夏的名门望族。孔府大门上高悬的匾牌是“圣府”，门柱上的联语是：与国休戚，安富尊荣公府第；同天并老，文章道德圣人家。

## 二 孔家的人物

说到孔子家族，有意思的是，一开始他们家人丁不旺。自孔子开始，连续七代单传，即孔子生鲤，鲤生汲，汲生白，白生求，求生箕，箕生穿，穿生谦。第八代孔谦生三子，长子孔鲋，其业绩就是秦始皇焚书坑儒时把儒家经典藏于故宅夹壁，孔鲋传八世然后绝传。三子孔树，子孙传六代亦血竭脉枯。只有次子孔腾的香火延续下来，有人说，这似乎印证了“仲尼”的排辈，非二不能传。

据说，东汉章帝刘炟到曲阜祭孔时，孔家二十岁以上的男丁只有六十多人。唐代末年，定居曲阜的孔子后裔只有十户左右。到五代后期以后，孔子后裔才大幅增长起来，不仅曲阜正统人丁大增，外迁人口也日渐增多。

中兴祖孔仁玉（孔子四十三代孙）是孔子后裔繁衍发展的关键一代。其父孔光嗣及诸多孔家人被孔府家仆孔末所杀，孔仁玉劫后余生，挽救了孔氏家族，自此孔氏家族再度兴盛繁衍。为纪念他振兴祖业之功德，后世尊称他为“中兴祖”，并在孔府专建的报本堂和孔庙的崇圣祠里历代享受祭祀。

到元朝前期，传至五十三代时，裔孙已达八十四人，连同上下几代共有三百三十四人。至明朝五十七代时，人丁（不含女性）超过万人，清康熙年间续修的家谱，孔子后裔近两万人，乾隆年间为十万余人，到了民国时期已增至五十六万人，而今，全球已多至四百万人。孔子后裔开枝散叶于世界各地，除中国外，生活在韩国的孔氏后嗣最多，有七万多人。

孔子家族的代表性人物，除了孔子、中兴祖孔仁玉外，还有不少人为孔家增光添彩。从孔子后裔的代表人物中，可以看到他们有一脉相承的品质，如为学问道理而活，直道而行，等等。孔子是反对乡愿的，他不仅有仁爱，也有大义。他的品格也在后代身上多有体现。

秦末的第九代孙孔鲋，饱读诗书，当秦始皇“焚书坑儒”之际，他做出了“鲁壁藏书”的举动，舍弃家业，投入到抗暴的义举之中，有人称赞他践行了“道不同，不相为谋”的祖训。

东汉的第二十代孙孔融更为知名，他四岁让梨的故事几乎家喻户晓，他与兄长孔褒因“望门投止”的张俭，与母亲上演了“一门争死”义举，他是名士，为汉语世界贡献了小时了了、忘年之交、覆巢之下安有完卵等众多成语。

第三十一代孙孔颖达，是对中国经学具有总结和统一之功的大经学家。李世民称赞他：“洪钟待扣，扣无不应；幽谷发响，声无不答……思涌珠泉，情抽蕙兰。关西孔子，更起乎方今；济南伏生，重兴于兹时！”

明末清初的第六十四代孙孔尚任是诗人、戏曲家，他的《桃花扇》是戏剧史上的丰碑。他的文字是对乱世无操守者的揭露和批判，如剧中所说："你们不晓得，那些文人名士，都是识时务的俊杰，从三年前俱已出山了。"《桃花扇》开始演出时曾经盛况空前，"岁无虚日"，人们观剧则"感慨涕零"。王国维认为，元人杂剧，辞则美矣，然不知描写人物为何事。至国朝之《桃花扇》，则有人格矣！

同样为第六十四代的孔尚贤，命运跟孔尚任不同，他袭封衍圣公，袭爵之初立志要"远不负祖训，上不负国恩，下不负所学"。但最初他也走过弯路，万历年间，孔尚贤因进京朝见时随带土产贩卖，还贪图驿站便利，遭到"考成法"的整治。而他的夫人是严嵩的孙女，严嵩父子的贪腐也让他反思反省。为此他颁布了《孔氏祖训箴规》，以约束族人的不当行为："……我祖宣圣，万世师表，德配天地，道冠古今。子孙蕃庶，难以悉举。故或执经而游学，或登科而筮仕，散处四方，所在不乏。各以祖训是式，今将先祖箴规昭告族人……"他要求子孙无论何地、从事何种职业，都要遵守"父慈子孝，兄友弟恭，雍睦一堂""克己秉公""读书明理""勿嗜利忘义"的家规。严嵩父子贪腐案发后，严嵩曾来找孔尚贤，希望他能出面求情。严嵩在门口板凳上坐等了一天，孔尚贤不徇私情，始终不予接见，留下了"阁老凳"的故事。

末代衍圣公孔德成的命运更加坎坷复杂。出生百日，小孔德成即收到北洋政府徐世昌大总统令，成为袭封的三十一代衍圣公。十五岁时，孔德成主动请求南京国民政府撤销“衍圣公”之爵号，国民政府以为道统不可废，乃改衍圣公作大成至圣先师奉祀官，成为中华民国唯一的世袭特任官。抗战前夕，蒋介石命人将孔德成护送到重庆，在重庆，年轻的孔德成明确了一生的学术方向：“做一位纯粹学人，而不以道统自居。”蒋介石离开大陆时，特意带走了代表“教统”的三个人，其中就有孔德成。孔德成在台湾做了九年的“考试院长”，还担任过“总统府资政”。据郝柏村说：“我和孔德成共事五年，我们开会时，没见他说过一句话。”孔德成的谨慎、小心是出名的，但他仍有孔家人的刚直，当家乡代表团向他示好，献上包装豪华的“孔府家酒”时，孔德成瞥了一眼“孔府家酒”几个字，只淡淡地说了一句：我们孔家没有这种酒。

## 三 历代的待遇

孔家人的待遇一般人难以想象。

汉高祖刘邦夺取天下后，于公元前195年过鲁，“以太牢祀孔子”。封孔子九世孙孔腾为“奉祀君”，令其主持孔子祀事。汉元帝诏以孔子第十三代孙孔霸以所食邑祀孔子，这是孔子后裔世袭爵位奉祀的开始。唐玄宗年间，改封孔子第三十五代孙孔之为文宣公，唐玄宗还写过一首名诗《经邹鲁祭孔子而叹之》：“夫子何为者，栖栖一代中。地犹鄹氏邑，宅即鲁王宫。叹凤嗟身否，伤麟怨道穷。今看两楹奠，当与梦时同。”

到了宋朝，宋仁宗认为：“追谥孔子为文宣王而尊以王爵，封其嗣褒圣侯为文宣公，孔氏子孙去国号而袭谥号，礼之失也。”他为此改封孔子第四十六代孙孔宗愿为衍圣公，自此，衍圣公这一爵位沿袭了长达八百余年。宋代也出现了关于孔子的不少名言，其中之一即是“半部《论语》可以治天下”。

而孔家的官品也在提高，宋朝时相当于八品官，元代时提升为三品，明初是一品文官，后又“班列文官之首”，清代特许在紫禁城骑马，在御道上行走。其居住的衍圣公府（今孔府），是全国仅次于明清皇宫的最大府第。祭祀孔子则是明清时期的国家祭祀。

历代朝廷都对孔家高度重视。到了近代，同样如此。孔德成出生时，为防意外，当时的北洋政府派军队包围了产房，到处设岗，并由一位将军坐镇孔府，北洋政府山东省省长屈映光与孟、颜、曾三氏的奉祀官同时在场监督。孔德成与前清状元孙家鼐孙女孙琪芳结婚时，蒋介石要亲自出席证婚仪式，只是由于突如其来的西安事变，蒋介石没能如愿。抗战期间，“一百二十名日本兵占领了孔家大院，他们在孔府还算老实、规矩”。孔德墉说：“我接待过一位少将，他不敢坐在我的上边，只要我坐在上边的话，他一定会自动地坐在下边。当官的坐在他的旁边，其余的全部都要在外边站着。”相对于外面的战火纷飞，孔家大院里的生活衣食无忧，平静安稳，每天吃着炒菠菜、炒肉丝等四菜一汤组成的“高级农村饭”。

在台湾，有一套专门的奉祀官制度。移居台湾的孔德成家族每年可以从台湾当局领取世袭特任官的支薪，至孔德成去世，奉祀官每月支薪已达十七万新台币。除此之外，每年还有一笔“大成至圣先师奉祀官府”预算。2008年，在孔德成去世之后，台湾的孔氏后裔表示，不愿再享受世袭特任官的支薪。

## 四 孔子的不幸

回过头来看孔子，他一生其实活得不容易。我们对他的学问思想存而不论，单是看他的生活本身，置于今日社会，也是不幸的。“幼年丧母，中年丧偶，老年丧子”是我国人所谓的人生三大不幸，孔子都经历了。

《史记》记载：“纥与颜氏女野合而生孔子。”孔子三岁的时候，父亲去世。“孔子三岁而叔梁纥卒，葬于防。”因此孔子跟母亲相依为命，未能得到父亲家族的士大夫身份和地位。他自承：“吾少也贱。”当季氏宴请士族的时候，孔子不请自去，被季氏家臣阳虎拦住了。阳虎羞辱他：“季氏飨士，非敢飨子也。”

十来岁时，孔子丧母。“孔子少孤，不知其墓。殡于五父之衢，人之见之者，皆以为葬也。其慎也，盖殡也。问于郰曼父之母，然后得合葬于防。”孔子葬母时不知父墓所在，就做出惊世骇俗之举，把母亲的灵柩放在交通要道上，最后知情人告知其父墓所在，总算将父母合葬。

《孔子家语》记载："（孔子）至十九，娶于宋之亓官氏，一岁而生伯鱼。"但孔子跟太太的关系并不融洽，原始儒家文献《礼记·檀弓上》曾记载，"伯鱼之母死"，唐代孔颖达正义解释："时伯鱼母出，父在。"古人有"七出之条"的说法，就是离婚。很多人为此想象孔子的夫妻生活，有说孔子的太太不愿意跟他过苦日子，选择了离开；有说孔子忙于时事政治，长年不着家，家庭矛盾升级，最后选择了离婚；有说孔子的太太过于黏糊，不讲夫妻边界，导致孔子对女人有偏见："唯女子与小人为难养也，近之则不孙，远之则怨。"谭嗣同对孔子离婚的解读是："夫妇者，嗣为兄弟，可合可离，故孔氏不讳出妻，夫妇朋友也。"

孔子晚年，儿子孔鲤去世，白发人送黑发人的痛苦孔子也体会到了。孔鲤一生没有建树，民间编派的笑话是，孔鲤对儿子孔伋说"你父不如我父"，又对孔子说"你子不如我子"。

公正地说，孔子的失意不仅是他的报世无门，也在于他不幸的家人关系。用现代精神分析学或心理学的一些说法，他未能体验到家人关系的圆满。也许正是这些不幸的、不健全的亲情，使孔子一生的学问立足于伦理基础。他的全部努力在于，给这个世界上卑微渺小的个体立心立命，让人们不再孤苦无依。

## 五　与夫子握手

有人从基因的角度给孔家人算账：孔鲤有孔子二分之一的 DNA，孔伋拥有孔子四分之一的 DNA，孔白拥有孔子八分之一的 DNA……以此类推算出来，孔子第七十九代孙身上遗传的孔子 DNA 为“二分之一的七十八次方”，那是多少呢？

结论之一，我们所有人不管多么努力地繁衍后代，自己的 DNA 在后代身上都必然无限趋近于零，也就是无限趋近于消失。结论之二，算这个劳什子不是为了从 DNA 的角度证明孔子第七十九代孙与孔子距离有多么遥远，孔子留给子孙最重要的遗产不是生物学 DNA，而是精神 DNA。

毛泽东曾多次说孔子的短板：孔子的缺点是不民主，没有自我批判精神，有恶霸作风。“孔夫子教学也有问题，没有工业、农业，是四体不勤，五谷不分。”“后来他在鲁国当了大官，群众的事就听不到了。他后来办私塾，反对学生从事劳动。”“孔夫子是讲空话的。”“祖龙魂死业犹在，孔学名高实秕糠。”但无论早年，1938 年的毛泽东说“今天的中国是历史的中国的一个发展；我们是马克思主义的历史主义者，我们不应当割断历史。从孔夫子到孙中山，我们应当给以总结，承继这一份珍贵的遗产”，还是晚年，1973 年的毛泽东说“从孔夫子到孙中山，从乌龟壳（甲骨文）到现在，都要进行研究、总结”，我们都可以看到孔子是知识分子们不可绕过的一个存在。

我这一代人受五四新文化运动的影响，对孔子及其儒家学说一度敬而远之，后来在生活中逐渐走近孔子。二十年前，我曾在国土部门工作，工作之余曾到曲阜游览孔府，那个时候我见识了孔府的气象，“与夫子握手”，我为此感慨：民族国家的脱胎换骨首先触动的是它的一个个细胞，正是参与伟大实践的千百万众生，他们个人的衣食住行、生老病死，个人的地位、收入、名誉和爱情，其质量与其环境相关，与夫子所说的“修己以安人”相关，也与夫子所倡导的“己所不欲，勿施于人”的道德黄金律相关。因而，如何从我们自身生长出足够的信心、智慧和精神，如何从自家文化传统和世界文明进程里，探索和实践，发现由过程、现时而通向未来的道，既是时代给出的重大命题，也是中国人对自身和身外怀着无限憧憬时应有的思维。在这一过程中，需要很多人的努力来确证我们的生存，任何一个人、一个集团都不能穷尽我们时代的真理和正义。也许我们都会与夫子握手，在命运和时代的脆弱、孤单和破碎中，一个倔强的老夫子是亲善可信赖的，因为我们都是中国人。

# 张家：开张天岸马

张盛知道自家就有金饭碗，不羡慕外面名利场中的热闹。自他开始，子孙世传其业，一般称第几代天师。这些天师中人才辈出，也得张家的家风，即一种让人感到淡然的、清静无为的品格。如果说儒家是积极进取的，道家就是无为的，是回到自身上来的。张天师们传承了恬淡、见素抱朴的家风和道家思想。他们并不是不了解这个世界，他们的心智多高于红尘中的性情。

## 一 帝王师留侯

“天师”这一名词，在我的印象中是一直到云南生活时才闯入视野中来的。读书时不是没有遇到过这个词，但对怪力乱神，我几乎一直敬而远之，在书上看到了也跳过去不看。在云南生活时，遇到高尔泰先生的一个弟子——张心武先生，他曾经做过媒体，后来离职到大理定居，粗茶淡饭过日，平时读书，三教九流多有交往，久而久之，人们不称其名字，多叫他天师。

跟天师交往久了，不免对历史上的张天师好奇。后来一查资料，不得了。这个道教的天师是一个源远流长的家族，是我们中国史上有勇有谋的奇士张良的后人。张良何许人也？刘邦称赞他：“夫运筹策帷帐之中，决胜于千里之外，吾不如子房。”司马迁在《史记》中记载他的光辉事迹：“得力士，为铁锥重百二十斤。秦皇帝东游，良与客狙击秦皇帝博浪沙中，误中副车。”年轻的张良敢做刺客去刺杀秦始皇。

张良是真正的帝王师。从他同时代的人开始，历代的杰出之士多会把张良当作一面镜子，当作人生立功的标杆。班固、诸葛亮、李白、王安石、苏东坡、陈亮、王夫之、归有光、吴稚晖等人，都对张良敬重有加。很多人以为张良一定长得高大而帅气，但他其实身体弱病。司马迁说：“余以为其人计魁梧奇伟，至见其图，状貌如妇人好女。”班固说：“闻张良之智勇，以为其貌魁梧奇伟，反若妇人女子。”诸葛亮说：“仰其像不威，然运筹帷幄，决胜千里，成帝王之师。”

到了现代，国共两大革命党中的精英之士，也都有人如吴稚晖和周恩来等自比张良。到了当代，年轻的胡平还因张良起兴赋诗：“惜乎不中秦皇帝，毕竟渔阳鼙鼓来。纵有家书欺海内，奈何神像落尘埃。”今天，“推手”一词盛行网络世界，但在有史以来的历史推手中，张良仍在一流推手的行列名列前茅。

史书说，张良精通黄老之道，不留恋权位。自从刘邦逐鹿天下的大业初定，他就托词多病，淡出权力圈子。到刘邦做了皇帝，张良从“帝者师”退居“帝者宾”的地位，不主动参与权力斗争。论功行封时，刘邦令张良自择齐国三万户为食邑，张良辞让，只要最初跟刘邦相遇认识的留地（今江苏沛县），张良也因此被称为留侯。后来张良还自请告退，专心修道养精，崇信黄老之学，欲轻身成仙，传说他曾跟道家传说中的神仙人物赤松子有交往。

## 二 天师道陵

这样一个人间的旁观者，又有深刻洞察力和谋划力的人，他的后人会是什么样子？答案经过几百年给出来了。历史传到张良的第九代孙张陵那里，张家人异峰突起。张陵实现了张良没能实现的东西，史书记载：“张陵博学，及河洛天文，悉穷其妙，静处衡门，不求闻达。弹琴咏诗，顺志而已。”“本太学书生，博采五经。晚乃叹曰：‘此无益于年命。’遂学长生之道，得黄帝九鼎丹经，修炼于繁阳山，丹成服之，能坐在立亡，渐渐复少。后于万山石室中，得隐书秘文及制命山岳众神之术，行之有验。”

据说张陵自幼聪慧过人，七岁便读通《道德经》，读了十多遍就了悟它的内涵，还通天文、地理、五经、河图、洛书，博学多闻。他在太学读书时，博通《五经》，后来叹息道：“这些书都无法解决生死的问题啊！”公元59年（东汉明帝永平二年），二十六岁的张陵就被任命为江州令，但是他素来喜欢黄老清净养生之道，认为当官“无益于年命”，就辞官隐居到洛阳的北邙山中。

公元80年（汉章帝建初五年），朝廷任命四十七岁的张陵为“博士”，他“称疾不起”。再过九年，汉和帝赐五十六岁的张陵为太傅，又封为冀县侯，张陵拒绝了，他对使者说：“人生在世，不过百岁，光阴荏苒，转瞬便逝。父母隆恩，妻妾厚爱，也随时而消失。君臣之恩，谁见长久？请转告圣上，只要清静寡欲，无为而治，天下自然大定，要我何用？我志在青山中！”

公元90年，五十七岁的张陵带着弟子寻仙修道，进入江西贵溪的云锦山。在云锦山，志在修道的张陵炼起了“九天神丹”，三年后“丹成龙虎现”，于是云锦山也就改名为龙虎山。“怪力乱神”的说法是，六十岁的张陵吃了丹后返老还童，如同三十岁的年轻人，真正成了张道陵。张道陵还广传弟子，以符水给当地人治病。

也就是这个时候（有人说更晚，在张陵九十岁时），张陵“……闻蜀人多淳厚，易可教化，且多名山，乃与弟子入蜀，住鹄鸣山（鹤鸣山），著作道书二十四篇”。他在巴蜀一带“能治病，于是百姓奉事以为师”。

传说张道陵在鹤鸣山自称受太上老君之命，封为天师之位，创立天师道，又称正一盟威道。因其入教需缴纳五斗米，后被蔑称为五斗米道，张天师及其信徒也被蔑称“米贼”。《三国志》记载：“从受道者出五斗米，故世号米贼。”《典略》记载：“修为五斗米道……修法略与角同，使病者家出五斗米以为常，故号曰五斗米师。实无益于治病，但为淫妄。然小人昏愚，竞共事之。”孔子教授弟子要腊肉，张道陵带弟子要五斗米，有人因此蔑称儒生为“肉贼”，道士为“米贼”。

在民间传说中，汉顺帝汉安元年（公元142年，这个时候的张陵已经一百零九岁了）正月十五，太上老君传授张道陵经书、法器，拜为天师。第二年七月，张天师登青城山，会八部鬼帅，大战众鬼。由于天师道法通玄，诸魔所不能敌，愿意皈依正道，于是五方八部六天鬼神在青城山黄帝坛下盟誓。从此妖魔降服，人民安乐。

这个传说的理性解读是，在巴蜀传道期间，西南夷还有杀人祭祖的恶俗，民众为恶劣的生存环境所苦，即“闻巴蜀疹气危害人体，百姓为病疫灾厄所困”。为了使夷民“心修正道”，张道陵跟西南夷既斗争又团结，通过与他们设坛盟誓，不仅改变了他们的落后习俗，而且使众多被贬称为“鬼”的夷民，得到了教化，成为道教的忠实信徒。

《五岳真形图》记载：“洞天所在之处，其下别有日月分精以照，其中龙桥处二山，相去百余步，其峰危竦相对，桥在峰首，其桥中半渐渐促小，可六七寸，长一丈五尺，两边悬崖，俯临不测。山傍有誓石，天师张道陵与鬼兵为誓，朱笔画山，青崖中绝。今验断处，石并丹色，阔二十余丈，深六七丈，望之赩然。”

在鹤鸣山，张道陵做道书二十四篇，自称“太上玄元”。由于弟子众多，张道陵又设立了二十四个教区，其组织方式是以“治”为教区，并设治头、祭酒来统领；主要有二十四治，以应一年中的二十四个节气，绝大多数分布在今四川、陕西境内。可以说，张道陵创立了政教合一的社会。张道陵规定：天师为全教区最高领导；初入道的称为道民；能为道徒和病人做祈祷仪式的称为道士；信仰确立并能讲授《道德经》的称为祭酒。祭酒负责主持一治教区的各项教务工作，直属天师领导，对天师负责。在当时汉家朝廷边缘，建立了国中之国。《广弘明集》称：“张陵谋汉之晨，方兴观舍……杀牛祭祀二十四所，置以土坛，戴以草屋，称二十四治。治馆之兴，始乎此也。”

到公元 156 年（东汉桓帝永寿二年），张道陵一百二十三岁了。这年的九月九日，他把丹药、秘箓、斩邪二剑、玉册、玉印传授给长子张衡，并嘱咐道：世世代代由一人继承我的衣钵，非我家宗亲子孙不传。“吾遇太上亲传至道，此文总领三五都功，正一枢要。世世一子绍吾之位，非吾宗亲子孙不得传。”这一天，张道陵在云台山上跟夫人、弟子一起“白日飞升”。

当然，不同的书中的张道陵有不同的面相，《魏志》书中说：“蜀州鸣鹤山，张陵客蜀，学道于此山，造作符书以惑百姓。”《十道记》中说：“灵台山，在县北，一名天柱山，高四百丈，即汉张道陵升真之所。”《郡国志》说：“灵台山天柱崖下，有一桃树高五尺，皮是桃心，肉似柏，张道陵与王良、赵升试法于此，四百余年，桃迄今不朽，小碑记之。”还有一本书《益州记》说：“张道陵登仙之所，传云陵为蝮蛇所吸，人以为登仙。”

## 三 张鲁政权

张道陵被称为祖天师。他的儿子张衡被称为嗣天师，一生无奇，除了正常的传道济世之外，他也传承了家风，不在朝廷为官。当朝廷招纳他做“黄门侍郎”时，他推辞不就。到第三代系天师张鲁那里，正一盟威道，这个政教合一的国中之国有了大的发展。

各类自居正统的史家和历史人物蔑称，张鲁割据于汉中，以五斗米道教化人民，建立了短暂的政教合一的反动政权。如刘备说：“鲁自守之贼，不足虑也。”孙权说：“米贼张鲁居王巴、汉，为曹操耳目，规图益州。”王夫之说：“张鲁妖矣。”吕思勉说：“张鲁后来虽割据汉中，只是设立鬼卒等，闭关自守，实行其神权政治而已，于大局亦无甚关系。”

张鲁自称“师君”，为天师道最高首领，又是最高行政长官。来学道者，初称“鬼卒”；入道者称“道民”；受本道已信，则号称“祭酒”，各领部众；领众多者为“治头大祭酒”。在天师道二十四治辖区中，各治不置长吏，以祭酒管理行政、军事、宗教等事项。祭酒还是管理道民的师尊，并要定期聚会参访。

张鲁教道民互助互爱，“诚信不欺诈”。道徒有病，则“自首其过”。为此，设立“靖庐”，做病人思过修善之所。对犯法者宽宥三次，如果再犯，然后才加惩处，“三原然后乃行刑”；若为小过，则当修道路百步以赎罪。又依照《月令》，春夏季节，即万物生长之时，禁止饮酒和宰杀牲畜。他还创立义舍，教人们不要蓄积私财，多余的米肉交义舍，免费供行路人量腹取食，如果有人取得过多会如何，张鲁声称，那将得罪鬼神而患病。“量腹取之，过取者有祸”，不可多吃多占，“若过多，鬼辄病之”。

这个“反动政权”在当时的乱世里是一片乐土，周围民众竞相投奔，张鲁保障了持续三十的和平，“民夷便乐之”。《三国志》称：“鲁据汉中，以鬼道教民……皆教以诚信不欺诈……又置义米肉，悬于义舍，行路者量腹取足……犯法者三原然后乃行刑。不置长吏……雄踞巴、汉，垂三十年。”

曹操把持的汉家朝廷无力顾及汉中，故拜张鲁为镇民中郎将（一作镇夷中郎将），领汉宁太守。张鲁统治巴、汉近三十年。等曹操扫平北方，亲率十万大军西征，张鲁无意抵抗，想法投降曹操。手下想把仓库里的宝物全部焚毁，张鲁说："本欲归命国家，其意未遂。今日之走，以避锋锐，非有恶意。"（我已有归顺朝廷的意愿，但这一意愿没能让曹公知晓。今天我们离开，不过是避开锋芒，并没有别的意图。宝货仓库，应归国家所有。）

曹操知道情形后，非常欣赏张鲁，任命他为镇南将军，以客礼相待，封他为阆中侯（一作"襄平侯"），食邑一万户。后世道教徒称张鲁为"张镇南"。《剑桥中国秦汉史》说："张鲁的目的不是要取代帝国的权力制度，而是要改良它。他设法当了这个庞大的政治和宗教会社的头目，直到公元215年他与曹操合流才使运动草草收场，他被曹操加官晋爵，并且与曹氏联了姻。"

遗憾的是，四大古典名著之一的《三国演义》中写了张鲁的故事，但不少是作者虚构的。用现代人的话说，作者黑张鲁，矮化了张天师。现实中的张鲁仍是一个人物。张鲁在逃亡巴中时，刘备很想收编他，有人给张鲁分析说："协助以成大事，应该附托曹操；如果不这样，就西结刘备来归附。"张鲁的回答是："我宁愿为曹公的附属，也不为刘备的座上客！"

有人说，三国时代的汉中之战，曹操、刘备和张鲁三方都没有失败，曹操得到了汉中之民，刘备得到了汉中之地，而张鲁则得以将天师道传播到中原地区。这也是张鲁"宁为曹公作奴，不为刘备上客"的真正原因。

## 四 命运转折

张家归顺朝廷后，并没有“侯门一入深似海”。第四代孙张盛曾历奉车都尉散骑侍郎，魏加封都亭侯，但他辞官归隐，迁居江西龙虎山，开始天师自家的事业。用现在的话说，张盛知道自家就有金饭碗，不羡慕外面名利场中的热闹。自他开始，子孙世传其业，一般称第几代天师。这些天师中人才辈出，也得张家的家风，即一种让人感到淡然的、清静无为的品格。如果说儒家是积极进取的，道家就是无为的，是回到自身上来的。

第七代天师张回，刚能说话时，就问道是何物，别人没有答上来，他慨然失笑而叹。张回五岁时，家人想教他经典，父亲要他看看儒家的书，他的回答是：祖书不读，读他书何为？

第十代天师张子祥，曾经读过儒家经典，也做过官，后来跟妻子一起回龙虎山养生。张子祥的功夫非常高，长相一直像二十来岁的人。

第十二代天师张恒，曾让唐高宗召见，高宗问他治国安民之道，张恒回答：“能无为则天下治矣！”高宗的反应是：“上嘉之。”

第十六代天师张应韶，和他的妻子隐居龙虎山南龙须井上。他的辟谷功夫可以做到百日不食。空闲的时候，就吹奏铁笛自娱。他一吹铁笛，几里路之外都听得到。“与妻子躬排自娱，善吹铁笛，数里外闻之。”

第二十五代天师张乾曜，曾蒙宋仁宗召见，仁宗问其养生、白日飞升成仙之事。他的回答:“此非可以辅政教也!陛下苟能还淳返朴,行以简易,则天下和平矣;志虑清明,神气和完矣,奚事冲举哉!”

总之,张天师们传承了恬淡、见素抱朴的家风和道家思想。他们并不是不了解这个世界,他们的心智多高于红尘中的性情。如第三十代天师张继先,是天师家杰出的代表。年仅十三岁的三十代天师张继先应召,宋徽宗问他:“卿居龙虎山,曾见龙虎否?”对曰:“居山,虎则常见;今日方睹龙颜。”

宋徽宗曾看张天师画符,问他:“它的灵验从哪儿来?”张继先回答:“神气寄寓在上面,灵验也就跟着来了。”宋徽宗又问他炼丹方法,张继先回答说:“此野人事也,非人主所宜嗜。陛下清静无为,同符尧舜,足矣!”(这是山野之人的事业,陛下只要清静无为,功德同于尧舜,便已足够。)宋徽宗问其国运,张继先“密奏赤马红羊之兆,请修德”,即一直流传至今的中国农历丙午年、丁未年的劫难。他还借题发挥,警示朝野:“蓬莱水浅,沧海又要变桑田了吗?”

天才的张继先如此明白地告诫表面奉道内实多欲的宋徽宗,后来见劫数难逃,自己无力回天,就要求回龙虎山。宋徽宗赐予金帛,他辞谢说:“臣一野褐耳,得无以用!”赤马年的靖康之耻大幕开启时,皇帝想起了张继先的历次预奏之言,急召张继先以法术退敌,张继先走到泗州(今安徽泗县)天庆观,留下一首诗:“一面青铜镜,重景苍玉山。恍然夜船发,移迹洞天间。宝殿香云合,无人万象闲。西山红日下,烟雨若潸潸。”他写完诗,就端坐而逝,年仅三十六岁。这一天,恰恰是金兵攻陷汴京之日，徽、钦二帝做了俘虏，北宋亡。

张继先是一个分水岭。在此之前的张家天师，几乎都是高寿。张道陵本人，活了一百二十三岁。嗣师张衡、系师张鲁和张盛记载不详，从第五代的张昭成到第十五代的张高，不是“百余岁”，便是“九十许”。其中第十代天师张子祥一百二十岁，直追其先祖。后面的天师开始往八十来岁下滑。但无论如何，张天师家族前半段人物的长寿基因和后半段人物的中寿、短寿形成了鲜明的对比。有些人因此怀疑，道教的修行在宋代发生了大转折。

## 五 张家免贵

宋代确实是中国史上特殊的时代。四大古典名著之一的《水浒传》开篇即是：张天师祈禳瘟疫，洪太尉误走妖魔。书中讲述宋仁宗嘉祐三年，京师出现瘟疫，范仲淹提议派人去龙虎山请张天师禳除瘟疫。于是太尉洪信被派去龙虎山。洪太尉在龙虎山打开了伏魔之殿的封印，放出了天罡地煞，引出梁山泊一百单八将聚义的故事。

小说的历史原型就是张继先天师。宋徽宗年间，瘟疫横行，张继先“书符投大瓮贮水，以饮疫者，皆愈”。也就是说，他以符水降服了瘟疫。后来天大旱，皇帝又命他求雨，张天师听命作法，结果大雨接连下了三天。

但此后的张天师家一旦成为朝廷的依靠，反而技穷，以至于多为摆设。历史上留下来的天师事迹只是佳话，再无夺天地造化的大功。公正地说，历代张天师们多能绍续家风。在皇权越来越至高无上的后来，天师们多有骨气，不迎合，不献媚，婉转坦言，绵里藏针，甚至有谏诤。如对宋徽宗修炼成仙的想法，张继先说："清静无为，黄帝所以致治；多欲求仙，汉武所以罔功。修炼之术非天子事也！"

明代朝政不可收拾，明武宗召见第四十八代天师张彦頨："卿之祖非神仙乎？朕闻神仙长在，今还可见，亦可学否？"张天师回答："臣闻君之愈于神仙者，尧舜是也，至今犹存。愿陛下摹而效之，则圣寿可等天地矣。乃若臣类为神仙者，不足尚也！"明神宗曾问第五十代张国祥天师："圣人以神道设教，卿教非神道乎？"张国祥的回答是："圣人治天下，静默思道，恭己正南面而已。故神其道而天下化。三代而下，一日万几，非励精不能图治。臣之教以利济为本，亦能福国佑民。若治天下，尤在克艰无逸，非清静无为之谓也。"

如果用道教的名联"开张天岸马，奇逸人中龙"来说张天师家族跟普通家族的差异，明清以前的张天师们似乎是当得起天师称号的。天师们的功德累代而积，为后代留下巨大的有形无形的财富。从唐代开始，几乎历朝都对张天师有册封，如唐僖宗加封张道陵为"三天扶教辅玄大法师"，宋理宗给三十五代天师张可大赐号观妙先生，明太祖朱元璋授权第四十二代天师张正常永掌天下道教事。洪宪元年，即 1916 年，袁世凯册封第六十二代天师张元旭为"正一嗣教大真人"，张元旭成为最后一位得到"皇帝"册封的天师。龙虎山天师府规模恢宏，是唯一可与曲阜孔府媲美的，有"北孔南张"之称。

天师府门前的楹联是：麒麟殿上神仙客，龙虎山中宰相家。

在民间，天下人问姓名，一般回答是免贵姓什么；只有两个半人家不会说免贵，其一张家，其一孔家，因为一家姓是天师姓，一家姓是帝师姓，还有半个人家就是坐庄的朝代皇帝家，此朝此时贵为刘姓李姓，彼时则贵为赵姓朱姓。

但宋代以后的天师家，无论在理论建设，还是法术仪轨方面，都没有突破。这个下行的道路也很惨淡，以至于明清之际，以至于今天，道教在国人心中成了装神弄鬼的地方。明人张岱在《陶庵梦忆》中记载，孔家人曰："天下只三家人家：我家与江西张、凤阳朱而已。江西张，道士气；凤阳朱，暴发人家，小家气。"这是儒生对政统一把手家族的定论，对道教家族的定论。

新文化运动兴起，以张天师家族为代表的道教文化更为没落，在 20 世纪 30 年代，江南一带盛传张天师家的民谣是：绝不绝，灭不灭，六十三代有一歇。果然，第六十三代天师张恩溥被新政权定性为牛鬼蛇神和大地主，在他之后，由于历史原因无法认证下一代天师，使得张天师职位停传。海峡两岸的差异不同，道教传人内部也多各执一词，真假莫辨。不知召张良、张道陵等人于地下（或天上），他们看到自家后人的现状，会做何感想？

更令人遗憾的是，天师家巨大的"非物质文化遗产"在当代失去了传承，我们已经无能知晓历史上的天师功德的实情，我们再也不能从人间见识到仙客、天马。但天师家的家风和人间治理原则仍是人性人情中的理想。

# 宋家：做伟大人才

在送女儿去美国留学时，宋耀如对孩子们说："爸爸要你们到美国去，不是让你们去看西洋景，而是要将你们造就为不平凡的人。这是一条艰苦的、荆棘丛生的路，要准备付出代价。不管多么艰苦，都不能终止你们的追求。"

只要有梦，人的生命能量可以无限大，就可以从底层进入一个社会卓越伟大的行列。

## 一 与历史相撞

四五年前，我在云南大理做短期逗留时，遇见一个同龄人。初以为是一个无忧无虑的海外华人，阳光、敦实、健康、沉静。吃饭时才听说是孙科的外孙，大家一时惊讶，没想到在这样一个小地方与历史相撞。我马上问跟孙穗芳是什么关系，答说母子。我很高兴提起几年前有朋友送我的一本孙穗芳编的国父纪念图集来。有人介绍说这个看着还像小伙子的中年人有三个硕士文凭，现又读中医博士之类。我其时正对“人身难得”这样的古老格言有兴趣，对现代人对身心的浪费和糟蹋多少有些觉悟；看着这个后来才知道叫王耀祖的同龄人，有些感慨，人可以活得如此健康，精气神含而不露，身心不受人类的垃圾污染。

王耀祖在饭桌上提起大陆人多不知道孙先生，我说是也不是，我们每年五一等节庆日的时候，天安门广场还是要竖孙先生的像的，至于一般人，不知道是正常的。王先生感慨地说，人们多不了解三民主义，许多生态、心态、世态污染其实可以从三民主义中找药方。我部分同意。看着这个也将在大陆生活的同龄人，禁不住想到他外公。我在《非常道》一书中提到，胡汉民评论孙科：“因为他是中山先生之子，所以有革命脾气；因为他在外国长大，所以有洋人脾气；因为他是独子，所以有大少爷脾气。他有时只发一种脾气，有时两种一同发，有时三种一起发。”

回北京后，我告诉一个朋友说遇到了孙先生的后人。朋友问是什么样子，我大致描述了一下。朋友叹一口气：“怎么都变成了知识分子啊？”这让我想到看人的视角有所不同，我看到的是王耀祖先生的个人成就，朋友看到的是孙先生后人跟国家社会的关系。

## 二 向世界敞开的心灵

的确，从大于个人的角度来看问题，王先生所在的一个庞大家族对中国现当代史有着重大的影响。无论孙中山，还是蒋介石，还是孔祥熙，都属于宋氏三姐妹所在的宋氏王朝，更无论孙科或孙穗芳。孙穗芳先生很精准地用爷爷孙中山的话“至诚如神”来激励自己，这四个字也当得起国父的家教或精神。只是这种家教跟宋氏王朝的家风比，显然有所不同。

什么是宋氏王朝的家教？在我看来，用宋氏家族的创始人宋耀如的话就是：培养孩子做成人，做伟大人才。这个从海南文昌县走出来闯世界的普通农家孩子，首先把自己培养成人，把自己培养成当时世界一流的人才。

宋耀如的学习精神值得称道，他一生似乎没停止过学习。十来岁时，他的舅舅判断他非等闲之辈而决定收养他，养父母让他受益的教育是：“要别人尊重你，就必须比别人干得出色！”当他想求学而养父不同意时，就毅然离家出走。在家乡，他学会了织吊床，在漂洋过海的轮船上，他学会了吹小号，他向牧师学做人，向将军学经营……这些经历只是小菜一碟，因为他向孙中山学习革命并资助革命，以西化之人回归中国传统……这些举动更能证明一个学习者向世界敞开的心灵。

宋耀如的创业之路是艰辛坎坷的，但他从不畏难而退。在昆山传教时，他自制小船在昆山和上海之间搞营运，短短几个月便筹足了建教堂所需的费用。在七宝，他购置单驾马车，载客运货。丰富的经历培养了他的冒险、开拓精神。从海南到爪哇，再从南洋至美国，途经美洲南端麦哲伦海峡时经历了惊涛骇浪、船撞冰山，又漂流至南极圈、遭遇海盗抢劫……大凡一流人才的身心时空感是强大的，宋耀如可算是一个例子。

清末民初的中国有混乱的自由，世人称之为“冒险家的乐园”。从社会学的角度看，当一个社会旧的结构崩解而新的结构未定型之际，最易出现一些超乎常规的现象，所谓“梦想成真”的概率要高得多。一个本名韩教准的农家少年，被舅舅收养后改名宋耀如，他的人生路上没有条条框框，但他的亲侄儿韩裕丰就不可同日而语了。当宋子文要堂兄韩裕丰到南京做事，并想收养堂兄的儿子时，韩裕丰想的似乎也很合乎常理：自己只念过三年书，是个半文盲，没什么本领，哪敢去南京瞎闯，宋子文虽然是他的堂弟，毕竟人家已经飞黄腾达了，官至国民政府经济委员会委员长，他不敢也不想高攀。至于把儿子交给宋子文抚养，他更是不愿意，因为他只得这么一个男孩，怎舍得让他离开自己呢？

宋耀如则敢想敢做。他经南洋辗转到美国生活，八年后回国来到上海，他就完全成了我们中国人所说的上层精英：奔走教会，驰骋商海，投身革命，创造了从一名学徒到享誉海内外的实业家、从一个虔诚的牧师到民主主义革命先驱的辉煌人生。资助宋耀如进美国达勒姆三一学院学习的卡尔将军在回忆监护、担保宋耀如入学就读这件事时说："这一天是达勒姆历史上难忘的日子，它影响了世界上人口最多的国家的现代史。"

## 三 全心全意培养子女

宋耀如在有生之年已经看到了自己和孩子们的部分成功，但更辉煌的还在他身后。他的六个子女都在美国留学，其中三个是经济学博士。用后人的评论来说，他的六个子女中，三女都是倾国倾城的绝色天后，三男都是潇洒倜傥的豪门相公。他的家族出了三位国家元首：中华民国开国大总统孙中山，中华民国委员长蒋介石，中华人民共和国名誉主席宋庆龄；出了两位政府首脑：中华民国行政院院长孔祥熙、宋子文；出了两位"第一夫人"："国母"宋庆龄，"第一夫人"宋美龄。

宋耀如实现了自己的梦想，他说："只要一百个孩子中有一个成为超人式的伟大人才，中国就有四百万超人，还怕不能得救？现在中国大多数家庭还不能全心全意培养子女，我要敢为天下先。”

宋自己的超人能力表现在家教上。他平时忙于上帝、实业、革命，他对上帝虔诚，对实业敬业，对革命忠诚，但他从未忽略自己的家庭责任。无论事务如何忙碌，他一回到家便同孩子们亲个没完没了，跟孩子们打成一片，一道玩耍，一起游戏，在共享天伦之乐的同时，对孩子进行潜移默化的教育。美国作家埃米莉·哈恩称他为“模范公民、教堂的台柱、出色的丈夫和优秀的家长”。

在送女儿去美国留学时，宋对孩子们说：“爸爸要你们到美国去，不是让你们去看西洋景，而是要将你们造就为不平凡的人。这是一条艰苦的、荆棘丛生的路，要准备付出代价。不管多么艰苦，都不能终止你们的追求。”

但他和夫人又从不溺爱孩子，“简直像对待男孩子那样对待女孩子”。他们是“文明其精神、野蛮其体魄”的实践者，遵循孟子“天将降大任于是人也，必先苦其心志，劳其筋骨，饿其体肤，空乏其身”的教诲，并借鉴斯巴达式训练勇士的方式。宋耀如夫妇对孩子们实行近乎严苛的生存训练和意志训练，要求孩子“纳于大麓，列风雷雨不迷”。在雨横风狂的日子里，宋耀如带着孩子们顶风冒雨，忍饥挨饿，在野外徒步跋涉，以此锻炼孩子们对环境的适应能力。

宋子文曾说，父亲生前嘱咐过他，做不成人，不能回去文昌认祖宗、见父老。宋耀如又绝不专制，当宋庆龄跟孙中山相爱，他和大女儿宋蔼龄一度想以禁锢的方式来阻止，但最终又容忍了女儿的自由。他是严父，也是慈父。

他的孩子们也都在自由和专制、独立和干涉之间找到了平衡。宋庆龄自主选择了自己的婚姻，宋美龄同样如此。当宋美龄要跟蒋介石结合时，宋家人也多反对，时已成为一家主心骨的大姐宋蔼龄也不同意，但后来被宋美龄说服。“这桩婚事自始至终都是我自己做主，与阿姐何干？至于蒋介石和我结婚是为了走英美路线，那更是天大的笑话……”从而促成蒋宋联姻。

宋氏子女政见不同，情感也一度受到影响，但他们都最终超越了党争。远隔千山万水，远隔十年三十年，但他们间的亲情难为外人道。据说，1981 年宋庆龄去世时，远在美国的宋美龄，虽对内对外都没有公开说一句话，也没有任何唁电，但她当时就失声痛哭，并且私下里多次流泪，虔诚为二姐做祷告。

## 四 第二代的核心

用我们当代人的话说，像宋耀如这样的超人极懂得资源的优化组合。他为孩子们操心婚事，当他遇到孔祥熙时，能够迅速理解孔宋联姻的意义。在当时的中国，还没有哪个家族可以跟孔家相比。历代帝王都要举行祭孔大典。孔子后裔不论散落何地，一直保持着族谱不乱的排辈，这是一个有文化象征的家族。而宋耀如自己出身寒微，子女受的都是西洋教育，对中国传统、中国文化都缺乏很深的了解，这种联姻的优势不言而喻。

当然，跟宋耀如一样理性、强势的宋蔼龄也懂得欣赏、发现异端之美。尽管在遇见孔祥熙之前，她见了太多优秀的男人，但她还是看到孔祥熙之于她人生的意义。宋蔼龄见识过现代生活的繁华奢侈，她想象孔祥熙一类山西土财主的家，以为“那里的生活是艰苦的、原始的”。但当她坐着一乘由十六个农民抬着的轿子，进入孔祥熙的故乡山西省太谷县时，她惊异地发现了一种前所未闻的最奢侈的生活。在山西大院里，服侍她的用人仆役就有几十人之多。这样的生活还不是个案，当地的许多商人家族都过着同样的日子。

当然，宋家人的能耐在于他们能够支配最好的资源。民间传说，宋蔼龄爱钱，宋庆龄爱国，宋美龄爱权。这其实低估了宋氏家族成员们生存的意义。他们可能有私心杂念，但他们不是暴发户，他们的聚敛与其说是本能，不如说是立功立业的必须。一句话，他们都有使自己的社会变革起来的功利心。尽管他们之间也不和，但他们懂得边界和沟通。徐家涵就说过：“蒋介石、宋子文、孔祥熙三个家族发生内部摩擦，闹得不可开交时，只有她这个大姐姐可以出面仲裁解决。她平日深居简出，不像宋美龄那样喜欢出头露面。可是她的势力，直接可以影响国家大事，连蒋介石遇事也让她三分。”

宋耀如去世后，是宋蔼龄做了家族第二代的核心。她也无愧于这一角色。《纽约时报》在她去世时这样形容她：“这个世界上一个令人感兴趣的、掠夺成性的居民，昨天在一片缄默的气氛中辞世了。这是一位在金融上取得巨大成就的妇女，是世界上少有的靠自己的精明手段敛财的最有钱的妇女，是介绍宋美龄和蒋介石结婚的媒人，是宋家神话的创造者，是使宋家王朝掌权的设计者。”宋蔼龄的“贪婪”大概有很多种原因，用宋庆龄的话说：“倘若大姐是个男人，委员长恐怕早就死了，她在十五年前就会统治中国。”

## 五 各美其美

谈论宋家，最令人惊异的不是他们的能力，从宋耀如、倪桂珍夫妇，到宋蔼龄、宋庆龄、宋美龄，经济天才和外交家的宋子文，以及同样有才华的宋子良、宋子安，都可圈可点，但最令人惊异的是他们那种强悍的生命力。这种生命力绝不缺少人生的深度和重量，也不缺乏对外界的接纳和弘扬。有人专门盯着宋家自负的一面，却少有注意他们对世界的包容，对人类文化的熟悉和运用。

抗战期间，宋美龄在美国参众两院演说，引用中国谚语“看人挑担不吃力”。宋美龄说：“我们不要忘记在全面侵略最初的四年半中，中国孤立无援，抵抗日本军阀的淫虐狂暴……中国国民渴望并准备与你们及其他民族合作，不仅为我们本身，且为全人类建设一合理进步之世界社会，这就必须对日本之武力予以彻底摧毁，使其不能再作战，解除日本对于文明的威胁。”

宋美龄的宣传努力——据说有二十五万美国人听过她的

演说——使得美国朝野和公众相信蒋介石领导的国民政府，相信蒋委员长确是为自由与日本毒龙奋战的圣乔治，从而为中国争取到更多的美援。

宋美龄作为“第一夫人”的贡献是多方面的，以至于对蒋介石不屑一顾的宋庆龄说：“没有美龄，蒋介石现在会更坏。”

宋美龄死后，台湾当局通过时任领导人颁布褒扬令给予褒扬，褒扬令有这样的话：“……蒋中正夫人宋美龄女士，资赋颖秀，维四岳之通灵；才慧双修，随百花而诞降。”

据说宋蔼龄的去世，使尚存的宋氏家族成员悲痛不已，这个在父亲宋耀如辞世后独力支撑大厦的铁女人的离开，预示着曾经显赫一时的宋氏家族从此再也不能登上荣耀的巅峰。宋家第三代没有了核心和灵魂，没有了进入社会上层并呼风唤雨的机缘。

但这个家族足以自豪。他们的家教、家风今天仍值得中国人重视，只要有梦，人的生命能量可以无限大，就可以从底层进入一个社会卓越伟大的行列。他们对中西文化的汇通也是今天心灵封闭的中国人所应该学习的，用社会学家费孝通的话，他们是“各美其美，美人之美，美美与共，世界大同”的实践者。

这个家族的成员不是弱者。宋美龄有一篇优美的英文《行为决定命运》可以说明这个家庭的家风是如何阳光。

**英文原文是:**

If the past has taught us anything, it is that every cause brings effect—every action has a consequence. This thought, in my opinion, is the moral foundation of the universe; it applies equally in this world and the next.

We Chinese have a saying: "If a man plants melons, he will reap melons; if he sows beans, he will reap beans." And this is true of every man's life: good begets good and evil leads to evil.

True enough, the sun shines on the saint and sinner alike, and too often it seems that the wicked wax and prosper. But we can say with certitude that, with the individual as with the nation, the flourishing of the wicked is an illusion, for, unceasingly, life keeps books of us all.

In the end, we are all the sum total of our action. Character cannot be counterfeited, nor can it be put on and cast off as if it were a garment to meet the whim of the moment. Like the markings on wood which are ingrained in the very heart of the tree, character requires time and nurture for growth and development.

Thus also, day by day, we write out own destiny, for inexorably we become what we do. This, I believe, is the supreme logic and the law of life.

**中文表达也很优美：**

如果过去的日子曾经教过我们一些什么的话，那便是有因必有果——每一个行为都有一种结果。依我之见，这种观念是宇宙的道德基础，它也同样适用于今生和来世。

我们中国人有句谚语说："种瓜得瓜，种豆得豆。"这也适用于每个人的生活：善有善报，恶有恶报。

的确，圣人与罪人皆会受到阳光的披泽，而且常常似乎是恶者大行其道。但是我们可以确信地说，不管是对个人或是对国家而言，恶人猖獗只是一种幻象，因为生命无时无刻不将我们的所作所为一笔一笔记录下来。

最终，我们就是我们行为的总和。品德是无法伪造的，也无法像衣服一样随兴地穿上或脱下来丢在一旁。就像木头纹路源自树木的中心，品德的成长与发育也需要时间和滋养。

也因此，我们日复一日地写下自身的命运，因为我们的所为毫不留情地决定我们的命运。我相信这就是人生的最高逻辑和法则。

# 卢家：创造而非享受幸福

一个没有受过学校教育的学者，一个没有现代个人享受要求的现代实业家，一个没有钱的大亨。

每一代人中，只有少数人能完全理解和完全实现人类的才能，而其余的人都背叛了它。不过这并不重要。正是这极少数人将人类推向前进，而且使生命具有了意义。

卢家没有出败家的人，也是因为无家可败。我们家族的继承不是财富上的，是精神上的。

## 一 没有钱的大亨

我们当代中国人对现代历史有诸多想当然的理解，比如现代历史有一种混乱的自由，因此个人创业较现在容易得多，那是“冒险家的乐园”、投机投资的天堂，好像人们白手起家即可轻松地发家致富；还比如人们误解民国前贤不善于、不懂得生活，似乎他们都是清教徒式的人物；又比如人们承认民国人物的精神风貌较当代要向上一些，但究竟民国人物的生命完善达到什么程度，今人是很难想象，也不愿相信的。从宗教界如佛教的四大高僧，到文化界的梁启超、傅斯年，到赳赳武夫蔡锷、蒋百里，那种人格和生命的完善境界，完全在我们当代人的想象力之外。这些想当然，集中在卢作孚身上，最为典型。

卢作孚出生在四川的一个普通农民家庭。他自学成才，二十来岁开始办报，三十一岁时在军阀杨森的支持下创立四川通俗教育馆，三十二岁时转向实业。卢作孚以八千元开始创办民生轮船公司，但这种创业绝非我们现在以为的容易。当时长江上的航运是由外国人瓜分的，外资财大气粗。卢作孚靠乡亲、朋友、地方绅士的支持，募集了一点资金，购置了一条仅七十余吨的小客船。这种艰难的起步、夹缝里的生存，大概是我们能够想象的，但我们想象不出的是卢作孚能坚持下来，而且成功了。几年后，卢作孚统一川江航运，迫使外企退出长江上游。十年后，相继在上海、南京、武汉、宜昌等地设立分公司。从一条七十余吨的客船，发展成一百三十多条的三万六千余吨的船队，职工七千余人，他成了名副其实的“船王”。

卢作孚又是清廉的，他几乎是清教徒人格的典范。他克勤克俭，严于律己，虽身为民生公司总经理，其股份却只有一股，全家仅靠工资度日，其夫人子女乘坐民生公司轮船一律按规定买票。他也从不求田问舍，他兼职所得的车马费、津贴费，全都捐了出去。他的孩子回忆说，他担任民生公司的总经理，但多年来只靠一份工资维持家庭生活，其他兼职收入都捐给了北碚的公益事业，家中的经济状况一直相当紧张。1944 年，美国《亚洲和美国》杂志曾经谈到了卢作孚的家居环境：“在他的新船的头等舱里，他不惜从霍菲尔德进口刀叉餐具，从柏林进口陶瓷，从布拉格进口玻璃器皿，但是在他自己的餐桌上却只放着几个普通的碗和竹筷子。甚至这些船上的三等舱中也有瓷浴盆、电器设备和带垫子的沙发椅，但成为强烈对照的是，他那被称为‘家’的六间改修过的农民小屋中，围着破旧桌子的却是一些跛脚的旧式木椅。”家里的设施近乎贫寒——“家里唯一一件‘高级’用具，是一台 30 年代初期买的小电扇，漆都褪尽了，破旧不堪，毛病不少”。甚至孩子们的衣服都是卢作孚的夫人亲手缝制——“为了节省，我们全家人的衣服，绝大部分是我的母亲自己缝的；我们的鞋子，几乎全都是我的母亲一针一线地做的”。抗战时，他有一次病倒，家人想买一只鸡给他吃，却因无钱作罢。

在他担任交通部长时，在交通部领工资，就不再领民生公司的工资；兼任全国粮食局局长时，也不领全国粮食局局长的工资。任何时候，都只领一份工资，绝不多领。这么一个不折不扣的清教徒懂生活吗？显然，他是懂得的，他的享受之一就是以一个自学成才者的身份获得了语言的能力，他在我们母语——汉语里登堂入室。语言是存在的家，他的居“家”享受是一般人难以理解的。有人曾集卢作孚的名言，那些名言可圈可点。在民生公司船舱和职工宿舍的床单上印着他的一副联句：“作息均有人群至乐，梦寐勿忘国家大难。”他对享受和回报的理解是：“最好的报酬是求仁得仁——建筑一个美好的公园，便报酬你一个美好的公园；建设一个完整的国家，便报酬你一个完整的国家。这是何等伟大而且可靠的报酬！它可以安慰你的灵魂，它可以沉溺你的终身，它可以感动无数人心，它可以变更一个社会，乃至于社会的风气……”

2003年，重庆推选“十大历史文化名人”，评语说卢作孚留下的“民生公司、北碚实验区、《卢作孚文集》，其中任何一项都足以改变历史”。但我们能从他的勤奋节俭出发，断言他不会生活吗？

卢作孚能力超群，知交遍天下，以至于张群说他是“一个没有受过学校教育的学者，一个没有现代个人享受要求的现代实业家，一个没有钱的大亨”。被西方人称为“伟人”的晏阳初先生则称赞卢作孚先生是一位完人：“我一生奔走东西，相交者可谓不少，但唯有作孚兄是我最敬佩的至友。他是位完人，长处太多了。”梁漱溟先生则说他：“胸怀高旷，公而忘私，为而不有，庶几可比之于古之圣贤。”卢作孚没有私心，他说：“但愿人人都为园艺师，把社会布置成花园一样美丽；人人都为建筑家，把社会一切事业都建筑完成。”他率先提出“乡村现代化”的思想：“中国根本的要求，是要赶快将这一个国家现代化起来。所以我们的要求是要赶快将这个乡村现代化起来，以供中国小至乡村，大至国家的经营参考。”

这样的完人，可以用安·兰德的话来说：“每一代人中，只有少数人能完全理解和完全实现人类的才能，而其余的人都背叛了它。不过这并不重要。正是这极少数人将人类推向前进，而且使生命具有了意义。”

## 二 卢家没有出败家的人

这样的完人在今天是难以想象了。作家潘婧感叹，她以前也不相信这世上有完人，见过卢作孚的孙女卢晓蓉之后，她承认完人是存在的。这个世界上真的有完人。

卢作孚的命运在1949年后发生了改变，虽然毛泽东、周恩来都关心过他，但他还是在1952年年初选择了自杀。这一结局虽然使他逃过了后来的历次运动，却也使他从整整几代中国人的心中消失了。他跟当代中国人之间发生了深刻的断裂，以至于今天的新闻记者也老实承认：“在记者的采访中，没有一个人相信世界上有完人。”甚至卢作孚的小儿子卢国纶也说：“他只是接近完人。”“如果说他有弱点，那就是自尊心太强了。如果他自尊心不强，就不会发生 1952 年那件事。”

卢国纶难以理解的是，“完人”有着极为珍贵的自由。我曾经谈及这种自由：“卢作孚和陈寅恪在同等性质的大陆中国，没有出去，因为他们有远大于他们个人并由他们个人自由选择的文明能力：自由。一旦他们发现社会都不能容忍这种自由，他们仍能够选择沉默或死亡。”

要使卢作孚这样的人回到我们社会中来，在这个市场化的年代显然是困难的。但这个工作几乎是由一个弱女子出色地完成了：卢晓蓉的长辈和兄弟们都忙于工作事业，无暇顾及宣传卢作孚的人生事迹，卢晓蓉自觉承担起了这一任务。

事实上，卢晓蓉自己从商从文，也忙得不可开交。这样一个在“文革”中被耽误的人，居然在经商之余写起散文来，并以《水咬人》《人生的万花筒》等作品行世，获得过冰心奖。至于她牛刀小试般地挣生活费，也是年龄相近的潘婧所佩服的。潘婧感慨，卢晓蓉的能力大概来自遗传。

卢晓蓉生活中有着繁杂的事务，她上有老，下有小，要照顾八十多岁的老人，也要照顾孩子；她嫁给了著名书虫、北大中文系的严家炎教授，她得照顾丈夫的生活和读书写作……但这一切工作，卢晓蓉都做得尽善尽美。

最重要的，在社会各界人士的帮助下，卢晓蓉为把卢作孚推向社会耗尽了心血。在卢晓蓉那里，卢作孚不仅是她的祖父，也是全社会的财富。因此，她为一切愿意研究卢作孚的人提供便利，尽一切努力出版有关卢作孚的书籍：文集、年谱、画传、小说、剧本……

当然，作为卢作孚的长孙女，意识到卢作孚这一历史人物存在之意义的人，卢晓蓉可以说是最为准确地把握了卢家的家风家教。她说："卢家没有出败家的人，也是因为无家可败。我们家族的继承不是财富上的，是精神上的。"

从现有的材料看，卢作孚从一个普通农民家庭走向社会，几乎是异军突起。在他的身上有传统的孝悌之伦，母亲去世，他致电南京行政院政务处长何廉，决定放弃欧洲之行；父亲病危，卢作孚急由成都赶回；父亲故世后，他写下了《先考事略》祭悼父亲。卢作孚对大哥大嫂也极为爱戴，哥嫂无子，他把自己的孩子过继给他们。对弟弟的生活事业更是照顾有加，四弟卢魁群（字子英）在成都念书时，卢作孚除了负担他的学费和在生活上照顾他之外，周末还让他常到少城公园的通俗教育馆做些力所能及的工作。三弟卢魁甲在晚年回忆他时感叹："他童年在家总是天天抽空替父母砍柴、抬水、抹屋、扫地、买取物品，减轻大人负担……极节约，日夜刻苦求学，很体贴父母和大哥的劳苦身心。"

这样一个农家子弟在自己有限的人生中，不仅贡献、服务于社会，也提撕了一个家族。他对家人最重要的示范是做社会有用之人，靠“知识和劳动的本领”自立于世。他对家人最重要的传授是投身到社会建设中来。抗战时期，卢子英本来有机会像他的黄埔同学一样做一个中将，但卢作孚的意见是：“中国现有一两百个中将，但只有一个北碚管理局。”世人皆知，卢作孚是北碚的开拓者，而卢作孚为北碚所设计的蓝图，大都是通过卢子英之手来实现的。因此，卢子英当之无愧是北碚的奠基人。这一建设功德确实惠及无量。

## 三 一桩惨淡经营的事业

在卢家的家风中，除了学习服务社会的本领等精神财富外，还有一个特点就是发愿。这种发愿使卢作孚能够在不到六十年的人生中成就那么多的事业，能够让卢子英把一个落后、野蛮的北碚建设成为花园般的文化重镇，能够让卢晓蓉在当代推介祖父不遗余力……

据说，卢氏家族算得上是中国民族实业家族传承的一个完整样本。卢作孚当初对民生公司没有所有权，也并不鼓励子女接班，他的三个儿子、两个女儿几乎都学了理工，而不是管理；他的孙子孙女也成长各异。但是，卢作孚的子孙多是发展全面的人才。

以卢作孚的孙子卢铿为例，从事房地产业十多年，有百余万字的著述，被誉为地产界的“思想者”。他在 1999 年首倡的“新住宅运动”在全国产生了超越房地产业范畴的广泛影响，被誉称为“以住宅产业为载体的一次意义深远的文化创新运动”。卢铿的思想，其源头仍是卢作孚。

卢铿文化经营地产的理念得到海尔集团张瑞敏的认同，2007年，张瑞敏邀请卢铿加盟运作海尔地产。据说，在与张瑞敏首次见面时，令卢铿惊奇的是，张瑞敏能悉数其祖父卢作孚的往事，不但能讲出许多连卢铿本人也未知晓的祖父事迹，还能信口说出卢作孚的许多语录。

这样尽善尽美地服务社会的愿心，在卢作孚的长子卢国维身上表现得最为典型，或者说，表现得可歌可泣。作为卢作孚的长子，卢国维的人生所承受的压力是常人难以想象的。在他十一二岁时，卢作孚的一位好友就半是开玩笑半是语重心长地告诫他：“卢作孚的长子不好当啊！”卢国维的校友、华东师范大学教授钱谷融先生告诉卢国维的女儿卢晓蓉：“你祖父当年很有名，我们听说他的大公子也在中大（中央大学）念书，都争着去看，可你父亲却特别谦虚朴实，令我很有些意外。”

因此卢国维从青少年时期就走上了一条报效国家的道路，他参加了中国远征军，受尽磨难。抗战结束，卢国维考进父亲的民生公司做技术员。在公司里，他以更加勤勉、更加谦虚、更加自律的心态赢得了尊重。在父亲自杀后，他毅然从香港回到内地，并放弃了在机关或研究院工作的机会，带着全家到位于重庆郊区的民生机器厂落户，一待就是二十八年。

他最好的人生岁月都在社会动乱年代里耗掉了。卢晓蓉回忆说，他从来没有后悔过。这个“现代完人”的长子其实职尽天伦，在为父亲和这个社会守望着一种人的精神。这是一个大愿：卢作孚死了，他得活着，他得证实现代中国人格的某种完善境界。

卢晓蓉写道，“文革”中，大婆婆被赶出家门，没有了生活来源，父亲不顾自己蹲牛棚、扣工资、三个子女都在农村的困难，每月坚持给她寄生活费，从不间断。“文革”后期的一个夏天，大婆婆患癌症住进了城里的医院。同时得到父亲资助的还有他的三叔、三婶等。父亲年逾九十的四婶在得知他去世的消息时，如闻“一声惊雷”，泣赞他“至尊至孝”。

这个愿心确实得到了证实。“文革”结束时，四川省委统战部的一位干部曾对卢国维说：“您的档案是我见过的知识分子档案中，最清白干净的。”

这个愿心确实得到了证实。改革伊始，全社会对商业、市场经济都很陌生，国家想到了当年为社会做出贡献的民营企业家的后人。政府出面做工作，希望年近花甲的卢国维能招商引资。这个一辈子做技术的人开始展示他的才能。1980年，他被调到武汉的长江航运管理局，担任了高级工程师，负责欧洲船机的引进及涉外谈判工作。1984年，他发起成立大通实业公司。1985年，他引进五百万美元为武汉市创建了第一家国际租赁公司。

这个愿心确实得到了证实。为了更好地促进内地的“三引进”、两岸的“三通”和香港的回归，1990年，卢国维举家重返香港住了十二个春秋。他多次接待海外友人，动员他们到中国发展，并将他们的宝贵建议转呈给中央有关部门。通过卢国维的关系引进的外资，达上亿美元，创建的项目有数十个之多，但卢国维没有向国家要过一分钱的回报。

跟父亲大起大落的一生不同，卢国维的一生显得平淡一些。但这个人跟卢作孚一样怀着菩萨心肠。卢作孚写过一篇文章，题为《一桩惨淡经营的事业》，其实用在卢作孚、卢国维、卢晓蓉三个人身上都是恰当的。他们的人生即是报世，在发愿中建设，在发愿中承担一切痛苦。这是完人的事业，是菩萨的命运，即把众生之业力担荷于一身。卢作孚承认：“我自从事这桩事业以来，时时感觉痛苦，做得越大越成功便越痛苦。”但他们仍去做了，而且自觉，而且建立起令人景仰的现代人格。

卢作孚说过这样的话：“人生的快慰不是享受幸福，而是创造幸福，不在创造个人的幸福，供给个人欣赏，而在创造公众幸福，与公众一同享受。最快慰的是且创造，且欣赏，且看公众欣赏。这种滋味不去经验，不能尝到。平常人以为替自己培植一个花园或建筑一间房子，自己享受是快乐的，不知道替公众培植一个花园或建筑一间房子，看着公众很快乐地去享受，或自己亦在其中，更快乐。”他的儿孙们多这样实践了，卢国维辞世时，他的朋友、同事多有撰文纪念，真挚感人。朋友们为他写下了挽诗：“欣任译员赴国难，奋拼余热创宏基。离亭芳草连天碧，寥落晨星动远思。”还有挽联：“丧乱曾经，青春作远征，一生清朗入江魂；孝慈共同，耄耋成苍穹，千秋气节映高松。”

这样一个福泽绵延至当代的家族，用卢晓蓉对祖父的理解来说，确实是修身、齐家、治国、平天下的典范。

# 任家：寄语天涯小儿女

老人谈起自己儿时即最好的朋友、外甥女孙维世，那种沉痛、平静非一般人所能理解，然而老人仍这样说了："现在的情况是，杀人的凶手，我想宽恕你们，不诅咒你们，但你们是谁？我想宽恕的，是谁？"

宗璞记得："外祖父一次来京，那时他已经九十岁了。他对我说：'河南饿死了很多人，饿死很多很多人，我是要说的。'他忧形于色，那衰老的面容，至今在我眼前。"

冯友兰说："'仇必和而解'是客观的辩证法……人是最聪明、最有理性的动物，不会永远走'仇必仇到底'那样的道路。这就是中国哲学的传统和世界哲学的未来。"

## 一 最重要的事乃是个人的生命

王克明先生是我多年前就有所接触的一位学者。在一次饭局上见到他，朋友介绍说，克明先生写了一本专著，跟我一再强调的汉语研究有关。过了几天，他就亲自送来《听见古代：陕西话里的文化遗产》。初翻之下，大为惊奇。原来被我们现代人视为“土得掉渣”的陕北话里竟有那么多的古语。在书里，王克明先生列举了上千条找到古语出处的词语，证实其为我们固有的“雅语”，其中有悠远时空的消息。如“婆姨”称呼，源自佛教；“后生”一词，来自《论语》；“倒灶”一说，本于汉代；“为甚”口语，演自唐朝……

只是我当时心浮气躁，尚不能由此进益并把握此书呈现的多重意义。且觉得语言学非我所长，发言不好；又看到克明先生知青出身，在我这一代人心中，知青几乎是先天不足后天匮乏的象征，似乎知青从未拥有知识的真正质地。因此，我虽然朦胧意识到书的不同凡响，却由于这多重原因未能认真对待，给予评介。

好在克明先生并不责怪我的沉默，在这样一个时代，对任何重大社会精神事件的沉默其实是一种失职，而这些精神个体，往往只能在自觉自度里面对自己的觉悟无可奈何……至于我自己，在精神的进展之路上也一再领教到此种沉默冷遇带来的孤独和无奈。当我断然离开首善之区，到边陲地带生活两年之久，我多次理解到中国精神个体孤独生长的况味。我甚至痛苦地意识到，国家社会的挫折、痛苦在很大程度上就在于这种失职，在于因失职而带来的共同体的有效人群基数太小。沉默的大多数再大再多，若少了有效的精神个体，仍只是零的加和乘，而非真正的文明力量。因此我后来完全同意精神分析大师荣格的话："世界史上的重大事件根本是不重要的，说到底，最重要的事乃是个人的生命，只有它创造着历史，只有这时，伟大的转变才首次发生。"

而当我跟乡民、道士、地方野老……相处日久，从实践和思辨两个领域抵达同一目标：时空之美。我意识到，最为我们的精英学者神秘化、书斋化的古代社会，原来也存在于当下，即空间感的扩大带来时间感的延长，因此，孔子不如战国和秦汉的儒生们理解尧舜之间的开辟。反过来，时间的过去或未来维度在空间里可以找到影子，一如我们的未来维度一度在苏联、一度在西方，而过去在乡村。这个孤独探索形成的结论，跟克明先生的方言观察异曲同工。只是我回到北京，尚未来得及向克明先生报告拙文《时空之美》，就收到克明先生的新著——他花费数年时间，为母亲整理的口述私人记忆文字《我这九十年》。

翻读之下，再感惊讶。原来这个到陕北当过知青的学者，绝非寻常的知青或文青，他来自一个有厚重历史的中国家族。

父亲王一达，乃北洋政府的将军之子；母亲任均，是近代著名社会活动家、教育家、革命志士任芝铭老人的小女儿。在克明先生的周围，有着清末民初直到共和国的风云人物，从任芝铭、孙炳文、冯友兰、张岱年，到任继愈、孙维世、蔡仲德、宗璞……

## 二 常情常理常识

读完《我这九十年》，一时感慨良多，看到媒体介绍，也多是编辑和普通读者们的感受，而少有学者的涉足。可知这样一本平实的口述自传，仍为浮躁忙碌的学界所忽视，他们无意领略书中所蕴含的时代社会消息。好在任均老人只想给孩子们留点故事，都没想到会出版福泽于世。

在给克明先生的简短邮件里，我说，从这本书中的角度看，“人生百年之跌宕、权势之更移，都是可圈点的社会教育的好材料；长者之善通过细节表达得极好，不像时下流行者动不动要辩解什么或美化什么”。一种消费型读者希望看到“分析与反思”，只能遗憾“在分析与反思上，并无特别出彩和沉重的地方”，甚至分析说老人“没有强烈的痛感，也就缺乏反思”，说老人“对历史一脸天真”，等等，多半忽略了本书的个人本位，或者说亲眷之情。

任均老人的亲友中，阶级成分之复杂几乎囊括尽了清末以来的中国社会，这样的人有无“强烈的痛感”，绝非对历史谬托知己者所能领略。只是一个本分的老人永远含蓄而和气，历史的惨烈在积淀中自然开结出至今尚未被当代流行文化思潮所重视的花实，这是一个极大的遗憾。比如老人谈起自己儿时即最好的朋友、外甥女孙维世，那种沉痛、平静非一般人所能理解，然而老人仍这样说了："现在的情况是，杀人的凶手，我想宽恕你们，不诅咒你们，但你们是谁？我想宽恕的，是谁？"

时至今日，还有人写关于孙维世的事，只是这些文字多是文人之笔，而少查证谨严的史家之笔。这些加在亲人身上的想象，甚至泼在亲人身上的脏水，任均老人也许并不知道，她只知道"没有任何家人见到过维世的遗体"。

类似的例子在书中比比皆是，如谈起三姐夫冯友兰先生："我觉得芝生兄这个人，一脑门子学问，是个真正的学者。他从清华转到北大后，好一阵子不让他教课。有他的课时，学生们都准备着批判这教授。可是，他不论是在逆境里，还是在顺境中，总是那么一种'不以物喜，不以己悲'的样子。我觉得三姐跟他在一起，心也一直很安静。"1977年，三姐病重，"我又去三姐家，带些鲜姜。那时传说姜能止痛，可是定量供应，一家才能买二两姜"。

时至今日，我们太缺少足够的个体精神的营养，这其中就有家风、家教的匮乏，而任均老人的记忆中，最珍贵的就是亲人之间的温暖、立身处世的规矩礼仪。用宗璞的话说，这些最基本的常情、常理、常识，才是最为重要的。"不是思想型的人，她久经锻炼，仍保持常识，不失常情常理，从无肃杀教条之气，实可珍贵。"

## 三 寄语天涯小儿女

为了了解这样一个家族的氛围，我跟克明先生交流了几次。“在社会激荡的时代，外祖父让他的女儿们读书念新学，不成为旧时代的女性，同时又有严格的规矩教育，即三从四德那种。旧养和新学的教育，使女儿们有规矩，有文化，有大家闺秀的气质，便有了自主择婿的要求和眼光。另外，外祖父以国家为念，也对女儿有重要影响。”克明先生说，“外祖父给女儿们打下了教育、修养的基础后，任女儿自主择婿，自主选择人生道路，而不像旧家长那样为孩子规定人生。”“这些家教里的东西，由女儿带到各自的家里，丈夫们也都有学养，便使每个家庭都继承了外祖父那里的一些东西，如懂规矩，如念国家。”

为了证实自己的感觉，克明先生去问他的母亲，任均老人的“第一反应”就是：“规矩啊，让我们懂规矩。”克明先生认为，对女孩子的家教，规矩应该是值得注意的一个方面，这是有修养的基础吧。

随后克明先生寄来一些材料，让我一睹百年前的任家家风。任芝铭先生投身时代社会变革的洪流，却在给妻子、女儿的信中体现出修养共勉的浓浓亲情。他在写给妻子的信中说：“平女在家读书，恐难进步。因私塾教授，多不合法之故。来鄂后当令入此间小学也。”“我因恐宁外孙久不上学，日渐堕落，昨同老田由长沙搭车，今午来到武昌。拟令宁外孙随老田到新蔡住。俟暑假后，再送往别处上学。”“闻县中驻军均开往北伐，留者仅只一团，足见任军长深明大义，良用钦佩！四境土匪能敛迹否？人民负担，想必较前轻减。”在写给女儿的信中说：“我久出不归的主因，固然是时势所逼，不能不稍尽党员的责任。”“如果没人改正，你就能写这样好的信，那便是你读书很有长进。我真欢喜极了……”这些家书都可圈可点，议时、议政、议教、议民生，不是我们现在所表现的家长里短，或所谓简单的嘘寒问暖，而是重视读书修养、人生境界，重视一个人的眼界和关怀。

任芝铭虽然有过无子的伤感，但自己的喜恶爱好一点也不瞒着妻子女儿，他极坦然地向家人表明立身处世的大道、国家社会一体的感觉，即个人幸福在于服务于国家社会。这种立身处世的大道，就是要读书识理、知书达理，要关心社会。君子忧道不忧贫，谋道不谋贫，他把这种情怀传递给妻女们了。他寄给二女任锐的一首诗说：“人言生女恶，缓急慰情难。赖有音书至，报知骨肉安。任人呼伯道，望汝作罗兰。国事蜩螗里，北风增暮寒。”

任锐即是后来毛泽东称呼的“妈妈同志”，在她的丈夫——朱德、周恩来的战友孙炳文遇害后，任锐把孩子们都送进了革命队伍。她自己则同样是一个坚定的革命家，曾走上街头，慷慨演讲，愤怒谴责蒋介石屠杀共产党人的罪行。她在公开信上写道：“任何依靠杀戮维持强权统治的政权都不会长久。”她的示儿名诗是：“儿父临刑曾大呼，我今就义亦从容。寄语天涯小儿女，莫将血恨付秋风！”

这个家族注意规矩，但绝不缺乏勇敢、担当。

## 四 懂规矩后的独立自主

这种家风、家教，可能是我们这个世俗得烂熟的文明最可宝贵的了。无论是革命世纪，还是改革年代，还是小康岁月，人们太容易被时流、主义、概念绑架，或者自以为极崇高，或者自以为极实在的世俗，都参与了时代社会的动乱、乱动或潮流。但太少有人能坚持一点自己，能坚持一点规矩，甚至理性和激情统一的勇敢。用毛泽东的话说，人是要有一点精神的。遗憾的是，太少有人有这种精神。任芝铭先生则在传统与现代之间、在国家和个人之间、在时代和人生之间，践行了这种精神，一种中道，即个人修养和家国情怀的统一。这种人生大道，并非任芝铭个人独有，而是千百年来中国文化的受命之才士、圣贤、将相们共同践行的，只是在任芝铭先生及其亲人那里展示得极富有个性。

任芝铭先生的父亲是逃荒到河南的贫民，以贩卖青菜为生。虽然穷，却为人正直。卖菜时，发现人家多给钱了，就会挑着担子追，把钱还给人家，不占一点便宜。他的为人准则是："穷也穷个干净。"虽然穷，却明白"万般皆下品，唯有读书高"的道理，想办法让任芝铭读书，使儿子最终成为清末举人。

任芝铭先生的妻子张梦吉，家境好得多，却自作主张，看中了任芝铭，因为"我就图他是个读书人"。这种夫妻患难与共的故事，今天已经成了我们文明的一个隐喻，郎才女貌，唯美人欣赏才士，唯才士配得上这种心智的女子。张梦吉没有图错，任芝铭也以一生的风骨境界职尽了一个读书人的本分。他们培养的孩子也具备了这种精神，如克明先生所说的，懂规矩后的独立自主。

早年的任芝铭专心治学，不问政治，后来目睹清政府腐败，国难临头，就卷入了中国的革命潮流。他加入了同盟会，任本县支部长。1912 年，清帝逊位，民国成立。同盟会改组为国民党，任芝铭仍任支部长。1928 年 8 月，任芝铭所在的国民党部队开赴江西“剿共”，他愤而辞去该师秘书职务，回到家乡创办了“今是中学”，从事教育工作。他似乎成了一个天生的反抗者，反清，反袁，反军阀，反蒋。

抗日战争爆发后，任芝铭又一次投笔从戎，先后任国民革命军豫北师管区司令部参议、十三军后方留守处主任等职。在这期间，他多次回家乡新蔡动员有志青年去延安参加革命，并亲自把自己最小的女儿即任均送到延安。当时，得知任芝铭来到延安的消息后，毛泽东还专门为他举办了宴会，并对他说，任老先生不远千里来到延安，我们非常欢迎。任芝铭则回答：“那边的空气太污浊了，我来延安透透新鲜空气。”

1949 年之后，任芝铭进入政协、人大、民革的行列。这个革命世纪的仁人志士，一生都寄托给了革命，但在土改时，他主张和平分田，温情良善地对待地主；镇反时刻，他从不主动去检举任何“敌人”。因为他虽然革命，却恪守着一个人的天良、规矩和最基本的常识，不为时世所变易。在三年困难时期，他以九十岁的高龄写信给周恩来总理，如实报告农村饥馑遍野之景。他在北京颤巍巍地对女儿任均说：“这样搞不中，饿死人太多了！”甚至宗璞也记得：“外祖父一次来京，那时他已经九十岁了。他对我说：‘河南饿死了很多人，饿死很多很多人，我是要说的。’他忧形于色，那衰老的面容，至今在我眼前。”

任芝铭老人活了整整一百岁。到他晚年，经“红卫兵”批斗后，他已经看不懂时代的游戏了，他向周围的人发出疑问：“是不是政变？”

## 五 仇必和而解

对这个令人难以索解的革命变异，何止任芝铭一人感到疑惑，就是他的女婿、大哲学家冯友兰先生，也一度迷失其间，甚至今天无数的中国人仍在其间纠结，或以为自己看透了革命的本质。

真正走过革命世纪的任均老人，没有多少高深理论，她对儿子王克明先生说的是：“咱们要实事求是。”硬要从历史里诠释或演绎出什么理论或学理框架，要历史里丰富的大小人物做理论的小部件，是任均老人做不来也无意做的。用那些习惯于真理在握者的老少论者说，她没有成为“两头真”式的人物。但用克明先生的话说：“她有一种让人能细细体会的爱。”“伙夫、同事、保姆、老友、马夫、领导，没有区别，一样是朋友，她一样地记忆和怀念。”“唯有实事求是，才能使人不泯灭人性，才能使人有人性之爱。”

克明先生谈及当下时曾说过：“真正的知识分子，一定天然地具有不带偏见的批评政府的自由倾向。这种倾向的产生便是缘于社会良心。而社会良心，产生于对利益的超脱和漠视、对公正的崇拜和信仰，还有人性的爱。”克明先生还说，阅读历史、阅读社会分裂的过去时代，得到的经验就是，不培养“仇恨和分裂”。

这在家族的历史记忆里走向了统一。因为任均老人的回忆即如此，而冯友兰先生，这位被李慎之先生称为“可超而不可越”的哲学巨人，在晚年的实践思考中即为国家进步尽了自己的经验智慧。遗憾的是，今天主流学界多忽视了冯先生的贡献。

他是一个平实的人，他不会慷慨激昂，或高论一时；他不会如新潮的理论家动辄到海外借来他人的理论，说什么告别革命、非暴力取胜一类的话，他用的是自家的宝库。

冯友兰曾被视为变节，甚至有人将他那深入浅出的思想当作没有知识价值或思想含量的东西。这种悲剧，一如本文开始时所述，实在是国家、社会的悲剧。真正的精神生长如此艰难，而新新人类或学界的新人类们竞相引来新奇的理论框架，以图框架住中国革命、毛泽东或他们以为的某个历史事件。

冯友兰晚年到了自己“飞龙在天”（冯自语“海阔天空我自飞”）的阶段，但他并没有像其他曾跪伏、后站起的人那样，把毛泽东和中国革命踹上一脚。冯友兰尽可能还了毛泽东一个历史公道，冯说：“他集党、政、军大权于一身，并且被认为是思想上的领导人。他是中国历史上一个最有权威的人。在几十年中，他兼有了中国传统文化中所谓‘君、师’的地位和职能。因此，他在中国现代革命中，立下了别人所不能立的功绩，也犯下了别人所不能犯的错误。”

冯友兰先生在《中国哲学史新编（第七册）》的总结里引张载归纳辩证法的四句话“有像斯有对，对必反其为；有反斯有仇，仇必和而解”来批评“仇必仇到底”的思想。冯友兰说：“‘仇必和而解’是客观的辩证法……人是最聪明、最有理性的动物，不会永远走‘仇必仇到底’那样的道路。这就是中国哲学的传统和世界哲学的未来。”

对冯友兰来说，得出这类结论，一定不是书斋的空想，而是有着现实的关怀。1985年12月4日，北大哲学系为冯友兰举行九十华诞庆祝会，邀请梁漱溟出席，可是梁漱溟却借故“天气不好，不宜出门”予以拒绝。事后，梁漱溟给冯友兰写了封短信，说明没有出席寿宴是因为冯友兰“献媚江青”，但是，“如到我处来谈，则当以礼相待”。1985年12月24日，冯友兰造访梁漱溟，这两位老朋友终于会聚到一起。他们终于“相逢一笑泯恩仇”。梁漱溟先生去世，冯友兰写下挽词：“廷争面折，一代直声，为同情农夫而直言。”

这一代以中国文化为己任的学人走向了“仇必和而解”，只是比他们年轻得多的新学人们，正拿来各自趁手的精神思想资源，彼此仇恨、漠视、分裂，而丝毫不在意对人性和生命的伤害。我们文明的演进艰难因此可以想见。

# 梁家：直道而行

民族血脉的新旧交替，这惊遽的时刻总要有人来表现，梁济选择了表现；这惊遽的时刻过后总要有人去承担，梁漱溟选择了承担。

“‘匹夫’就是独人一个，无权无势。他的最后一招只是坚信他自己的‘志’。什么都可以夺掉他的，但这个‘志’没法夺掉，就是把他这个人消灭掉，也无法夺掉！”

梁漱溟听任孩子们自由选择，他对他们唯一的要求是不要做“自了汉”，就是不要成为只顾自己的人，标准是“在人生道路上不趋于低俗，在识见上不流于浅薄”。

## 一 国性不存，我生何用

今天的中国人已经难以想象先人那种大家族的生活，那种三世、四世、五世同堂的经验。以伦理见长的中国文化，在近代遭遇了考验，并迅速接受了西方文化的洗礼。家庭、宗族伦理是跟王朝专制一样消逝了，但新的个人以上的文明单位——纵向的代际或横向的兄弟姐妹，并没有建立起来。即使那些一度最先进的中国人，如孙中山、陈独秀、鲁迅、胡适……他们的后人跟他们似乎属于不同的种类。当代人所称谓的“官二代”“富二代”，几乎成为不知天高地厚或不肖子孙的代名词。只有父子两代之间的传承已经谈不上有什么家教、家风，这是当代人的遗产，也是我们中国人仍得努力寻求人生的自我完善的前提。

幸运的是，中国的巨国规模和悠久的文化，可以代替一家一姓的浅薄、粗鄙、无文，能够给当代人以教化；更不用说，总有例外能给人以教育和示范。在传统家族向现代艰难转化的今天，我们考察这些家族，可以理解传统与现代变易最为深刻的道理，可以理解人生的诸种况味。广西桂林梁家就是这样的一个纵贯数代而一脉相承的家族。

梁家籍贯广西桂林，而到梁承光一代，奉朝廷命剿捻军，最后在山西做官并卒于山西，留下妻儿。梁承光的儿子梁济只有八岁时，家贫不得回广西，母亲带着他到北京讨生活。在母亲的督导下，梁济喜读戚继光论兵书暨名臣奏议，涵养出忠贤胸臆。光绪十一年（1885），二十七岁的梁济考中举人，他的父执多贵，而他不求闻达，直到四十岁才当官。梁济做过文化官员、内阁中书（四品）、民政部主事（相当于处长），十余年不升不调。

梁济的官职不大，口碑却隆。他自承："吾最得意之事，肩挑负贩、拉人力车者多识我。常于途中遇褴褛苦人，大呼曰：'梁老爷，你好吗？'"据说有赶驴车的看到他，居然叫得出他的名字，请他上车。《清史·忠义·梁济传》有载："济以总局处罪人，而收贫民于分局。更立小学，课幼儿，俾分科习艺，设专所授之，费省而事集。"

辛亥革命爆发，清廷逊位，共和建立，梁济辞职家居。民国的内务部总长一再邀请他出山，他拒绝，避居城北隅彭氏宅。易代变革，在人心中掀起的波澜是巨大的，对梁济（他的字即是巨川）来说，这一变易是难济未济了。他认为："中国每个朝代灭亡都有人或许多人为之殉，清亡无一人殉，这在历史上是可耻的，既然如此，我来做这件事。"因此在民国元年，梁济就向神明、父灵起誓殉清，并着手写遗书。

但梁济绝非愚忠，他清楚清王朝的专制腐败与积贫积弱，他的视野极为广泛，读过严复翻译的不少西洋名著。1902 年，友人彭翼仲创办北京最早的白话报《京话日报》，对这一新事物，他从物质和精神上也给予了不少支援。因此，辛亥革命爆发后，梁济的态度是旁观。次子梁漱溟参加反清的京津同盟会，他只是以“谨身以俟天命可也”相劝，并未表示强烈反对。他自己则明确表示，内心“极赞共和”。

因此，从他计划殉清到实现，整整七年，他都在观察新的时代社会。他对民国寄予过希望，然而他失望了。他一度以为“革命更新，机会难得”，可借机舒缓社会矛盾。虽说“国粹莫大于伦常”，不能轻易更改，但若使“全国人民真得出苦厄而就安舒”，则价值相抵，可以“不惜牺牲伦常以为变通之策”。故“辛亥革命如果真换得人民安泰，开千古未有之奇，则抛弃固有之纲常，而应世界之潮流，亦可谓变通之举”。但他痛心地说：“今世风比二十年前相去天渊，人人攘利争名，骄谄百出，不知良心为何事，盖由自幼不闻礼义之故。子弟对于父兄，又多有持打破家族主义之说者。家庭不敢以督责施于子女，而云恃社会互相监督，人格自然能好，有是理乎？”

梁济甚至知道人们会怎样看待他的自杀，也许他知道有人会称他为“梁疯子”。他说，只有那些“注重须先有良好人民而后国可以立，不专靠死板法律以为治”的人，才是“真能知我心者”。

1918 年，梁济六十岁生日前夕，为准备给他祝寿，家人进行大扫除，他因此到朋友家小住，说生日那天回来。结果生日前三天，即民国七年 11 月 10 日，梁济自沉于别墅附近的净业湖，即今天的积水潭。他在遗书《敬告世人书》中说：“国性不存，我生何用？国性存否，虽非我一人之责，然我既见到国性不存，国将不国，必自我一人先殉之，而后唤起国人共知国性为立国之必要。”

可以说，梁济绝非遗老，也毫不糊涂，他说：“吾因身位清朝之末，故云殉清，其实非以清朝为本位，而以幼年所学为本位，吾国数千年先圣之伦理纲常，吾家先祖先父先母之遗传与教训，幼年所以对于世道有责任为主义，此主义深印于吾头脑中，即以此主义为本位，故不容不殉。”他自己如此通透：“效忠于一家一姓之义狭，效忠于世界之义广，鄙人虽为清朝而死，而自以为忠于世界。”

## 二 这个世界会好吗？

遗憾的是，梁济这样的中国人在我们文化里如此罕有，他至今都被人们忽视。他的儿子梁漱溟认为，他有任侠、认真、不超脱等特点，这些精神个性也影响了孩子。但实际上，这个六十岁自我了断的中国人极为开通，他对友人、对孩子都是和蔼的、循循善诱的。梁漱溟追忆儿时趣事时说，他积蓄的一小串铜钱不见了，吵闹不休。父亲在庭前桃树枝上发现，让他去看。梁漱溟看时，见树上有父亲写的小字条：“一小儿在桃树下玩耍，偶将一小串钱挂于树枝而忘之，到处向人寻问，吵闹不休。”次日，其父亲打扫庭院，见钱悬树上，乃指示之。小儿始自知其糊涂。

梁济跟孩子之间的关系是庄重的、平等的，又是尊重的。在梁漱溟的记忆中，父亲对他“完全是宽放”的，甚至“很少正言厉色地教训过我们”。他“只记得大哥挨过打，这亦是很少的事”，他自己则“在整个记忆中，一次亦没有过”。

梁漱溟到读四书五经的年龄了，梁济不让他读，而是让他学习《地球韵言》。年轻的梁漱溟拒绝家中提婚要求，想出家当和尚，梁济虽不以为然，但也不明示反对……他的影响是有力的，使得梁漱溟在处事做人上跟他一样，以至于在梁漱溟十七岁时，梁济赠其两个字“肖吾”。

自杀前三天，即1918年11月7日，已经下了决定的梁济问儿子梁漱溟：“这个世界会好吗？”正在北京大学当哲学讲师的儿子回答说：“我相信世界是一天一天往好里去的。”“能好就好啊！”梁济说罢离开了家。这是他留给儿子最后的话。梁济的死，在京城有过一些影响，徐志摩、陶孟和、陈独秀、李大钊、胡适、傅斯年、梁启超等人都有过评论，他们多表示了不同程度的尊敬。

自然，父亲的自杀对进行人生思考、也想自杀的梁漱溟是一个启示。有人说，民族血脉的新旧交替，这惊遽的时刻总要有人来表现，梁济选择了表现；这惊遽的时刻过后总要有人去承担，梁漱溟选择了承担。梁漱溟选择了活下来，并开始了他传奇而高寿的一生。

## 三 匹夫不可夺志也

梁漱溟跟毛泽东同年，他的一生也跟毛泽东结缘。冯友兰为他写的挽联是：“钩玄决疑，百年尽瘁，以发扬儒学为己任；廷争面折，一代直声，为同情农夫而直言。”上联即述其德业，下联则涉及跟毛泽东的缘分。

1918年，两人在北大教授杨昌济先生的家里初识，当时的梁漱溟已是名人，是北大哲学系讲师，毛泽东则在北大当图书管理员。二十年后，梁漱溟到延安跟毛泽东谈中国的出路，半个月中，毛泽东与他长谈八次，有两次是通宵达旦。梁漱溟回忆说：“彼此交谈都很有兴趣。”毛泽东后来则称：“我同梁漱溟比较熟。”

梁漱溟没有进过大学，他是自学成才的。仅有中学文凭的他被蔡元培请到北大教印度哲学，三十多岁即在军阀韩复榘治下开展他的乡村建设实验。他在五四新文化运动后期发表的重要著作《东西文化及其哲学》，以及在国共两党激烈冲突的时刻出版的《中国文化要义》，是极为重要的思想文献。前者批评新文化运动“向西走”的不对，宣称他就是要“向东走”，宣称世界未来有待于中国文化的复兴；后者则基于他对中国社会实际的观察与研究，提出中国社会的基本特征是“伦理本位，职业分途”，以此否定阶级斗争理论，张扬自己多年来进行的乡村建设才是中国的唯一出路。

他的自信被不少人斥为狂妄。1942年年初，梁漱溟在日军的炮火下逃生之后给儿子写信说：“我不能死。我若死，天地将为之变色，历史将为之改辙。”这些言论，也曾遭到了包括熊十力在内的许多人的讥评。

中华人民共和国成立后，在毛泽东的邀请下，梁漱溟从重庆来到北京。毛泽东多次请他到自己家里做客，还专门派车接他，招待吃饭。由于梁漱溟吃素，毛泽东大声嘱咐："我们也统统吃素，因为今天是统一战线嘛！"毛邀请梁漱溟到政府里担任职位，梁拒绝后，毛仍照顾他的工作和生活。

1953年9月，在全国政协常委会议的小组讨论会上，梁漱溟和毛泽东发生了激烈的争论，自此梁漱溟深居简出。"文革"中，他受到冲击，被抄家，被打耳光，但他承受下来了。1972年12月26日，毛泽东生日，梁漱溟把尚未出版的《中国——理性之国》手抄书稿作为贺礼送到中南海。他就事论事，"文革"尚未结束，梁漱溟在政协会议上说："文革"搞糟了，"文革"的祸因是治国不靠法治而靠人治。

1973年年底，"批林批孔"运动开始，在政协学习会上，人人要"表态"，梁一直沉默不语。最后迫不得已，梁做了《今天我们应当如何评价孔子》的长篇即席讲演。在众人追问他对"批林"的态度时，他说"我的态度是不批孔，只批林"，从而引起对他的大规模批判。1974年9月23日，对梁历时半年的批判会告一段落，主持人询问梁对大家批判他的感想，梁脱口而出："三军可以夺帅也，匹夫不可夺志也。"主持人勒令梁做解释。梁说："'匹夫'就是独人一个，无权无势。他的最后一招只是坚信他自己的'志'。什么都可以夺掉他的，但这个'志'没法夺掉，就是把他这个人消灭掉，也无法夺掉！"

## 四 愿使自己成为社会所永久信赖的一个人

在今天，梁漱溟先生已经被人们视为中国的圣贤，是最后的儒家，是哲学家，是乡村建设的代表人物，是毛泽东的诤友……也许这一切成就，都可以在梁济那里找到源头。他的“殉节”影响了梁漱溟，成为最有警示性的家教，那就是“道德理想和卓立精神”。梁漱溟因此一生都很少顾及自己，而是为国为民。在《这个世界会好吗》中，美国学者艾恺问梁漱溟：“您认为您生活中最重要的大事是什么？”梁漱溟回答道：“大事一个就是为社会奔走，做社会运动。乡村建设是一种社会运动，这种社会运动起了相当的影响。”他教育自己的孩子也是“不要贪”“不仅贪图的事不应做，贪图的念头也不要起”。他把“不谋衣食，不顾家室，不因家事而拖累奔赴的大事”当作家训。他自己一生不断追求两个问题：一是人生问题，即人为什么活着；二是中国问题，即中国向何处去。

在一个世纪以来反复的中国社会里，梁漱溟先生是少有的能给我们中国社会以安慰和信任的人了。学者林毓生认为，梁漱溟与鲁迅是20世纪中国最有创造力的思想家。梁漱溟在反传统的浪潮中挺身而出，倡言中国文化经过调整还能继续存在并复兴，他相信中国本身拥有走向现代化的力量。是梁漱溟，而不是别的什么人，更足以与鲁迅构成表面对立、其实互补的两极。他们一位是传统文化的伟大批判者，一位是传统文化的伟大发扬者。梁漱溟说：“我愿终身为华夏民族社会尽力，并愿使自己成为社会所永久信赖的一个人。”他做到了自己所说的。

## 五 多年父子如兄弟

但这并不表示他薄情，相反，他对自己的两个儿子的教育可圈可点。他给两个儿子取名培宽、培恕，因为“宽恕是我一生的自勉”。像父亲一样，梁漱溟也很注意培养儿子们的个性。他对长子培宽有“多年父子如兄弟”之谊。梁培宽回忆说：“父亲对我完全是宽放的……我在父亲面前，完全不感到一种精神上的压力。他从不以端凝严肃的神气对儿童或少年人……先父认为好的，便明示或暗示鼓励。他不同意的，让我晓得他不同意而止，却从不干涉。”一次梁培宽考试得五十九分，曾拿学校要求补考的通知给父亲看。“他只看了一眼，就又还给了我。”梁漱溟长年为社会奔走，居无定所，无暇顾及家庭，两个儿子寄居亲戚家，他就要求长子培宽多带带弟弟培恕，让培宽“研究研究恕之受伤或受‘病’在何处，当如何药之”。

即使在奔走忙碌的空隙，梁漱溟也会和两个孩子一块聚聚。“两三个星期，会接我们过去和他聚会，他的朋友、学生来找他，谈论的无非是关于国家、社会的事情。”

梁漱溟的家信是温厚的，他关怀、培养两个儿子的人品与学业。“两人之自传均阅看。宽儿所做虽不甚好，尚清爽简洁，但开头一句无主词，在文法上是不行的，或漏去一

‘我’字耶。恕所作太简短，总是因为他对所做之事无兴趣之故，勉强他多写怕也不行的。”“我的原则是：一个人要认清自己的兴趣，确定自己的兴趣。你们兄弟二人要明白我这个意思，喜欢干什么事，我都不阻拦你们的。”（1943 年 2 月 28 日）

在长孙梁钦元出生时，远在重庆的梁漱溟高兴之余给儿媳妇写了一封甚为动情的信，培宽至今仍保存着这封信。梁漱溟在信中说：“得闻危险期过去了，我不去看你。但你是人才的生产者，想到这一点，你该是自慰的。”

梁漱溟听任孩子们自由选择，他对他们唯一的要求是不要做“自了汉”，就是不要成为只顾自己的人，标准是“在人生道路上不趋于低俗，在识见上不流于浅薄”。

梁漱溟的宽放教育贯穿始终，他的教育显然是成功的。1944 年，梁漱溟再婚时，培恕不愿意接受后母，抄了一首写孀妇的诗“故人恩义重，不忍复双飞”给父亲看。梁漱溟看后点点头，就算父子交换意见了。

他的家教使儿子在多灾多难的世纪得以平安度过，梁培宽、梁培恕一生不喜出头露面，为人低调。大概正因为如此，两人在历次运动中都没有遭到太多的磨难。梁先生晚年给两个儿子打了个电话说：“我老了，需要你们照顾。”郭齐勇教授曾对梁培恕先生说：“你很幸福，你有一个这样的父亲需要你继续工作。”

## 六 中国的脊梁

梁家兄弟在父亲去世后相继退休，他们想到了应该研究整理父亲的文稿。兄弟俩的分工不同，梁培宽负责父亲的全集编撰出版，梁培恕则负责撰写父亲的传记作品。梁培宽说："我们哥儿俩一直在整理父亲的文稿，边整理边开始了解他。年轻时候只是知道他有什么书或是关心什么内容，但没有深入进去。到现在才算有些了解，但也很困难。"

兄弟两人一生的职业与事业跟父亲没有多大关系，却在退休后投入了回向父亲志业的世界。他们的见解也不流凡俗，梁培宽说："他不是一个很浅薄的人，不是一个只顾自己的人。他的有些主张肯定是错的，但有些看法却值得参考。我可以肯定的一点是，他在自我修养上是比较无私的，比较无我的。在破'我执'上下了功夫。"

梁家兄弟全身心投入到整理父亲遗著的工作中，并为父亲编辑出版了八卷本六百多万字的全集，以及自传、传、纪念集、书法集等，接待了国内外很多的梁漱溟研究者。在整理出版父亲著作所得的数万元稿费中，只留下了买一台电脑（供继续编选著述用）用的几千元钱，其余的全部以梁漱溟的名义捐给了当年梁氏所办的勉仁中学（现在的勉仁职业学校）。有人问梁培恕先生原因，他笑着说："不为什么，我们只觉得这样做比较好。"孙子梁钦东向祖父求字，八十八岁的梁漱溟录诸葛亮《诫子书》，令其研读自勉："静以修身，俭以养德，非淡泊无以明志，非宁静无以致远……"

因为梁漱溟的历史地位，他生前死后都有国家因素介入，因而梁家后人在事关评价等问题上也同样显露出梁家独有的直道。他们不是强者，但也非软弱小民，梁家兄弟多次跟政府交涉事宜。梁漱溟去世后，要召开例行的追悼会。中央统战部为梁漱溟起草了一份生平。关于 1953 年一事，第一稿中写道："受到不实事求是的批判。"梁家兄弟认可。但在修改稿中莫名其妙地被改为"受到批评"。他们表示反对，有关部门反复劝兄弟俩"以大局为重"。他们据理力争，不肯让步。后来，新华社播发梁漱溟的生平，文章标题即是《三军可以夺帅，匹夫不可夺志——梁漱溟走完百年人生旅程》。

而更年轻的一代，则更是直抒胸臆。1988 年，梁漱溟的遗体告别仪式在北京医院告别大厅举行。灵堂入口大门上悬挂的挽联是：百年沧桑，救国救民；千秋功罪，后人评说。横批是：中国的脊梁。挽联是梁培宽次子梁钦宁拟就的。在梁钦宁张贴时，工作人员试图阻止，但他执意坚持。据说，前往吊唁的有李先念、阎明复、刘澜涛等党和国家领导，以及梁漱溟先生的亲友四百余人。

在君子之泽及身而没的中国，在家族分崩离析的现当代，梁家人很了不起，他们直道而行很了不起。

# 贝家：骨子里的贵气

不求于人者为至富，不辱于人者为至贵。这类看似心灵鸡汤一样的格言有着生存的至理。只有具有这种富贵品质，人才能示范人生的高贵。当代人有一句流行语：贱者无敌。似乎只有贱到骨子里才能抓住机会、才能成功，这跟贝家先祖的品质及传统文化的要求相距不可以道里计。

## 一 贝家的创业

我知道贝聿铭算早的了，大学毕业不久，有同学做电视节目，要我客串讲讲中国建筑，那时候就知道贝氏大名。还听过有关他的传闻，说他是最有世界影响的华人建筑师，香山饭店就是请他建造的，对当时的国人来说，是一种浪费，中看不中用，等等。我很奇怪自己对贝聿铭既崇敬又远之。自采访之后我就再没有了解过他的材料，虽然我经常能听到他的消息，我自己也对中国建筑发过谬论。

近三十年后想来，这种敬而远之，大概是一个底层青年对成功人士的本能心态。无论他是富贵还是清贵，是土豪还是知识人，他跟一个仍在挣扎的青年是两类人。很多出身底层的人容易视言论听来入耳的官产学精英为自家人，但从人生一世草木一秋来说，两者实在有本质的不同。我当时只是觉得贝先生太洋派、太贵族了，远未想到更多。今天梳理贝家的历史时突然想到这一段因缘，仍意味深长。

但贝聿铭先生，以及他们贝家人，实在是值得我们很多人学习的。当下人们也意识到了这一点，这两年不时有关于贝家的文章爆出来，让我们学而时习，不少题目都很吸引人："中国唯一富过十五代的家族，靠什么传承至今？""神秘的东方贵族：贝聿铭和他的家族”“贝聿铭的可怕的家族”……

跟一些家族通过潜规则的手段淘到第一桶金，再洗白或积德行善的历史不同，贝家人的发家似乎就是草根奋斗的历史。只不过，很多草根在奋斗时不免有依赖思想，有贵人相助的想法，有占小便宜的心理，连诗圣杜甫都有过“朝扣富儿门，暮随肥马尘。残杯与冷炙，到处潜悲辛”的生涯。但贝家人不是，贝家的始祖贝兰堂到苏州谋生，一开始就是在阊门外南濠摆地摊，边卖草药边行医。贝家人经过两三代人的奋斗，到贝兰堂的儿子、孙子才开起了药店。

这样的起步，几乎无足称道，在今天更不算成功的典范。我们的时代精神之一乃是，在自己一代人身上压缩了历史上四五代人的经历，一代人可以超越四五代人的积累。如果我们告知一个年轻人，你这一辈子就老老实实地摆摊，到孩子、孙子都能做事了才有望坐堂，估计这个人会崩溃。

不过，贝家先祖在谋生中还是有一些共性的东西，即在谋生者中间少有的富贵品质。何为富？何为贵？我们今天的人已经难以理解其本质了。其实，中国文化早已明见，不求人为贵，不欠人为富。不求于人者为至富，不辱于人者为至贵。总之，富贵在于不贪，这类看似心灵鸡汤一样的格言有着生存的至理。只有具有这种富贵品质，人才能示范人生的高贵。当代人有一句流行语：贱者无敌。似乎只有贱到骨子里才能抓住机会、才能成功，这跟贝家先祖的品质及传统文化的要求相距不可以道里计。

在创业的过程中，曾有人托贝兰堂的长孙贝和宇代销中药制品。一天深夜，贝家遇上强盗抢劫，贝和宇拿起装有替人代销所得钱款的盒子跑掉藏好，再回来时，自家的钱财已被洗劫一空。如此诚信经营，使贝家的生意能够吃得开。到第五代，贝家人的贵气有了一个结果，康熙五十年举行盛大的乡饮酒礼，已经七十三岁的五世祖贝撍天被推荐为"乡饮介宾"，就是德高望重的士绅。

到了第六代、第七代，贝潜谷、贝慕庭父子终于将祖传的小生意做大，成为当地著名的药材行。他们的成功首先来自他们的勤俭，其次他们都积德行善，据时人笔记，贝潜谷已经是"贸易为生，累代行善"，贝慕庭则设立义仓赈济灾民，到了荒年，他会拿出自家的存粮以低于市价的价格卖给市民。他还曾将数万两银子的债券当众销毁，这一效法孟尝君的举动非一般人所能为。从一般人的角度理解，这是买好。从文化史的角度理解，这是积大德，其子孙将受益，"其子孙必彰"。

关于贝家的德行还有一个传说，就是三足金蟾逃到贝家的水井之中，仙人刘海蟾扮成一个打工的阿保到贝家做工，得到贝家的善待。为报答贝家人收留他并助他找回金蟾的恩德，刘海蟾问贝老爷有什么心愿想实现。贝老爷说：我也不敢有其他奢求，只想找块好地，安葬双亲，以保佑我的子孙今后都能衣食无忧、平平安安。刘海蟾认为这很容易办到，于是为贝家选择了一处牛眠之地，点穴以葬，俗称"仙人坟"。此后，姑苏贝氏就根深叶茂，不断兴盛繁衍，成为名门望族。从乾隆年间直到民国，当地人的传说中一直把贝家人的富有当作有仙人相助，这个故事的背后仍说明贝家人因积德行善而得好报。

到乾隆年间，贝家已经跻身当地的富豪之列，即“南濠四富”，城中戈、毛、贝、毕四大富族都居住在苏州的南濠街。到第十三代孙的贝哉安和贝润生两支，贝家生意再次拓展，从医药走向多种经营。贝理泰、贝祖诒被称为“金融世家”，贝润生是“颜料大王”。“富而教之”，贝家人终以诗礼传家，与时俱进，再向现代经济、科技方面延伸，有著名诗人贝青乔，藏书家贝墉、贝信三，中国最早留学西方的建筑师贝季眉，昆曲专家贝晋眉，金融巨子贝祖诒，世界著名建筑大师贝聿铭，资深教育家贝季瑶，女画家贝聿昭，科学家贝聿渠、贝聿铣，经济学家贝世鸿，等等。

## 二 成功的品质

贝家人的成功，除了骨子里的贵气外，还有哪些独特的东西？我们可以从他们的家风中看到一二。贝家人“都很自信”，因为他们相信有一样东西谁也拿不走——知识。贝家历来重视教育，男孩女孩都要上学。同时，贝家还有一条祖训：男丁必须做事。“贝家从没出过提笼遛鸟的公子哥。”在做人做事上，我们还可以从贝聿铭祖孙三代身上看到他们的共性。

贝聿铭的祖父贝理泰青少年时成绩优秀，中过秀才，但不幸父亲去世，他只好放弃仕途，打理父亲留下的产业。经过七年的苦心经营，他将家族产业经营得十分红火，知县吴次竹很赏识他，聘为幕僚，掌管赋税和财会工作，人称“钱谷师爷”。

贝理泰参与了现代中国金融业和旅行业的开拓事业。1915 年，他协助陈光甫、庄得之创办了上海银行，他还协助陈光甫在上海创办了中国第一家新型旅行社——中国旅行社。贝理泰一生兼职很多，曾经担任苏州商会会长，以及救火会、市民公社、红十字会、市公所等社会团体的职务。当然，之所以被称为金融世家，还因为他有四个儿子、五个孙子都从事金融，其中他的三儿子贝祖诒最负盛名，被称为“金融巨子”。

贝祖诒是中银香港分行真正的奠基人。在香港工作期间，贝祖诒发现，各国货币汇率的差价有盈利的空间，他把精力集中于套汇交易，成为一代“汇兑奇才”。当时香港的外汇业务由汇丰银行把持，旁人不得染指。汇丰的老板发现贝祖诒的计划后，就约见他：“What do you want? Boy!”贝祖诒谦卑地回答：“我只想在你做不完的生意中赚一点点皮费。”“那就好，注意手不要伸得太长。”贝祖诒的才华品质使这个老板最终跟他交上了朋友。自此以后，贝祖诒能一展再展他的所长。在中国货币史上的“废两改元”活动中，他以中国银行代表身份参加，参与推动了中国币制改革。抗战期间，贝祖诒以中国代表的身份，陪同孔祥熙赴美出席国际金融货币会议——著名的布雷顿森林会议。1946 年至 1947 年间，贝祖诒当了不满一年的中央银行总裁。1948 年，贝祖诒赴美，担任驻华盛顿中国技术代表团团长。

张嘉璈对贝祖诒有这样的评价：“贝为中国银行家，亦为国外汇兑与国际金融专家。一生为中国银行及国家财政金融服务达三十五年，而尤以在中国银行时间最久，计三十三年。中国银行国外汇兑业务之创办、地位之确立与业务之扩展，贝氏贡献甚大。中国币制于 1935 年改为法币及抗战期间法币之维持一切措施，贝氏参与协助，尤著功勋。”

贝理泰、贝祖诒两代金融家在清末民国的动荡岁月里能够脱颖而出，得益于他们的才华，更得益于他们的品德。贝理泰曾给孙子贝聿铭传授他的人生经验，其中之一是中国人多耳熟能详的格言：“为政以德，譬如北辰，居其所，而众星拱之。”孔子的名言本来是谈政治事务，但到了贝理泰那里，却用于人生事业，可见贝理泰把道德放在多么重要的位置。这看似迂阔的道理，或者就像以屠龙刀来杀鸡一样，但把人生看得如此之重大，却仍是我们可以深思的。

人生很重要，人生很重大，因此必须以屠龙刀来对待。贝理泰传授给贝聿铭的另一人生经验就是，全力以赴。我们从贝理泰、贝祖诒的人生中可以看到，他们做到了。

贝聿铭也做到了，他对项目的争取和态度就是如此。在肯尼迪图书馆项目上，杰奎琳·肯尼迪的人选有好几个，贝聿铭为争取项目，对这位曾经的第一夫人做了不少研究。他重新布置自己的事务所，饰以花草，要求手下都西装笔挺，仪表考究。相比之下，其他候选人坚持“做自己”，以为只要看作品本身就够了。结果贝聿铭争取到了这一项目。

为设计北京的香山饭店，贝聿铭投入的心血更多：“香山饭店在我的设计生涯中占有重要位置，我下的功夫，比在国外设计的建筑高出十倍，我们不能每有新建筑就往外看，中国建筑的根还在，还可以发芽。”他为此走访了北京、南京、扬州、苏州、承德等地，寻找灵感，搜集素材。

为香港设计的中国银行大厦，贝聿铭全力以赴的结果是，节省了三分之一的钢材，造价比汇丰银行大厦便宜几亿美元。贝聿铭作为华裔出身的“西方建筑师”不考虑风水，但他的中银大厦在中国风水话语里却如一把利刃，大厦刚建成就引起风水战。其中一面“刀锋”直指港督府（今香港礼宾府），港督府因而请人化解，最后决定在面朝中银大厦的方向种植柳树以挡杀气。后来在旁边兴建的花旗银行大厦为此采取了呈书本开页形状的设计，据说有阻挡杀气的意图。对面老牌的汇丰银行业绩下滑，人们以为有风水的原因，于是汇丰在其大楼楼顶装上两座对着中银大厦的炮台，据说汇丰的业绩由此好转……还有李嘉诚将新总部建得较“正正方方”，原因也是挡杀气。这些故事虽然荒诞不经，却也说明贝聿铭的作品极具分量。中银大厦今天仍是香港的地标性建筑，也是贝聿铭的代表作之一。

当然，贝聿铭对全力以赴也有自己的理解，当有人问他为什么他的成功率很高时，他回答说：“可能是因为我更加耐心。”而耐心，我们说，仍是贵族精神，是绅士品质。

## 三 时代的锻炼

当然，留在大陆的贝家人也要经受时代的锻炼。贝氏家族经受了“五百余年来最彻底的一次颠覆”，但无一例外，“所有贝氏族人都很从容地交出了全部财富，银行交出去了，电力、燃油和染料的经营权移交了，在法租界南阳路170号老上海称为贝家花园的洋房搬空了，狮子林一晚之间遣散了三十二位仆人，主人搬去了西花桥巷的几间平房”。

贝聿铭的族弟贝重威被打成右派，判刑二十二年，发配到黑龙江劳教。贝重威的妹妹贝聿琳在极困难的情况下攒了一斤白糖寄给他。贝重威后来承认，这一斤白糖给了他活下去的信念，因为家早已散了。

贝聿琳自己的日子也不好过。抗美援朝时，她的银行家丈夫曾跟她商量：“我想主动提出降一级工资，支援国家。”过了三年，她的银行家丈夫又说：我看好多工农出身的同事比我们还苦，我对革命又没有什么贡献，我想主动再降一级工资。反右时，丈夫要向党提意见，贝聿琳阻止他：“不要说话。”尽管如此表现，丈夫仍是“历史反革命”，每次参加批斗会回来，贝聿琳就对丈夫说，对你就一个要求，不要死。

他们的女婿梁成锦说：“清贫，似乎对贝家没有杀伤力。安贫乐道，成为集体的自觉行为。”梁成锦回忆，有一次岳父从批斗会回家，大家都很难过，一时不知道说什么，岳父却一弯腰从菜篮子里挑了几棵开着黄花的菜心，又顺手从地上捡了个瓶子，插好了往桌上一摆，说：“有花就有春天，有花就有希望！”

贝聿铭的九姑姑贝娟琳嫁给了上海的望族后裔吴同文，贝小姐的嫁妆之一是上海的绿屋，曾经被称为远东第一豪宅。“文革”结束后，有关单位表示要归还绿屋，贝娟琳拒绝了，她说，就算换了房子，他们的时代也已经过去了。“不要了，就算拿回来，也找不回当年的气派。”

1974年4月，贝聿铭夫妇跟随美国建筑师协会代表团第一次回到苏州，他面对的是“一百多位穿着破旧蓝黑衣服的亲戚”，一时间说不出话来。事后贝聿铭对同行的美国朋友说：“我在他们面前没有一丝一毫的优越感。他们当中任何一个人可以是我，我也可以是他们当中的任何一人，一切都是历史的偶然。”

中国人常讲去者、留者，走的人很成功，留下来的人也有高格。这就是曾经的贝家人。到了贝聿铭的儿子一代，定中、建中、礼中，三个儿子取名寓意安定中国、建设中国、礼仪中国。有见过三兄弟的人说：“在贝氏兄弟身上可以隐约感觉到一种贵族气质，这不单源于他们显赫的家族历史，更重要的是那种骨子里雷打不动的自信心和绝不卑躬屈膝的处事方式。”

# 查家：谨慎内敛与时俱进

“把自己想成是这世界上最渺小的生物，那么生活中既少苦闷，又乏忧伤。因为与世无争，与人无怨，自然烟散云散。”

## 一 江南巨族

一个世纪以来的中国家族文气之盛，除了浙江绍兴周家，就该算海宁查家了。以名次论，周树人、周作人两人的文化成就，大约都在前三或前五名之内，而查家的诗人穆旦（查良铮）、武侠小说家金庸（查良镛），加上查家的亲戚徐志摩等人，较之周氏兄弟不遑多让。穆旦不仅有现代诗歌的“旗手”或“代表人物”称号，更有“百年中国第一诗人”的美誉；金庸虽然一度被论者评为“金钱的庸人”，但其武侠惠泽华人社会数代人几十年，其作品发行据说早已超三亿册；金庸的表兄徐志摩生前同样领一代风流。他们不朽的立言早已成为我们文化中宝贵的财富。

如果按清朝查继佐的说法，查姓是鲁国伯禽的苗裔，那么查姓跟周姓算一家人，都是文王子孙了。但据专家学者调查，查姓之源主要是姜姓炎帝。无论如何，周氏一支错综复杂，查姓晚出，支脉关系简单。比较而言，周氏兄弟暴起一时，为家族大放异彩；而查家兄弟显得源远流长，水到渠成。查虽小支，却在近几百年来以文化为体、以商宦为用，传递出独特家风的不凡成就。

查氏的流传中说，查原为楂，系春秋时代封到楂地的一位子爵的后代，以楂为姓，到宋朝时，皇帝建议楂家改为查。由此可见，我们对母语、姓氏愚忠的一些所谓原教旨主义者，其实立基虚无，生命的流转本来缘起缘灭，不必着相固执的。在这方面，查家人是通达的。宋以后，查家的一支甚至改姓为香，“查家人真奇怪，鞋子头上歪着戴”，即是说查家人把“查”字底下一横移到头上变成了“香”字。至今在广东一带的香姓人家，可以肯定都是查家人的后代。

自始祖查延以下，历汉晋隋唐，传至四十九世查昌，以兵乱避居休宁城北，为休宁查氏之始迁祖。再传至第五十世查文徽、查文征兄弟，分居休宁、婺源城西之凤山岗，故查文徽、查文征为休宁、婺源之分祖。至六十七世查瑜，适逢元末农民大起义，为避兵乱，离开婺源，到浙北杭嘉湖平原的嘉兴落脚，后到海宁园花里龙山（今海宁市袁花镇）任西席（家庭教师）。查瑜看到龙山山水形胜，民风淳厚与故里婺源相似，邑名海宁与祖籍休宁的旧名相同，故决定定居于海宁。

查瑜即是迁支海宁查氏之始祖，他恪守祖训、以儒为业、耕读为务、敦睦乡里，为海宁查氏奠定了最初的基础。在他的人生决定中，可以看到赋比兴思维深入血脉。他的后人，北支的查良铮将“查”字拆开取作笔名穆旦，南支的查良镛将“镛”字拆开取作笔名金庸，二人不约而同，其实颇有先祖遗风。

发扬光大的不仅是穆旦和金庸，文采风流自始祖开始，代不乏人。据明清两代海宁查家人口研究表明：查氏获得生员（秀才）资格人数为八百余人，考取进士、举人、贡生者共一百三十三人。明代以进士及第者有六人，乡试考中举人者有十七人。清代考中进士者有十五人，乡试中举者有五十九人。

最为特别的是，清康熙年间，查氏一家进士及第者就有十人；康雍乾三朝，在翰林院任职的先后有查氏的叔侄兄弟。“一门十进士”与“兄弟三翰林”，家门光荣几乎直追当时著名的陈阁老的海宁陈家。尤其是查升，以人品高尚和书法超群，深受康熙帝的器重，入值南书房达三十八年之久。康熙帝曾亲笔书写“嘉瑞堂”匾额赐予袁花查氏宗祠，又先后书写“澹远堂”和“敬业堂”匾额分别赐予查升与查慎行。

虽然名臣不少，但查氏人多在文苑扬名。据说查家诗人有四十一人之多，尤其是查慎行，是跟陆游相比美的大诗人。康熙大帝曾为之题联：“唐宋以来巨族，江南有数人家。”

## 二 家之长久系于一心

考察查家人的历史，可以看到他们的一些共同点：清贵。明代的查家人多名臣，如六世查约（1472—1530），为人刚正不阿，清廉爱民。他在福建为官时，遇到当地监狱犯人反狱，他不畏强暴，单车前往劝谕，不幸被难，以身殉职。闽人立“怀愁祠”肖像以祀，崇祀“名宦祠”。七世查秉彝（1504—1561），时值奸相严嵩父子弄权，朝政日非。秉彝刚正清廉，备陈时事，名重一时。八世查志隆，字鸣治，明世宗嘉靖三十八年进士，学识渊博，为人谦和，办事有干才。

十一世查继佐，即大名鼎鼎的查伊璜，人称东山先生，继往开来，多才多艺，博学强记，经史百家与艺术无不精通，是明末清初海内闻名的一位奇才。康熙二年，史上惨烈的文字狱之一的“明史案”结案，庄廷鑨被开棺戮尸，庄家获抄满门，涉案者被杀七十人，其中凌迟者十八人。查继佐得到地方大员吴六奇的营救，得以脱罪。而吴六奇身为提督，敢于为查继佐开脱，因其少时做叫花子，遇到查继佐，查待之极厚，而不忘旧恩。也有人说，查继佐在惊天大案中安然无恙，也得益于他的自我辩白。他向当政者坦言：“倘或犯于所忌，间有非所宜言。”因此救了自己和亲友多人。十一世查家人中除了查继佐外，查培继、查璇继都有文名；查雍年少有才，与著名学者、思想家吕留良交游，学业日进，不幸中年病逝。

十二世查慎行是著名学者黄宗羲的弟子，他的表兄则是清朝有名的词人朱彝尊。查慎行曾跟弟弟、族侄同朝为官，太监奉命传唤时称其“老查”。有一次康熙帝给大臣赐鱼，并让大家赋诗，查慎行有句云：“笠檐蓑袂平生梦，臣本烟波一钓徒。”皇上很高兴。后来太监叫他时称为“烟波钓徒查翰林”。慎行又有“烟蓑雨笠寻常事，惭愧犹蒙记忆中”之句，一时传为佳话。

查慎行的弟弟查嗣瑮、查嗣庭也是大才。而查嗣庭雍正四年（1726）任江西乡试正考官，考题第一题是“君子不以言举人，不以人废言”，第二题“正大而天地之情可见矣”，第三题“其旨远其辞文”，第四题“百室盈止妇子宁止”。试题中先有“正”，后有“止”字，如同汪景祺《历代年号论》“一止之象”的说法，让敏感多疑的皇帝大做文章。民间传说他以“维民所止”为题。此句出自《诗经·商颂·玄鸟》：“邦畿千里，维民所止。”被人劾告“维止”二字系“雍正”去头，又查其笔札诗钞，认为“语多悖逆”。雍正帝为铲除隆科多党羽，遂以“讽刺时事，心怀怨望”等罪，将查嗣庭逮狱。查嗣庭于雍正五年（1727）五月死于狱中，仍被戮尸枭示。其子十六岁以上判斩刑，十五岁以下流放，又因汪景祺、查嗣庭都是浙江人，停止浙江乡试、会试三年，史称“查嗣庭试题案”。在这起文字狱中，查嗣瑮受株连，谪遣关西，卒于戍所。查慎行则以家长失教获罪，被逮入京，雍正帝“知其端谨”，其实也是知道不能做得太绝，故网开一面，特许其父子返回田里。

这样的经历，对一个大诗人有着难为外人道的体验，甚至言语道断。查慎行一家虽然被当时的论者誉为有宋代的“二苏”“苏黄”之遗风，查慎行作为朱彝尊之后的文坛领袖，被人称为跟陆游相伯仲，但在精神自由的向度上，查慎行和查家人难以跟宋代的诗人相比。他们不得不谨慎做人。金庸曾经遗憾地承认：“王士祯、赵翼、纪晓岚都评他的诗与陆游并驾齐驱，互有长短，恐怕有点过誉……毕竟他不能和真正的大诗人相比。”

两次文字狱对查氏家族的影响是深远的，在谨慎之余，查氏家族文化具有临危不惧、坚忍不拔、内敛深沉的特点。

论者称为，“诗礼传家，与时俱进”。查家人的家训中有“培家本”一则：“家本者何？存心是也，心何以存，广积功德，痛祛隐恶是也。凡百物受用有尽，唯此善根受用无尽。故曰：耕尧田者有水虑，耕汤田者有旱忧，耕心田者日日丰年，无忧无虑，家之长久系于一心，故存心先焉。”

这种存心当然会使人内敛、隐忍。除此以外，在查家人身上还有一种清贵、廉洁的人格风范。金庸在一篇文章中如此说：我们姓查的祖先之中，有一位叫作查道，宋朝人。他为人廉洁，有个故事常在儿童书中叙述。有一次他行路在外，途中又饥又渴，在路旁一枣树上摘了些枣子吃了。为了偿还枣树的主人，他在枣树上挂一串钱，表示没有偷别人的枣子。

## 三 文采风流

海宁查家虽然小姓，却人才辈出。十二世遭遇文字狱对家族几乎是灭顶之灾，然而十三世的查升，书法得皇帝欣赏，被称为“海宁三绝”之一；查祥是学者；查开是能官。十四世查虞昌是文字狱之后重振家声的第一人，查岐昌是方志专家，查奕照是画家。十五世查端木到天津壮大查家北支，一人服务于上千族人。十六世查世官系诗人，查世璜是画家……现代以来，十八世查人伟、十九世查猛济、二十世查文清等都有大名，且名实相符。

海宁查家自第七世起的辈分是：秉志允大继嗣克昌，奕世有人济美忠良，传家孝友华国文章，宗英绍起祖德载光。

到了第二十二世良字辈，历史翻到了 20 世纪，海宁查家南北等支不约而同地为社会贡献了大教育家、大法学家、大作家、大诗人。

查良钊（1897—1982），字勉仲，出生于天津，早年就读于南开、清华，后到美国求学，是美国著名学者杜威与桑戴克的学生。回国后，他先后任北京师范大学教授兼教务长、国立河南大学校长、河南省教育厅长、华北慈善联合会总干事……他曾经发起“三元救一命”运动，在北方募款救灾；后又任长江水灾赈济委员会常委兼灾区工作组总干事，活人无数，时人称之为“查活佛”。抗战军兴，查良钊代表教育部在西安工作，曾率领一千七百余名中学师生，由陕西凤翔县步行至甘肃天水县，创办了国立甘肃中学。国立西南联合大学成立后，他任教授，后兼任西南联大训导长，为西南联大的建设出尽全力。抗战胜利后，任国立昆明师范学院院长。1949 年赴印度出席联合国教科文组织的成人教育会议。1950 年，应印度政府之聘，任德里大学中央教育学院客座教授，并参加印度乡村教育运动。1953 年，在甘地修道院与印度总理尼赫鲁合演印度历史剧，查氏饰演唐僧玄奘，一时传为佳话。1954 年 5 月，由印度去中国台湾，任台湾大学教授兼训导长……查良钊一生服务于教育界近六十年，桃李满天下。作为我国现代著名教育家之一，查良钊有着来自家族的清廉之风。他在陕西省教育厅长任上，曾赴灾区工作，遭土匪绑架，无钱自赎，被囚八十一天始告脱险。他同样有着家族的忍耐，他被学生称为“孩子头”，他的名诗是：“孩子头，孩子头，有颗赤子心，为人服务何所愁。不怨天，不尤人，发挥赤子心，观化乐天更何求。”

查良鉴（1904—1994），字方季，系查良钊之四弟。南开大学政治系、东吴大学法学院毕业，美国密歇根大学法理学博士。回国后任安徽大学及中央大学教授，是抗战前上海名律师之一。1949年去台湾后，在政界、学界服务，培养法律人才无数，成为台湾法学界的权威。他曾在1951年“司法行政部”政务次长任内，奉派赴美，追究驻美负责军购的空军将领毛邦初私吞军款案，赖查氏之法学素养及美国法院之判决，终于将毛邦初绳之以法，并追回了数百万美元。查良鉴之事功遍及台湾的“司法”“外交”“教育”方面，但他从不居功，反而以“渺小”哲学，使人生更圆融。他曾书写《渺小的自我》自勉：“把自己想成是这世界上最渺小的生物，那么生活中既少苦闷，又乏忧伤。因为与世无争，与人无怨，自然烟散云散。”

查良铮（1918—1977），笔名穆旦、梁真，仍属海宁北支，即天津人。到父亲一代，家庭败落，父亲忠厚老实，受人欺负；母亲刚强、果敢而有尊严。穆旦从小就养成了坚韧、倔强、负责任、敏感、细心的性格，中学时即表现了优异的文学才华。抗日战争爆发后，他随校西迁到昆明西南联合大学继续学业，毕业后一度留校任教，很快抛弃了相对安定舒适的大学教师生活，投笔从戎，随中国远征军到缅甸，出生入死，备尝艰辛。他的诗在当时即为闻一多等人所欣赏，后人称道他说：“穆旦是站在40年代新诗潮的前列，他是名副其实的旗手之一。”

1949 年，穆旦去美国芝加哥大学勤工俭学，1951 年获得了硕士学位。1953 年，穆旦偕同夫人周与良回国，任南开大学外文系副教授。在“肃反”运动中，穆旦被作为“肃反对象”。后来被打成“历史反革命”，撤销教职，在南开大学图书馆劳动。“文革”时期，又备受迫害，身心交瘁，不幸于 1977 年 2 月去世，终年五十九岁。在坎坷的中年、晚年，穆旦的天才人生并未耽误多少，他的翻译和创作今天已经成为汉语诗歌的财富。他的翻译被大诗人卞之琳称为“中国诗译艺术走向成年的标志”。他的晚年，仅仅一年（1976）时间的诗歌创作，被朋友们惊喜地传扬，人们像期待济慈的莎士比亚阶段一样期待着他的新的诗歌年华，期待他为汉语诗歌做出更大的贡献。虽然他的天才未能完全展开，但这已奉献的滋养了几代中国心灵。他给予了我们当代中国人的高贵。

## 四 以文为体 商宦为用

当然，查家良字辈人才还有很多，如营养学专家查良锭、医学专家查良镒、计算机专家查良钿、电子学专家查良琦、煤矿专家查良钰……名声最响亮者，除了穆旦，还有更响亮的金庸。查氏兄弟文采风流，穆旦被称为“20 世纪中国诗人第一”，远超过名声极广的大诗人郭沫若；金庸则被称为武侠小说第一。

对当代国人来说，金庸已经不需要我们再来饶舌介绍。

关于金庸的传记、图片册、评论极多，作者本人就曾收到过金庸亲笔题签赠送的《金庸图录》。

金庸已经是华人社会一个说不完的话题，一如名既高远谤亦随焉，金庸近年多次来内地，言行不免有出乎读者意料者。考察金庸的这一面，我们可能更深地理解一个千百年传承的家族的特别之处。

在自由社会，金庸不怕政治，他的政治评论大胆、政治观察细微、政治预言精准。但跟中国发生了切身关系，家族中谨慎的一面立刻发挥作用。1951 年，金庸的父亲被当地政府镇压。金庸在武侠小说里写了很多身负杀父之仇的少年成长的故事，从隐忍到为家门争光，大约都有家族的遗传。1981 年，内地希望他做两岸的“传话人”，他因此能够到内地访问，拜见邓小平。会谈中，邓主动谈起金庸父亲当年被杀之事，说要“团结起来向前看”。金庸点头：“人入黄泉不能复生，算了吧！”随后的结果是，浙江省海宁县委、县政府与嘉兴市委统战部、市侨办联合组织调查组，对金庸之父查枢卿的案件进行了复查，发现是错案冤案，遂由海宁县人民法院撤销原判，宣告查枢卿无罪，给予平反昭雪。金庸得知后，专门写信给海宁县委的领导，信中说：“大时代中变乱激烈，情况复杂，多承各位善意，审查三十余年旧案，判决家父无罪，存殁俱感，谨此奉书，着重致谢。”

对权力，他有着不同于一般历史学家或小说家的洞识。在国民党统治台湾时期，他捧过国民党，以至于跟国民党斗争的李敖看不起他。对新闻，他也有明白的见解，但在他眼里的中美关系除了冲突外几乎没有别的……以至于朋友董桥和张五常都看不下去。

从某种程度上来说，金庸把查家的家族文化庸俗化了。王朔批评他的作品缺乏现代人文意识，有着相当深刻的道理。以李敖之江湖，他早就对金庸一针见血，指明“金庸式伪善”。李敖说，金庸的信念“其实是一种‘选择法’，凡是对他有利的，他就信；对他不利的，他就佯装不见”。

家族文化到金庸这里有了一定的变化。金庸的成就和不足都已经不属于家族，而属于我们华人社会。考察查家，隐忍的特点在金庸身上或者还有表现，而清贵之风已经完全不见踪影。金庸强烈的市场意识在文人阶层中都是少有的，他办报以吝啬小气出名。以亦舒、林燕妮和他的交情，以及为报社做出的贡献，他所给薪酬仍是苛刻。亦舒要求加钱，他说：“给你加钱有什么用？反正你赚钱也不花。”而对林燕妮，他的回答更妙：“给你加钱也没用，反正你都花掉。”

金庸曾经跟李敖交流，说自己精研佛学，已是很虔诚的佛教徒了。李敖批评他说，佛经里讲“七法财”“七圣财”“七德财”，虽然《报恩经》《未曾有因缘经》《宝积经》《长阿含经》《中阿含经》等所说的有点出入，但大体上，无不以舍弃财产为要件。所谓“舍离一切，而无染着”，所谓“随求经施，无所吝惜”。他怎么解释自己的财产呢？据说当时的金庸“有点窘，他答复不出来”，但这不妨碍金庸后来继续在市场上积累财富。

学者傅国涌先生甚至分析金庸的思想源头，认为他的金钱观、世界观等都成问题。这些当然是另外一个话题。通过考察查家人的历史，我们看到，家族文化在当代如何演进、变异。正如洪永铿先生在《海宁查氏家族文化研究》中指出的：“自古到今，查氏家族的成员有从政的，有从商的，有从文的，有从医的，也有从事法律、军事等方面工作的……查氏家族的成员始终有一个共同特点，就是注重文学艺术的熏陶，具有较高的文学艺术修养和较好的综合素质，因此具有较强的适应能力，能在社会历史和家族命运的剧烈变化中立于不败之地。”这种以文为体、以商宦等为用的家风仍值得我们借鉴、深思。

# 聂家：清正以保富

“不肯取巧发财，子孙反能有饭吃，有兴旺气象；常人又以为全不积些钱，恐怕子孙立刻穷困，但是从历史的事实，社会的经验，若是真心利人，全不顾己，不留一钱的人，子孙一定发达。”

## 一 一篇抵过著书数十卷

湖南衡阳有数百年发达史的巨家望族聂家，在民国时期出版家庭刊物《家声》《聂氏家言旬刊》，让家族成员表达思想、联络感情。这一家庭内部出版物，中外罕见，意义非同寻常，近年来被不少论者提及。考察聂家的历史，确实能给我们不小的启示。

衡阳聂家的奠基人是聂继模，清康熙、乾隆年间人，字乐山。事亲至孝，善医，被称为“积学能文而不应试”，开有一间小中药铺，崇尚文教，诗书终生不离手。乐山公只是一民间草医，且有着经营不利、药店被窃至于关门大吉的种种坎坷，但乐善好施，在疫病流行之年赈济贫民、泽被禁范（待罪囚徒），“全活甚众”。每月初一和十五，聂继模必行义诊，不仅对来店抓药的贫民义诊，还主动去县监狱为犯人们义诊、送药。以至于成为当地的社会贤达，衡山县令发愿要报答他，“翁存心救人，吾无以报公，当教汝子读书成名，即所以云报也”。

因此有了乐山公六十六岁、七十七岁两次带着孩子进京参加考试的举动，在进京途中，他仍多次济人危难、施药疗疾。这一善行，让一百多年后的后人，他的七世孙聂其杰（聂云台）感叹："放下自己要事，以救他人，最为难能。"老人的善心善行是一以贯之的，没有休止，据说他八十多岁后仍为生产危症深夜冒雪出诊。聂云台骄傲于自己的先祖"舍己济人之心如此真切"。

这个白衣匹夫，活得清正、踏实、自信，当他的儿子聂焘有了功名、做了陕西镇安县知县之时，他并没有如今天的一些中国人那样在儿子面前失去了告诫的资格、智慧和能力。他给儿子写的书信，无意中为当时陕西巡抚陈宏谋所见，大为称赏，至于"刊发通省官厅，以资策勉"。陈曾三评此信，初谓"表里雪亮，根底深厚，人情物理无不洞悉入微"，再谓"理足词挚，真切有味"，更谓"只此一篇，抵过著书数十卷"。

这篇《诫子书》被收入专门收录清廷高级文武官员文稿的《皇清经世文编》，以及清朝官方所编的《政令全书》，成为为官者的必读箴言。今天也被不少作者收选其著述中，并让人从中受益。这份在当时被誉为"知民教士之法"的家书，让我们见识了传统中国一介布衣的家国责任、济世情怀、担当精神、人情伦理。

聂继模通达淡定，信中第一句就是劝导儿子"在官不宜数问家事"，因为那样做的话，"道远鸿稀，徒乱人意"。为了不让儿子牵挂，他说自己和老妻已习惯了儿子常年离家，"岁时伏腊，不甚思念"；即使儿媳孙辈随子赴任"未免增一番怅恋"，然"想亦不过一时情绪，久后渐就平坦"。

由于儿子任职的镇安县偏僻、落后，如人少、山僻、事简、责轻，这种条件“最足钝人志气”，因此他告诫儿子要“时时将此心提醒激发，无事寻出有事，有事终归无事”，如“偷安藏拙”则“日成痿痹，是为世界木偶人”。聂继模告诫儿子不要以为自己工作不繁忙、不重要，就放松努力，应当兢兢业业于职守。他说的“无事寻出有事，有事终归无事”可谓至理名言。善于以小警大、小中见大，才能时时刻刻地保持对“忽微”的警惕，把“有事”化为“无事”。这样的训诫对今天的官员和年轻人仍是至理名言。现代化的都市中心特征，使得乡野之人的生活多为被动，时尚、观念、生活方式等都有待中心城市的发布，人们难能自立，也因此妄自菲薄，在追赶模仿生活的道路上亦步亦趋，甚至因循、懒散，得过且过。

但在聂继模那里，生活是重大的。有报效社会的机会就应全力以赴，他提醒儿子不仅仅为自己和亲人而活，因为性命乃是“民社之身”，莫因草菅民命而使得“数千里外老人魂梦作恶”。他们作为父母亲，并不指望儿子的薪水俸禄，真正的颐养天年，是“以善养不以禄养”。这样的父亲在今天已经是凤毛麟角。

## 二 志在民生

聂继模给儿子的影响是巨大的。当他八十多岁去陕西看望儿子时，仍不忘老传统，在初一和十五去该县监狱义诊、送药。乾隆十五年，适逢聂继模八十寿辰，聂焘派人送去一百两寿银，聂继模原封退回，并对来人说：我听说修路可以造福延年，此物即为修路之资。镇安山大沟深，交通不便，人烟稀少，经济落后，为官者多不愿来此就任。聂焘来此就任知县，一待就是七八年。初到镇安时，目击四境荒凉、虎狼出没、山民贫困的景况，聂焘感叹说："志在利禄者，易生厌烦愁穷之心，若志在民生者，更当切休养生息之念。"

上任伊始，聂焘经常骑着瘦马，穿着麻鞋，轻装简从，风尘仆仆，行走于虎狼出没之道，跋涉于悬崖恶水之间，踏遍了镇安方圆六百里土地，体察实情，察恤民意，探求治县富民的方略。他写诗说："官民父子情，欣戚如同屋。饥者待我饱，寒者待我燠。饱燠我何能，抚心恒粥粥！"为此，聂焘首先实行休养生息的农垦政策，他鼓励垦荒、发展生产的新政吸引了不少湖广、浙江、巴蜀一带的流民纷纷落户镇安，五年间人口、土地、粮食生产翻了一番；他自筹资金，带领山民，修筑道路，发展交通，整修了镇安到长安一百八十公里的人行便道，为山货外运、贾商入镇创造了良好条件；他从江浙一带招聘来缫丝匠人，引进、推广养蚕、取丝、织布技术，大力倡导山里人兴桑养蚕，至今蚕丝业仍旧是镇安的主导产业；他启迪山民，重视并发展教育事业，为镇安文化的发展奠定了一个好的基础。

他自己衣食简朴，但努力践行父亲"节省正图为民间兴事，非以节省为家身计"的教诲，对支持公益事业慷慨解囊。在镇安时，每有重大利民之举，他都率先捐资相助，据县志记载，共捐出白银五百八十二两（其中修路二百四十两，建义学一百三十两，建社仓二百一十二两），还有其他诸多捐资，未明数额。作为一个穷县知县，收入本来不丰，又无搜刮贪墨之巧为，能捐出这么多俸禄，而且连零头也捐出了，足见已经倾其所有、竭尽其力了。他所捐献银两的数量，在当时几乎是一个县令一年所得俸银的全部，堪称一代廉吏。

由于聂焘招游民、垦荒田、兴桑蚕、修水利、辟道路、倡集市、建学堂、设义仓、纂县志，做了许多勤政爱民、兴利除弊的实事好事，治绩卓著，公推陕南第一，乾隆二十年（1755）升调凤翔大邑。临行时，父老乡亲自发夹道相送，攀辕涕哭，聂焘迟不忍离，吟出《调任凤翔留别镇安父老》诗。在凤翔任职不到三个月，聂焘归家奔母丧，从此坚请终养，再未出仕，先后在湖南三个著名书院担任主讲，传道授业。

聂焘死后入镇安名宦祠、凤翔乡贤祠。数百年来，镇安人民为怀念他，创作了大型花鼓戏《聂焘》。有人说，那是“陕西艺术节上看的最好的一部戏”。这部戏讲述的是聂焘的政绩，从中可知一个偏远小县要做一点实事，仍是极为艰难。戏中就有一大段近似咏叹调的“当官难”。聂焘实心行实政，遇到的最大障碍便是县丞和乡绅从中使坏。他们先是借刀杀人，其阴谋被聂焘识破，未能得逞，后又借修路失事，聚众闹事，企图赶走聂焘，使聂焘身心受到致命打击。实现一个清白正直的人生不易，但聂焘做到了，因此他被人们搬上戏台，并成为今天地方官员的典范。

## 三 聂家子孙，以后再也不要当官

德厚必报。聂家父子两代，一民一官，确立起的做人原则影响到后人，使得衡山聂家以三代进士、两代翰林名闻遐迩。其中有名者，如聂镐敏、聂镜敏、聂铣敏、聂鏸敏等，都是或官或学的通人、达者。到了聂缉椝的父亲聂亦峰施展才学时，除了清正的作风，更有强烈的敬畏之心。聂亦峰曾说为宦之难："唯恐上负国恩，下辜民望，玷清芬于祖父，贻恶报于子孙。"又说即使"虚心听断，实力讲求"，也难免"清夜自思，神天可质，而信心之处即系歉心之处，暗中过失，负疚良多"。

进士出身、点过翰林的聂亦峰官运不佳，他曾到多个地方当县官，长达三十年。这大概是因为他立身处世清正而敬畏，他不属于某个上级，或官场的某个圈子，每到一地，总要捐助建育婴堂、牛痘局、清节堂（为清苦寡妇而设）、宾兴馆（资助贫士考试而设）。到他在广东新县当县官时，该县发生了新宁余李两姓械斗案。在空前惨烈的宗族大械斗中，余姓死者七百余，李姓死者一千二，尸横河岸十三里许，腥血污秽，河水皆臭……为此，官府派兵进剿，聂亦峰"恤民如伤"，认为"两姓皆惩创已深，不堪再加刑戮"，他到第一线说服各路将领万不能动武，不许官兵擅入乡村。聂亦峰的怀柔用心遭到武将的驳斥，但聂亦峰"抗秉至第五次坚持不移"，如此"制军始批准"，然仍"大不谓然"，以聂为"优容轻纵"，之后聂"闲居两年不见制军面"。结果，官兵围剿计划被制止，伤亡近两千余命的“弥天巨案未刑一人而得了结”。

这个事件传入曾府，令曾国藩大为动容，于是决定把“满女”（湖南人对最小的女儿的昵称）——他最疼爱的曾纪芬许配聂家，广东巡抚亲自为之提亲。曾国藩对聂亦峰的儿子聂缉椝考察过，虽然聂缉椝“科场不兴”，但通洋务，洋人傅兰雅很赏识他。在外人眼中古板保守的曾国藩其实是通达的，在他看来，“中国不缺官员，不缺翰林”，缺的是有现代观念的人才。而聂缉椝一表人才，生平好经世之学，秉公办事，乐善好施酷似乃父，正是曾家意中的女婿。1875 年，聂缉椝和曾纪芬在曾国荃的主持下，结为伉俪。

聂缉椝从此青云直上，在晚清官场显赫一时，历任江南制造局总办、上海道台、苏松太道、江苏巡抚、安徽巡抚、浙江巡抚……可谓巡遍江南，一代名宦。他的官声来自他的清正家风，也来自他对中国迈向现代化过程中的时代意识，他是以超前的思维推动古老中国的少数先觉者。他处理过江南制造局两千多人的大罢工，两头做工作，调解劳资关系，最后以总办这头允许增加饭费为条件，终于使工人们恢复了上工。

在浙江巡抚任上，聂缉椝更进一步接触到现代商业资本，同时也遭遇到官场倾轧和商人的陷害。浙江担负的战争赔款每年达百万元，不堪重负，聂缉椝发现铸制铜圆获利甚厚，于是剔除各种杂乱货币而以颁布新型铜圆为流通货币，一年下来，居然赢利上百万。但这样一来，就给“查无实据”的小人们提供了“事出有因”的机会。由于得罪了商人的利益，得罪了勾结一起的朝中官员，聂缉椝被朝廷查办。尽管没有查出他营私舞弊、中饱私囊，但他仍被朝廷开缺，免职回家。

在当时的官场，聂缉椝有着“才大心细，精干廉明，为守兼优，局量远大”的上佳评语。但他已经不是一个传统的中国官员，后者除了做官别无能力，后者只知人生的施展在于官场、体制内；聂缉椝不同，在他跟洋人、现代商业打交道的过程中，明白中国人可以有别的人生空间，有人格独立、人生自立的可能性。因此，一旦官场抛弃他，他对官场也再无留恋。也许想到了先人“当官难”的感叹，聂亦峰告诫后人说：“聂家子孙，以后再也不要当官！”

## 四 从商人到僧人

尽管作为不大，官声难跟岳父曾国藩以及当时其他一流的政治明星相比，但聂家继承并发扬的家业显然是大起来了。聂家突破了个人、小姓等仍在世道的“必然王国”中生存的境遇，而有了创造的自由，有了开拓的自觉。

对不可救药的官场失去忍耐力的聂缉椝，离开官场后在产业领域施展了才华。中国文化熏陶出来的官宦人家，一旦有了现代商业意识，“不事王侯、高尚其事”就能落于实处。具体到聂家，他们甚少迂腐书生气，他们有着开拓进取的意识。聂缉椝和儿子聂其杰在上海买厂的魄力相当大，以至于有论者字里行间会暗示聂缉椝以职务之便使得“国有资产流失”，这样的说法在当时和今天都有市场。

实际情况是，官办企业华新纺织新局在甲午战争之后，受外商纱厂的竞争和挤压，开始连年亏损。聂缉椝近水楼台，取得了这个企业的股权。1904年，聂缉椝派出自己家的账房先生汤葵生，由汤葵生及聂云台用复泰公司的名义租办该厂，第二年汤葵生去世，大权就全归聂云台掌握。聂云台雄心勃勃，重新改组复泰公司，用借来的巨款买下了该厂三分之二的股份。租约期满，他再次向私人贷款，其中向袁海观就借贷五万。买下了全部股份，使该厂成为聂家的独资企业，并改名为恒丰纺织新局。然而聂家欠下的袁海观的钱，直至聂缉椝去世前一年才还清。

聂家在湖南老家买田的气魄并不低于在上海买厂。有人说聂缉椝“凭借权势，利用三千余缗垦照费在湖南沅江、南县一带洞庭湖滨取得淤田四万余亩”。1904年，聂缉椝在洞庭湖边大规模地围湖造田，这片湖田东西长十六华里，南北宽十华里，称为种福垸。年成好的时候，能收租谷五六万石，收棉花一万多斤，然而用于修堤固堤的费用亦非常之高。由于租种这些土地的农民亦住在这片土地上，为安全起见，聂家又组织了“保警队”，有武器装备，某种程度上，数万亩湖田已成了一个独立的行政区域。

聂缉椝是开拓者，聂云台是建设者。聂云台虽然考取过秀才，但一生的舞台主要是在商业领域，他曾到美国留学，参加留美学生组织的“大卫与约翰”兄弟会。学成回国后，他主张“教育救国，实业救国”，个人事业也从实业着手。聂云台算得上近代中国最早思考商业伦理和现代生活的人之一。

1909年，聂云台任恒丰纺织新局总理。为实现其实业救国的理想，他在厂中开设训练班，培训纺织人才，废除包工制。1912年，恒丰纱厂率先将蒸汽引擎改为电动机，降低了成本，也增加了产量，在当时纺织界中，为首开风气的创举。这一年，聂云台和妻子萧氏同受基督教洗礼，夫妇二人都成了基督教徒。1915年赴美考察，约请美国棉业专家来华调查，协助改良中国的棉花种植。1917年与蔡元培、黄炎培、张謇发起成立中华职业教育社，任临时总干事。1920年当选上海总商会会长。1921年发起创办中国铁工厂，制造纺织机械。在此前后数年，可以说是聂云台一生实业的巅峰。聂云台分别与友人姚锡舟等集资，在崇明岛创办大通纺织股份有限公司；与吴善卿等合作在上海创办华丰纺织股份有限公司；与王正廷、钱新之合资创办华丰纱厂；与张謇、荣宗敬等合资在吴淞创办中国铁公司，自制纺织机械；与穆藕初、闻兰亭合办中华劝工银行；与穆藕初等组织上海纱厂联合会，筹建上海纱布交易所；并与孔祥熙、陈光甫等合资创办中美贸易公司。他还资助过早期共产党人赴法勤工俭学，如蔡和森、李维汉等人。1922年，聂云台在吴淞建成大中华纱厂。1922年5月，聂云台以上海总商会会长名义组织“国是会议”，发表《国是会议宪法草案》。

但1923年，外资再度大举进入中国，华资企业惨遭打击，聂云台未能幸免，其经营的各企业也都遭受巨大损失，家族企业恒丰纱厂后来负债六十万银圆。1924年，大中华纱厂仅以一百五十余万两忍痛出售。1926年，聂云台被迫以退休名由，退居幕后，担任上海公共租界工部局董事和顾问。

事业失败，妻子撒手人寰，聂云台感到人世万法如梦幻泡影，转而信仰佛教，皈依于如幻法师座下，潜心学佛，闭门静思，后又参谒印光法师，受持五戒。

## 五 仁者以财发身

这个跟父亲一起打造出聂家辉煌的人，成就的人生作品今天看来已经难以企及。黄浦江在上海曲折而北，在它绕过陆家嘴折向东去的北岸一大片地，就曾经是聂家花园及其企业的所在。几十亩地的聂家花园，是中西合璧的、相当现代的海派园林。在这个园林里生活过的，有聂缉椝和他的妻子曾纪芬（世称崇德老人，曾国藩的六小姐，聂氏家族的精神楷模），四子聂其炜（中国银行协办、中孚银行行长），七子聂其贤（清末湖南武军司令官、武字黄统领、省防守备队司令官），女婿瞿宣颖（瞿兑之，著名作家、古典文献研究学者、前清军机大臣瞿鸿之子），女婿周仁（中科院上海分院院长、上海科技大学名誉校长、中科院冶金硅酸盐研究所所长）等众多近现代中国精英。

聂家的外孙女，名张心漪（台湾前“财长”费骅的夫人），在海外撰文回忆说：“外婆家永远是一座美丽的迷宫，那里有曲折的小径，可跑汽车的大道，仅容一人通过的石板桥，金鱼游来游去的荷花池，半藏在松林间的茅草亭，由暖气养着玫瑰、茉莉、菊花、素心兰的玻璃花房，小孩子随时可以去取葡萄、面包的伙食房，放着炭熨斗和缝衣机的裁缝间，其中我最感兴趣的是，三层楼上两间堆满着箱笼的‘箱子房’……”

但聂云台更重要的杰作还不在于聂家花园，而是他一生的思考，他以实业家之身思考现代人生，他把现代人的可能归宿及其应对提供给了我们。他是当时社会的成功人士，但世道的阴暗、负面为他看见，他并不傲慢，反而将其当作自己进德修业的资财。1921 年冬，聂云台欧游返国，“外感欧陆战后凄凉困苦之状，归观北方旱灾流离死亡之惨，立志持斋戒杀，盖深信佛说因果之意”。但他当时并不绝望，而是信心十足。他是基督徒，遇到和尚时，质疑过佛教徒：“佛以度众生为志，而为僧必离世潜修，是自为而不为人也。似不若仍居市朝为利益众生之事，如基督教之所为者为善。”和尚的回答是：“潜修乃为度众生之预备，若自己尚不明白，何以济人？汝今自思，凡汝所为利众之事，果皆有益于众生者乎？凡事须究竟，勿但观表面也。”

五年后，聂云台转而皈依佛门，也许他终于明白，在究竟的层面上，佛法的广大和真实不虚。更准确地说，现代人仍得跟文明的伟大传统相遇。摩登的现代人如能倾听儒、释、道、耶的传统，才能获得人生的真正自由。1942 年开始，聂云台所著的《保富法》刊登在《申报》上，读者深受感化，于数日间，捐入“《申报》读者助学金”，多达四十七万五千余元之巨，传为佳话。印光大师、柳亚子等佛界、文化界、商界名人纷纷撰文推荐，为之流传，不吝费力，直到今天仍再版惠泽当代。

《保富法》的主旨，跟《大学》之道相通，即“仁者以财发身，不仁者以身发财”。聂云台认为，《孟子》所谓“为富不仁，为仁不富”，此“富”乃指“贪财”意：为“贪财”而追求发财是能造罪的，“贪念”势必要导致损害他人的利益、幸福。聂云台说，他若是存了一家独富之心，而不顾及他家的死活，就是不仁慈、不平等到了极处。人人感谢的人，天就欢喜；人人所怨怒的事，天就发怒。古语说，“千夫所指，无疾而终”；《尚书》云，“天视自我民视，天听自我民听”；《华严经》云，“若令众生欢喜者，则令一切如来欢喜”。所以欲求得福，须多造福于人，否则，佛天亦无可奈何。

这个实业家使用起文明传统提供的思想资源得心应手，“业果”“报应”“天理”“天”，《尚书》《易经》《华严经》……囊括了儒、道、释多家，做人的道理显然通达无二，回到这样的源头，安身立命就温暖、恒定而有实效。聂云台的财富观是“不肯取巧发财，子孙反能有饭吃，有兴旺气象；常人又以为全不积些钱，恐怕子孙立刻穷困，但是从历史的事实，社会的经验，若是真心利人，全不顾已，不留一钱的人，子孙一定发达”。

聂云台告诫世人：“数十年所见富人，后代全已衰落。”

## 六 他在人生的完善之途中等候我们多时

聂云台对现代社会的思考至今仍是我们中国人宝贵的遗产之一。现代社会放纵人的情欲，在制度和技术层面上保证人们可以身心最小的付出而得到最大的物质刺激，投机和纵欲因此盛行。聂云台考察古今中外，说明无节制的情欲满足固可逞一时之快，但给个人的身心伤害是严重乃至致命的。他从科学的角度证明，现代“娱乐不但不能使得精神活泼，反而会使精力减退。然而我们人类的身心效能，确实是有增进的方法，大多是在生理方面，必须要加以锻炼；而心理方面，则须加以存养”。

至于生理上的锻炼，聂云台举例：“曾文正公尝说：‘精神愈用而愈出，智慧愈苦而愈明。’又说：‘主敬则身强，习劳则神钦。’曾文正公在军中的时候，黎明时就和幕僚们共享早餐，到夜间二鼓以后才就寝；重要的公文，无一不是亲笔写的，政事、军事，虽然极为冗繁，自己读书仍然是有常课。晋朝的陶侃早晨搬运一百片瓦到房子外面，黄昏则又搬回屋内，他说：‘我正致力于收复中原的大事，若是平时生活太过悠闲，到时候恐怕不能胜任大事，所以自己必须要求自己吃苦耐劳呀！’”

而心理上的存养，聂云台引证：“诸葛武侯说：‘非淡泊无以明志，非宁静无以致远。’淡泊，是说欲望少；一切欲望，都能使人心志昏昧，而低级的欲望就更为严重了。宁静是指心思的安定；若是心系于情欲，就没有宁静可能；所以要保存青年人聪明敏锐的脑力、活泼的精神，应当避开这些低级的感官接触为最重要的事。孟子说：‘其为人也寡欲，虽有不存焉者，寡矣。其为人也多欲，虽有存焉者，寡矣。’这句话是指清明的心志是否存在。简单地说，一个人的嗜欲深则天机浅，物欲少则心智明。”

我们说过，聂家到了聂云台这一代人，有了“自由”的机会。这种自由，是身处生存的必然性之域的人们一时难以理解的。只有人们在衣食住行、色性情爱、安全尊重等各方面有条件实现之后，在直面自我的本质自由和归宿时，才能明白，那些“自由世界”的清正直率的言行或建议是多么切己。换句话说，那些一开始只能从片面、曲折等基础上奋斗的“穷窘”之人，即使暴发，也难以一时把握人生宇宙的本质。而得文化传统之正大的人，即使坎坷，仍能得人生的完整，其言行仍有益于世道人心，孟子所谓“以直养而无害”，他们的行为世则，言为世范。在我们经过千辛万苦、经多次诱惑和试错，才能得到一些真正属于自己的财富时，他们比我们要少走弯路，更早地抵达了人生人性的完善之境。用聂云台自己的话说，他并非“时代的落伍者”。他在人生的完善之途中，等候我们多时了。

## 七 生于富贵志在寒素

在很多人生实践方面，聂云台确实走在了前面。以他为核心，聂家人相互之间长年及时地保持着沟通，这方面的制度安排是，几乎每周一次的“家庭会议”，以及每十天一期、曾在亲友中发行数百期、一期高达一千八百多份的《聂氏家言旬刊》。旬刊曾介绍了聚会与会者、集会命名（“家庭集益会”）、定期（“星期日下午二时半”）、会所（“辽阳路崇德堂宅”），甚至还规定了职员（“设干事一人，记录会议言辞，执行议定事件”）与议事规则等。

聂家历次家庭集会记录表明，这种集会规模多在二三十人，不仅与会众人热烈发言，“老太太”（曾纪芬）还必然告谕，且有时还有集体唱诵诗歌以表“歌诗习礼”之意。这种形式对人的教育是终身的。几十年后的20世纪80年代，聂云台的侄孙聂崇立在美国立住足，把父母亲聂光尧、杨佩珊接了过去。他原以为老人出入语言上有不便，想不到父亲竟能用流利的英语跟美国人交谈。更让他吃惊的是，有一次，家里放唱片，大家听巴赫的《圣母颂》，聂光尧却止不住泪流满面地走开了。

在第七次家庭集益会上，“老太太”曾纪芬对于当时劳工例假制度逐渐发达的反应是，“练习服劳，自己受用不浅”，“我辈若不习劳，使自己能生产，他日必有饥饿之时，悔无及已”（《聂氏家言旬刊》第一百零九期，民国十五年12月9日）。老太太如此言传身教，一定想起父亲曾国藩在她年少时给她定的规矩：早饭后，做小菜、点心、酒酱之类，食事；巳午刻，纺花或绩麻，衣事；中饭后，做针线刺绣之类，细工；酉刻，做男鞋、女鞋或缝衣，粗工。曾国藩还亲自“验工”：食事每日验一次，衣事三天验一次，细工则五日验一次，粗工每月验一次，每月须做成男鞋一双。因为曾家的家风是：“吾家男子于看读写作四字缺一不可，妇女于衣食粗细缺一不可。”这个家风传到聂家来，聂云台说：“予之意趣……身处城市不忘山林，生于富贵志在寒素。近年鉴于家风日趋于骄奢惰逸，深以为忧，勉自刻苦，期矫其弊。”

在另一次家庭集益会上，聂云台做了专题宣讲“择业之指导”。因为“今岁家中有大学毕业者多人，有此问题待决，欲得老成有经验者之指导，俾有所率循云”。由此可见，这个聂家的主心骨思虑的深远和实效。他在现代中国转型的年代坚持“修身齐家”，因为家族诚然在解体分裂，但“世运多艰，险祸不测，欲免灾厄，须仗修德”；他个人对社会，首先对家人有着责任，他不是一个“自了汉”；他告谕儿辈“今日时代潮流所趋，诚多偏激过正之举，然旧有之社会情形，实亦多有不合古训之处，有以激而致之”。

把聂云台的应对措施归结为“家族焦虑”是偏颇的，聂云台的言行在今天看来，仍是我们中国人现代化过程中最良善、最有效的努力。聂氏家族之所以如此看重家庭集会、家庭刊物，是因为“家人分居各地，家中情形常有隔膜之患，而同人等又多终年在校，聚首之缘既悭，感情因以日疏，兄弟姊妹转不若校友之亲密”。这种情形不独聂家，今天的中国人同样如此。

因此，聂家的刊物在当时以至今天都让人们感叹、重视。在《聂氏家言旬刊》之前还有《家声》。1925 年《家声选刊》公开出版时，著名的新闻研究专家戈公振为之作序。序文说："海通以来，欧风东渐，国人眩于欧美国力之富，其人民生产力之强，又鉴于我国游民之多，一人操作所获，多数人赖之而食。以此为旧家族制度之诟病，于是盛倡小家庭之论，又进而为家庭革命之说，此固时势推迁之反动，而有所必至者。然天下事固未可一概而论，吾辈要当熟审中西新旧之短长得失，平心而论断之也。"戈公振断言家庭刊物在于"联络家庭之情感，而切磋其道义"，他称道这一形式"在吾国为创见，即在欧美新闻事业发达之国，亦未之前闻（因'西俗尚小家庭'）"。

聂云台晚年隐居礼佛，不问外务。他在家中设置佛堂，供奉观世音菩萨及地藏王菩萨，每日诵读《金刚经》《观世音菩萨普门品》及《地藏菩萨本愿经》作为常课。在领悟大乘六度的意义后，他把自己的私财及妻子萧氏夫人遗留的财产、金饰等全部捐了出去，用以救济湖南各地的灾民。

谈论聂云台之后的聂家人，是又一个长长的故事。无论如何，考察聂家，我们可以理解中国文化的真正传人们在现代社会如何立足，如何应对，如何获得个人的自我实现和终极幸福。另一个中国名人，同样跟曾国藩有着渊源的俞大维曾对聂家人感叹："我们两家都是曾家的外戚，我们俞家继承了曾家会念书的传统，你们聂家则继承了曾家清廉刚正的作风，我们各得其所啊！”由聂云台父子那里，我们看到在清正之外，他们还有一种现代实现的成就，这是一种被时代和社会遮蔽的现代成就。他们不乏开拓进取的精神，“天行健，君子以自强不息”，面对现代社会的复杂局面，他们更在寻找最好的人生道路。无论援耶入儒，还是依佛行止，他们实现了自新、明明德而止于至善。

# 南家：怀瑾握瑜

南姓人虽然属于小姓，却能够时时进入精英上层。无论人文之文脉、科学之理脉，其实跟官场是相通的。南家人不仅有文脉、理脉，还有官脉。

## 一 复杂的出身

我们在居家、美食、旅行、宴聚、游戏等方面不断升级换代，我们在制造共业的道路上变本加厉。农耕文明那种田园诗般的美好一去不复了。在这样的时代，个人、家国、天下如何之？实在是一个难言的文明难题。

乐清这个地方近年来突然名扬天下，即是一种变异。真相至今难明，但各方的姿态和用心则昭然而令人痛惜。这种变异之易，大概是精通易理的乐清人南怀瑾先生都未必预料得到的；而一世以来在华人社会名声有增无坠的南先生，于其家门来说，多少也是一种变易。这种家族发展到一定时候，突然出现奇异人格的现象也是很常见的。

南姓的起源较为复杂。一说出自周代南仲之后，以祖名为氏。据《姓源韵谱》所载，商王盘庚妃姜氏，梦龙入怀，孕十二月而子，手握“南”字，长大后主管荆州，号“南赤龙”，其曾孙南仲周初为大夫，后世子孙遂以祖名为姓，称南氏。二说出自姬姓，以祖字为氏。据《古今图书集成·氏族典》载，“郑樵《通志》：以字为姓。南氏，姬姓卫灵公之子，公子郢，字子南，以字为姓”。三说出自春秋时晋国隐士之后，以地名为氏。春秋时，有晋国高士居隐于南乡，其后代子孙以地名为姓，称南氏。四说出自姒姓，源自夏禹之后，以国名为氏，为男氏所改。《史记·夏本纪》："太史公曰：禹为姒姓，其后分封，用国为姓，故有夏后氏，有扈氏，有男氏……"五说出自他族，满族南姓来自那拉氏；今汉、藏、满、回、蒙古、朝鲜、傈僳等民族均有南姓。

这种"出身复杂"的姓氏，虽然为太史公记载，却未被后来流行的《百家姓》所收录，大概也与对复杂者的歧视有关吧。南怀瑾先生"怀瑾握瑜"，"上下五千年，纵横十万里，经纶三大教，出入百家言"，却"一辈子没有一张文凭，没有一个好好的学位"，一直不被学院知识体系、文明的儒释道各教门所接纳传承，大概也是因为后者对他的杂学多少有歧视。人们多有指陈南先生的学问广而不精，经常犯常识性错误，甚至笑南先生的"野狐禅"。庄严其人生学问、漂浮其人生学问的南先生，被无数自居正统的人幽此一默，大概也是南姓家族的必然。

因为这种出身情况复杂得说不清道不明，它的前途多半也是暧昧、晦暗、难明的。南姓虽然冷僻，但据研究者的结论，它今天同样非单一族群所拥有。除了汉人南姓，藏族、傣族、蒙古族、朝鲜族、傈僳族等少数民族也有南姓，满族里的那木都鲁氏、那拉氏后来也有改称南氏的。藏传佛教里的僧人也屡有"南"字头的，这个"南"字，应是跟南无阿弥陀佛的"南"字一样属于译音，比如南喀丹贝坚赞，又称南哥思丹八亦监藏，元朝封为"大元国师"；南哥巴藏卜，又称宗巴斡，是元代帝师、藏传佛教萨迦派第五代祖师八思巴的第五代侄孙，青海活佛，被明朝封为“护教王”“灌顶国师”，还有南渴勒思巴，被明朝封为“辅教王”。

据对南姓有研究的学者南航说，除了中华民族的南姓，外国人居然也有姓南的。朝鲜有大将南日、大学者南师古、韩国有女影星南相美、电影导演南吉雄，日本则有南原、南里、南条等姓氏，甚至说日韩有南姓，应该是受到中国儒家文化的影响。

当然，这种涉及南姓的联想、机巧，比附性研究、迷信念想大概算是南门家风。中国文明对此比附性思维的态度，浓缩在一个小故事里，即家喻户晓的南郭先生吹竽的故事。但是，中国文明难以释怀的大概是，这种态度虽然明确，但这种文化现象却代代无已。确实，在关于儒释道的解释里出现那么多常识性错误后，在一生得到汉地儒道禅学的教育，得到西藏白教、黄教、红教、花教等教派的印证，却难以开宗立派，并未能带出优秀弟子，难以成为学院学子的研究对象，即难以成为知识思维演进的一环以开启新知的情况下，南怀瑾的大众影响仍有增无减，这正说明比附性思维、反智主义在中国文化中的影响何等深厚。也许，在高明的中庸之道看来，这种反智思维跟科学思维一起才构成了人类的本质，它们“俱分进化”（章太炎语），在文明的进程里缺一不可。

## 二 南家理脉的水准

南家人不仅会“滥竽充数”，以思想的杂糅、投机、浮滑、作态等来丰富我们的社会或文明，南家人其实也是能够做精深缜密之思考研究的，认识到这一点，才能理解思维之追求科学跟追求游艺都具正当性，才能理解南怀瑾先生的社会意义和历史价值。

据南航的研究，南家血脉在传承中积淀出一些特征来。乐清南家“文化香火八百年”，如南怀瑾、女伶剧社创办人南镜秋、工艺美术家南式仁，即代表文脉的水准；“中国铀矿之父”南延宗、名医南宗景等人，则代表理脉的水准。我们可以从南延宗的一生中来看南家人在科学的道路上所具有的可能性。

南延宗原名南蒋康，字怀楚，乐清南家第二十六代传人。出身贫苦，父母双亡，长兄早夭，但南延宗聪颖好学，有着“双级跳，三易名”的故事。读小学时，成绩优异的他不等毕业就借用同学蒋土淦的毕业文凭，跳级考上省立第十师范学校。进入中学后，规定读满五年才能毕业，但他仅读三年再次借用同学何延宗的毕业文凭，跳级考进南京中央大学地质系。

1931 年，南延宗进入人才济济的北平地质调查所，拜当时所长、著名地质学家翁文灏（后任国民党“行政院院长”）为师。同事者如地质学家谢家荣（后任代所长、中科院院士）等人皆为中国一流专家。在大师身边，南延宗放出了自己的光芒，其论文《地质图上火成岩花纹用法之商讨》至今已是该专业内的经典文献。

1937年，南延宗在云南发现铝矿，经云贵两省陆续探测，发现大量铝矾土矿，是抗战期间中国地质界的重大收获。1941年，他兼任“中央研究院”地质研究所研究员，与老师翁文灏一起连续勘探锡、钼等矿。除了科学素养，他还有一般人难得的好运气。因为翁文灏是个烟鬼，一次烟瘾发作，吸了鸦片后软瘫在旅馆床上，南延宗独自外出，结果让他发现了一个钨矿。鉴于他的贡献，中国地质学会授予他“赵亚曾纪念奖金”。

1943年，南延宗在广西发现铀矿，这是我国第一次发现铀矿。铀是制造原子弹的主要材料，“喜讯传来”，时任专员的蒋经国特地为他举办了庆功宴。1954年，地质部（李四光时任部长）根据南延宗的发现，采集了中国第一块铀矿石，中国核工业从此起步。

1948年，由于多年积劳，南延宗卸任重庆大学地质系教授，携家回乡休养，被温州中学聘为教师，任初中分部主任。据说，南延宗教学认真，对学生尊重平等，上课时常常长衫围巾，风度翩翩，学生打心眼里喜爱。这种能上能下、能科研能教学的通才，远远超越了南郭先生，遗憾的是，南延宗先生的成就默无人问，而南郭先生的故事家喻户晓。

中华人民共和国成立后，南延宗重操旧业，直至1951年旧创新疾并发住院。由于为人低调，医生并不知道病人是国宝级的科学家，因此对他的治疗很粗心。等到乐清同乡、浙江省卫生厅厅长洪式闾去探望时，发现病情转重，抢救过晚，终年四十五岁。南延宗去世后，我国地质界的权威杂志《地质论评》出版了纪念专刊，地质学家、中国近代地质学奠基人之一章鸿钊发表了《因悼念南延宗君想起湘桂间之铀矿》的纪念文章，痛惜南延宗英年早逝。这可以说是另一个令人痛心的“乐清事件”。

而从南延宗中年病逝却有绝大成就的坎坷一生来看，南家人的科学思维及成就也是极为可观的。因此，我们大概可以说，南怀瑾先生不做精密学问，非是不能，是不为也。如此知人论世，我们当知南延宗先生、南怀瑾先生各有自己的怀抱。

## 三 南家的官脉

其实，考察南氏家族，南家人不仅有文脉、理脉，还有官脉。南家人很会跟官家打交道，会傍官为官，有官缘。一句话，南姓人虽然属于小姓，却能够时时进入精英上层。

无论人文之文脉、科学之理脉，其实跟官场是相通的。南怀瑾是不用说了，就是南延宗也是如此，据说李四光说过：“如果南延宗还活着，我这个地质部长该他当。”

据南航的研究，堪称官脉之最的一支是明朝陕西渭南南氏一脉：南钊、南汉、南大吉、南逢吉、南轩、南企仲、南师仲、南居业、南居仁、南居益十人，绵延六世。第一世，南钊为明朝河南右参政。第二世，南钊的儿子南汉为明朝苏州通判，南钊的从子南金被赠封奉政大夫。第三世，南金的长子南大吉为明朝绍兴知府，兴建了绍兴的稽山书院，如今绍兴名胜大禹陵里的大禹陵石碑上有他的楷书；南金的次子南逢吉，曾任明朝山西按察副使。第四世，南逢吉的儿子南轩为明朝吏部郎中、翰林。第五世，南大吉的孙子南企仲为明朝南京吏部尚书，南轩的儿子南师仲为明朝南京礼部尚书。第六世，南企仲的儿子南居业是明朝礼部主事，南居业的弟弟南居仁是明朝礼部侍郎；南师仲的侄儿南居益为明朝工部尚书，为福建巡抚时，曾在台湾抗击荷兰殖民者，平息海患，当地人感其功绩，在澎湖等地勒碑立祠堂祭祀他。

除了南汉、南金，其余九人还都是进士，可谓“一门三尚书九进士”，簪缨世家，名门望族，渭南历史上第一家族。到清朝还有南廷铉为礼部主客清吏司郎中，与当时文坛领袖、著名诗人王士祯是好友兼同事，王士祯还在他的《分甘余话》里津津乐道渭南南氏的“大家衣冠之盛”。

乐清南家的官脉、官缘也是显而易见的。其五世祖南增顺、南敬顺是两兄弟，传说挽救朝廷运粮船有功，被宋宁宗敕封“横塘福佑将军”，建神庙于福建，现在南氏宗祠里的清代文物《式难千古》碑，详细记载其事。六世祖南遇福，目睹蒙古人统治的“天下骚动，仕途多险”，仿效始祖辞官啸吟山水间。由此可见，南家人不惧官，在官脉、文脉间出入自如。

## 四 南怀瑾的被动命运

这样来理解南怀瑾先生就相当有意思了。南先生自幼接受传统私塾教育，及至少年时期，已遍读诸子百家，兼及拳术、剑道等各种功夫，据说他的父亲就有功夫，在跟日本人的斗争中双手夺白刃。可以说，南先生的文武之备在青少年时期就有基础了。

青年时代，值抗战军兴。南先生辞亲远游，任教于中央军校，以少将军衔结交不少名流，如“厚黑教主”李宗吾等人。同样有“野狐禅”称号的李宗吾，跟当时还年轻的南先生不同，李先生是悲愤的、绝望的，对中国社会和文化之实相怀有深情；南先生是游侠的、纵横的，对中国人生之名相怀有兴趣。据说，当时的南怀瑾每逢假日闲暇，以芒鞋竹杖，遍历名山大川，寻访高僧奇士。在青城山灵岩寺，他有缘结识禅宗大师袁焕仙先生，即辞去中央军校教官之职，追随袁先生左右，踏上参禅学佛之路。

1943 年，二十五岁的南怀瑾入峨眉山大坪寺闭关修持，闭关三年间，遍阅《大藏经》万万卷，印证个人修持所得。有此“一碗酒”垫底，出关后的南怀瑾壮举连连，远走康藏，参访密宗各派，得到贡嘎活佛等多位著名活佛、高僧的真传，佛法修持更为精湛，得到白教、黄教、红教、花教等各教派的印证，被承认为密宗上师。

1948 年，三十岁的南怀瑾出手搭救国民党暗杀黑名单上的巨赞法师。此前不久，他返回故里浙江乐清，旋即归隐于杭州天竺，批阅了文渊阁《四库全书》与《古今图书集成》，继而于江西庐山天池寺旁结茅棚清修。

1949年春，南怀瑾辞别家乡，只身赴台。一度穷困潦倒，靠典当衣服度日。

到了20世纪60年代，随着土地改革等政策的成功，台湾经济起飞，文化自觉意识日重，已届中年的南怀瑾时来运转，被中国文化大学聘为教授，辅仁大学邀请讲学。不断讲课的结果是名气大增，弟子渐多，被蒋氏父子邀请在台湾三军驻地巡回演讲。据说蒋介石亲自聆听后，十分赞许。不少台湾政界、军界要人及工商巨子都曾拜在南怀瑾先生门下。真正担承中国文化命脉、做返本开新工作的新儒家和自由派知识分子们，如钱穆、牟宗三、唐君毅、胡适、殷海光等人反而在官场和社会上都不曾有这般际遇。

文化在大陆的命运同样如此。改革开放后，中国经济的崛起举世瞩目，度过20世纪80年代“拿来主义”之后，中国文化的自觉意识在90年代日渐高扬，南怀瑾的名字和著述在大陆迅速传播开来。影响所致，笔者本人都算得上南先生的粉丝，较早在朋友中间宣传南先生的传统启蒙之功。在展望中国的发展战略时，不少朋友都受惠于南先生，几位学者朋友的《再造中国》等书甚至就是南先生赞助出版的。

这当然是南先生的功德，是他的幸运。但我们切记南先生的人生非常人所能领受，他是苦尽甘来。他早年的经历非常人所愿经历，晚年的名声对他个人也没有太多的价值。用网友的话说，他也是“被”的对象了。他的被传播，是社会无文时浮躁的产物。跟台湾一样，大陆的高僧大德、才人隐士、思想巨子、作家学者等真正传承、守望、继往开来的文化人少有人问，社会成功人士和想要成功而不得的人，都异口同声地传颂南先生的声名，人们尊称他为“教授”“大居士”“宗教家”“哲学家”“禅宗大师”和“国学大师”……

## 五 南先生是研《易》的

至今，我们尚未见到多少对南先生有真正研究分析的文献。南先生的存在已经是中国文化的人格成就在现代转化过程中的经典个案，只是一般人少有关注。在阶级、理想、意识形态占据主导的现代化大潮里，亲情、同情、慈悲、正义等多少淡出了。在这些问题上，不食人间烟火的南先生，跟我们海峡两岸的中国人没有太大的差别。就连南家人也看出南先生的这一人生表达。南航说，作为宣扬传统礼仪道德的学者，他对子女，包括子女的子女，都没有表现出太多亲情。鲜明例子是，由于1949年以后他从未回过故乡，其长孙三四十岁时，还不曾见爷爷一面。

南先生是太上忘情了，我们中国人在一百多年的战争、革命、发财等游戏里也多半如此。但南先生超越了我们普通人，他有着纵横家的手段、国师的心智、战略家的眼光，因此他能沟通海峡两岸的上层，促成“汪辜会谈”，对中国发展有着“长周期”的信念。前文说他执着于人生名相，这种名相之无能落实，已非传统士大夫或现代知识分子所能想象，当然也非凡夫俗子所能想象。

南先生非儒非佛，却比任何一个近现代大儒或佛子都拥有更多的信徒，只是他的信徒中少有圣徒，少有弟子，少有研究者。就是说，南先生至今仍是以被信的方式而非被研究即被平视的方式存在。南先生在青壮年缺少西学一环，他老先生总是劝人要有自信心，甚至以东方或说中国文化的皮相去诋贬西方。这诚然可感。中国的发展确实让精通西方经济学原理的人们大跌眼镜，南先生挟中国的社会、文化和历史之重而难以说清道理，他说的是合群而大、存在即理、时来运转的价值。这是一种生命或类的变易。他们在自身展开的过程里，往而不返，而不断弃旧而获得新的高峰体验，不断绝俗绝情而获得可能是更为精致、极致的快乐，一种可能是与天地精神、历史老人相把晤的经验。我们只有把南先生的教言跟他的人生结合，才能理解他之于我们个人和社会的意义，他是大修行者，他的断言、结论在特定的时空里有着非凡的价值。

闲坐小窗读《周易》，不知春去几多时。南先生是研《易》的，他没有自己的观念、学理、周密的思维，易有三义：变易、不易、简易，他的一生多有发挥。

# 钱家：家训的力量

钱氏家族每有新生儿诞生，就要全家人一起恭读《钱氏家训》，这个传统直到近代中断。钱学森的父亲钱均夫曾说：“我们钱氏家族代代克勤克俭，对子孙要求极严，或许是受祖先家训的影响！”

## 一 绵延千年未曾中断的典范

随着钱伟长先生的去世，我国科技界的“三钱”佳话成了往事。以钱三强、钱学森、钱伟长为代表的钱姓，人才之众、成就之突出，使人们对钱家惊奇不已，不少论者都认为有必要从钱家寻找成才的秘密。考察我们华夏世家，因为改朝换代、天灾人祸，千百年来，只有儒门的孔家、道教的张家在官府和江湖的支持下传承不绝，绵延有序，此两家也有意无意地强化了自家作为道统象征、守成守业的角色，而少干政涉世和创新。君子小人之泽，三世五世而斩。我国宗族家世，虽有家谱维系，实多中道崩绝，丝连而总如藕断。故祖宗崇拜、慎终追远之说，标榜于众口，却虚幻缥缈。从个人诚意修身，到齐家治国，我国人国族陷入不断轮回的怪圈之中。华夏文明，灿烂辉煌之赞美已如恒河沙数，固不待言；而从现代个人眼光观察，从其他文明的眼光观察，在个人、家族、朝政等问题上也多偏颇挫败。一句话，华夏文明在质量上多不及格。世家巨族，兴忽亡勃，就是一个例证。

在这个历史大势里，有少数例外，钱伟长先生所属的吴越钱家，即是一个绵延千年未曾中断且代有人杰的典范。由钱镠开创的吴越小国，祖孙五代为钱王，对江南的繁荣做出贡献，并且主动归顺中原，和平纳入宋朝的版图，而多为宋代官民称道。宋代的文人在编写《百家姓》时，就把钱姓列在官家赵姓之后，“赵钱孙李周吴郑王”成为千百年来国民耳熟能详的习惯语。这个自唐五代起有史可考的吴越钱家，给华夏文明贡献了众多一流的人物，其精彩绝伦，几乎无第二姓可比。

宋代以来，载入史册的钱姓知名人士逾千。宋初即出现了钱氏文人群，钱惟演、钱易兄弟的文才倾动中原文坛，为苏东坡、冯梦龙等文学大家所称道。钱惟演二十九岁就和杨亿等共创西昆体诗风，影响了宋初数十年的文教。其他如钱惟济、钱昆、钱昭度、钱藻等钱氏后裔，亦驰骋于北宋诗坛，风流一时。其后人才辈出，更是不可胜数。明代钱福，殿试和礼部廷对都名列第一，后任翰林院编修；钱士开是万历年间殿试第一名，后任礼部尚书兼东阁大学士；明末清初，文学大家钱谦益也是万历年间进士，官至礼部侍郎。清朝康熙年间，钱名世为一甲进士，后任翰林院侍讲。乾隆年间，进士钱大昕是著名学者，于音韵训诂多有创见，长于校勘考订，著有《廿二史考异》。史家陈寅恪说，钱大昕的治学“精思博识”，“为清代史家第一人”。此外，清代著名藏书家钱曾，学者钱塘、钱仪吉，书画家钱沣、钱陈群，书法家钱坫，画家钱杜，篆刻家钱松，诗人钱鲁斯，等等，都是钱王后裔。

在近代，院士级的学者就有一百多人，最负盛名的是“三钱”：钱学森、钱伟长、钱三强，还有钱钟韩（钱锺书堂弟）、钱正英（水利学家）、钱临照（物理学家）、钱令希（力学家）、钱俊瑞（经济学家）、钱易（环境工程专家），国学大师钱穆、钱锺书、钱基博，生物学家钱致榕，诺贝尔奖获得者的化学家钱永健，画家钱君匋、钱松喦，在政界、军界的活跃人物则有钱其琛（国务院原副总理）、钱昌照（政协原副主席）、钱李仁（中联部原部长）、钱信忠（卫生部原部长）、钱之光（轻工业部原部长）、钱敏（四机部原部长）、钱永昌（交通部原部长）、钱学中（上海市原副市长）、钱树根（上将）、钱国梁（上将）。同样令人惊奇的是，钱氏家族的杰出父子：钱基博、钱锺书父子，钱玄同、钱三强父子，钱穆、钱逊父子，钱学榘、钱永健父子……

以至于有论者感叹，中古时期不论，近代钱家确实出现了人才"井喷"现象，已编成绕口令的"一诺奖、二外交家、三科学家、四国学大师、五全国政协副主席、十八两院院士"，仍在为新出现的人才所超越，这个绕口令就没有囊括钱颖一等享有世界声誉的人物。钱家人自己则骄傲："别看我们虽然姓钱，但是出了很多的文学家和科学家。全国有钱氏人口二百六十四万，占全部人口百分之零点二二，可出的各类人才却大大高于别的姓。"

## 二 钱王

钱王世家，千年传承，三五十世不等，而人才辈出，从未散绝。其原因大概跟钱家曾称王一时一地有关，尤其是开创之祖钱镠之雄才在钱家历史上空前，并给后人留下深远的影响。

钱镠为杭州人，少时无赖，曾以贩盐为盗；后应募为兵，渐由偏将而升掌一州之兵。他在剪除刘汉宏、薛朗、董昌等势力的过程中，占有了两浙之地。唐昭宗天复二年（902），封其为越王。904年，改封吴王。及朱温建梁，始封其为吴越王。钱镠一面向中朝称臣，一面则自为小朝廷，不仅府署称朝廷、僚属称臣，而且还自立年号，共有天宝、宝大、宝正三个年号，直到其子钱元瓘继位，才改用中朝年号。同时，他还自行与新罗、渤海等国往来，又给他们行制册、加封爵，俨然中朝一皇帝。论者以为，跟同时代许多昏庸君主相比，钱镠的资质显然高一筹。他经历了唐朝的覆灭，亲历了群盗如毛、军阀割据、百姓遭殃的乱局，所以当他成为吴越国国君时，实行了一套“保境安民”的政策，使吴越国成为遍地烽烟、“最黑暗的”五代时期国力最强地区之一。他重视文化，兴办教育，保护森林，赢得了社会安定和经济的繁荣，为太湖流域成为“鱼米之乡”、苏杭成为“人间天堂”奠定了基础。宋代大诗人苏轼称道钱镠有保卫两浙之功，他说：“其民至于老死，不识兵革，四时嬉游，歌鼓之声相闻，至于今不废。其德于斯民甚厚。”

以布衣之身而位列王侯的钱镠，生了三十三个儿子，如何保住家人的富贵是他关心的一个主要问题。他的智慧生前死后都发挥了作用，因为担心部下不服，他要他们主动推举自己的儿子，从而传下自己挣得的半壁江山。同时，他知道“中国之君”极易异姓，中原治乱相循，在此世道中生存得有一套生存本领。故他六十岁时立家训八条，告诫子孙“莫纵骄奢，兄弟相同，上下和睦”，“子孙若不忠不孝，不仁不义，须是破家灭门，要鸣鼓而攻之。千叮万嘱，慎勿违训”。

钱镠临终给子孙留有十条遗嘱，其要点有：“要尔等心存忠孝，爱兵恤民。凡中国之君，虽易异姓，宜善事之。要度德量力，而识时务，如遇真君主，宜速归附，圣人云顺天者存。又云民为贵、社稷次之。免动干戈……多设养济院，收养无业四民。添设育婴堂，稽察乳媪，勿致阳奉阴违，凌虐幼孩。吴越境内绸绵，皆余教广种桑麻。斗米十人，亦余教人开辟荒田，凡此一丝一粒，皆民人汗积辛勤，才得岁岁丰盈。汝等莫爱财无厌征收，毋图安乐逸豫，恃力而作威。毋得罪于群臣百姓……吾家世代居衣绵之城郭，宋高祖之松楸，今日兴隆，化国为家。子孙代莫轻弃吾祖先……”

钱镠的后人把他平时的言行记录整理而成《钱氏家训》，分个人、家庭、社会、国家四大内容。

个人：心术不可得罪于天地，言行皆当无愧于圣贤。曾子之三省勿忘，程子之四箴宜佩。持躬不可不谨严，临财不可不廉介，处事不可不决断，存心不可不宽厚。尽前行者地步窄，向后看者眼界宽。花繁柳密处拨得开，方见手段；风狂雨骤时立得定，才是脚跟。能改过则天地不怒，能安分则鬼神无权。读经传则根底深，看世鉴则议论伟；能文章则称述多，蓄道德则福报厚。

家庭：欲造优美之家庭，须立良好之规则。内外门闾整洁，尊卑次序谨严。父母伯叔孝敬欢愉，妯娌弟兄和睦友爱。祖宗虽远，祭祀宜诚；子孙虽愚，诗书须读。娶媳求淑女，勿求妆奁；嫁女择佳婿，勿慕富贵。家富提携宗族，置义塾与公田；岁饥赈济亲朋，筹仁浆与义粟。勤俭为本，自必丰亨；忠厚传家，乃能长久。

社会：信交朋友，惠普乡邻。恤寡矜孤，敬老怀幼，救灾周急，排难解纷。修桥路，以利人行；造河船，以济众渡。兴启蒙之义塾，设积谷之粮仓。私见尽要铲除，公益概行提倡。不见利而起谋，不见财而生嫉。小人固当远，断不可显为仇敌；君子固可亲，亦不可曲为附和。

国家：执法如山，守身如玉。爱民如子，去蠹如仇。严以驭役，宽以恤民。官肯着意一分，民受十分之惠。上能吃苦一点，民沾万点之恩。利在一身勿谋也，利在天下者必谋也。利在一时固谋也，利在万世者更谋之。大智兴邦，不过集众思；大愚误国，只为好自用。聪明睿智，守之以愚；功被天下，守之以让；勇力振世，守之以法；富有四海，守之以谦。庙堂之上，以养正气为先；海宇之内，以养元气为本。务本节用则国富，进贤使能则国强，兴学育才则国盛，交邻有道则国安。

原国务院总理温家宝提及的“利在一身勿谋也，利在天下必谋之”，即在“国家”一节中。

## 三 钱家的秘籍

可以说，钱王世家能够在华夏文明这个极度世俗化的社会里人才辈出，关键在于子孙对钱镠遗训的看重。据说，钱氏家族每有新生儿诞生，就要全家人一起恭读《钱氏家训》，这个传统直到近代中断。钱学森的父亲钱均夫曾说：“我们钱氏家族代代克勤克俭，对子孙要求极严，或许是受祖先家训的影响！”钱伟长先生说：“我们钱氏家族十分注意家教，有家训的指引，家庭教育有方，故后人得益很大。”

钱家的子子孙孙，除了要接受国家法律的约束之外，还必须遵守《家训》。一千多年来，钱氏家训不仅世代相传，更得到了子孙的身体力行。除此之外，钱镠在临终前向子孙提出的十条要求，被后世称作《武肃王遗训》，和《家训》一道，作为重要的家族遗产一直激励着后人。钱家人之不能流俗，就是因为他们非泛泛的认祖归宗之人，他们对祖宗的训导有认同自豪，并能够实践。

钱家人成功的第二个因素，是他们好读书、重教育。有人问钱家为什么能出那么多名人，钱伟长戏说：“我们钱家人喜欢读书，书读多了容易当官，当官的容易出名。”事实也确实，钱家人爱书。吴越王钱镠是钱家人奋发学习的榜样。钱镠虽出身寒微，以武起家，但晚年好学，对后代的教育也非常看重，经常让孩子们诵读经典，并立下家训“子孙虽愚，诗书须读”。吴越国“纳土归宋”后，子孙中出了许多文学家、藏书家、医药家。

这种“好读书”的家学渊源相传至今，钱玄同父子、钱均夫父子、钱穆叔侄、钱学熙父子等钱氏后代，都是勤奋好学的典范。钱穆晚年回忆，他平生所见“治学最勤、用力最劬”的学者，就是钱基博。清末状元学者张謇，对比他小三十四岁的钱基博的评价是："大江以北，未见其伦。"而钱穆自己更是中国学问守夜人、华夏文化守望者的象征，直到晚年，度过劫难的老人见到自己孩子仍坚定地说："吃点苦没有什么，我希望你们做好一个中国人，用功读书做学问。"

钱氏家族成功的第三个因素，是互爱、互助的家庭氛围。从宋代开始，钱家就形成了在族内互相帮助的风气。为了让族中的贫困子弟也有书可读，钱氏家训规定，"家富提携宗族，置义塾与公田；岁饥赈济亲朋，筹仁浆与义粟"。在家训的教导下，各地钱家纷纷设立义田、义庄、祭田，并且明文规定，其中一部分田产或盈利必须作为教育经费。科学家钱江初回忆说，他们村有五六百户人家，基本上都姓钱。"早在1901年，村里就办了小学堂，所有的小孩上学，全部免费。""村里实行'学田制'，专门划出三百亩田，这些田里的收入，全部作为给上学孩子的经费。"这种早期的"教育基金"模式，保证了钱氏子孙无论贫富，都能够有受教育的权利。钱伟长少年丧父后，也是靠叔父钱穆与宗族的救济，才完成了学业，最后成为一代科学大家。这种义田制或学田制，今天演变为助学基金。当代不少钱姓企业家，都以助学的方式帮助家族内的几位家境困难的孩子念到中学、大学。

## 四 不喜汝为胡适之、徐志摩

这种家族的影响无疑是巨大的，从中甚至诞生了父子祖孙们的共勉和人格期许。生为钱家人，其自信或说自负非同一般。以钱基博、钱锺书父子为例，可以看出钱家人是如何与古往今人为伍的。

钱锺书考进清华大学之后，父亲钱基博经常给他写信，告诫儿子，立身正大、待人忠恕比名声大、地位高更加重要。“子弟中，自以汝与钟韩为秀出，然钟韩厚重少文，而为深沉之思，独汝才辩纵横，神采飞扬，而沉潜远不如。勿以才华超绝时贤为喜，而以学养不及古圣贤为愧。”他又说：“纬、英两儿中资，不能为大善，亦无力为大恶，独汝才辩可喜；然才辩而或恶化，则尤可危！吾之所谓恶化，亦非寻常子弟之过。世所称一般之名流伟人自吾观之，皆恶化也，皆增进危险于中国也！汝头角渐露，须认清路头，故不得不为汝谆谆言之！”

钱基博是一个对新文化持保留意见的儒者，用我们今天的话说，他是一个保守主义者。他毫不顾及时代潮流，教学、写作一律采用古文。钱锺书从新式学堂放学回来，也要跟着父亲念古文。父子两人的期许非同小可，钱基博告诉儿子：“儿之天分学力，我之所知；将来高名厚实，儿所自有！立身务正大，待人务忠恕。”他还写道：“现在外间物论，谓汝文章胜我，学问过我；我固心喜！然不如人称汝笃实过我，力行胜我，我心尤慰！”并希望儿子能够“淡泊明志，宁静致远，我望汝为诸葛公、陶渊明；不喜汝为胡适之、徐志摩”。

钱基博父子以其智力学力而跟潮流时俗拉开距离，他们在聪明中会寻找同道。才女杨绛跟读书种子钱锺书互慕，恋爱时给钱锺书的一封信被钱基博接到后拆开看了。信中写道："现在吾两人快乐无用，须两家父母、兄弟皆大欢喜，吾两人之快乐乃彻始彻终不受障碍。"据说，老先生"得意非凡"，直说："此真聪明人语！"

也许这种父子间的交流强化了钱锺书的自信，他在大学时代的狂妄语当时即伤害了一些师生；直到晚年，钱锺书仍不时会有"书生气"（李慎之先生语）发作。当李慎之受托把胡乔木的诗稿给钱锺书看时，钱锺书毫不客气地改其字句，让李慎之感到"为难"。

这种交流，自然也会招致年轻人的反叛，钱锺书在他那特异的小说杰作《围城》中露了一手。方鸿渐跟父亲方遯翁来往几封信是用文言文写的，辞藻富丽，古奥典雅。只是钱锺书以其聪明和年轻人的勇气而敢指明这种传统道学的虚伪一面，小说中虚构的方氏父子，父亲冬烘儿子虚浮，都是传统中国文化的怪胎。

钱家人确实有一种近乎狂妄的自信。钱锺书不论，其前辈钱玄同年轻时更是一名斗士，为新文化运动推波助澜，立下汗马功劳。钱玄同是一代语文大家，他的名言却是：人到四十就该死。

## 五 人格的局限

钱家人如此瞩目，其优点自不必多言，从钱穆、钱锺书，到钱学森，早已是国民敬仰的人物典范，表彰其人生行状的文字不可胜数。但如同高名所在，谤也随之一样，钱家人才辈出，人们对其要求也会不同凡俗。而在这种或苛求或正大的视角里，钱家人确实并非无可非议。

钱家人的才学及其社会影响和社会贡献无可置疑，但人格成就是不是我们中国人的人生高标，却很少有人讨论。而恰好在此领域，钱家为人诟病甚多。如钱穆先生，一度被目为反动；即使宽容的新文化运动中人，也视其为冬烘先生。今天的中国人虽然以更宽广的心胸去理解钱穆，但作为一代史学大家，为政治人物左右心情，实在不仅是一个史识问题，更是一个人格、人生精进限度的问题。

钱锺书父子的狂，同样是一个突出的现象。年轻的钱锺书曾说："整个清华，叶公超太懒，吴宓太笨，陈福田太俗，没有一个教授有资格充当钱某人的导师！"虽然吴宓宽厚地理解钱锺书是一种文人的"高尚的傲慢"，但这种傲慢不仅伤害了师生，也伤害了钱先生自身的成就。钱先生表达的，不过是世代中国年轻人惯常的智力自负而已。因此，钱先生虽然学问大，却终生带不出什么弟子，实在是因为人格局限太大。

至于钱学森先生的问题，则更为严重。这一问题在钱学森生前即已提出，从粮食亩产万斤的钱氏论证，到对人体科学的倡导，都使钱学森饱受争议。

显然，这不仅是钱学森一个人的问题。我的朋友回忆说，当年钱伟长先生没有被打倒，而他和费孝通等人被打倒，每天在校园里打扫卫生。有一次，学校召集他们听学习报告，在台上做报告的正是钱伟长。钱伟长讲的是知识分子应该向工农大众学习，说知识分子的臭毛病、个人主义作风要改一改，举例说，知识分子写文章，要在每篇文章下面署自己的名，生怕人家不晓得自己，而工人做工并不在铁具上刻自己的名字，农民收获粮食也不在麻袋上写自己的名字，等等。费孝通等人听得莞尔。

类似的案例还可以找出很多。可以说，钱家人以家训立身，大奸大恶之人是不会做的，但安身立命的品格似乎过于世俗，少了一种世家贵胄的尊严、高贵，少了一种个体人格的担当。这不能不说是一个遗憾。

## 六 一个诗僧容不得

这样的遗憾可能仍要从根上寻找原因。钱家的先祖钱镠身处乱世，眼界里只有圣贤传下的经典，难以见识人格的高贵可能，难以知道高尚其事、人格自尊的重要。虽然，他也遇到过不事王侯的人物，但他已经没有足够的心地容纳、理解这种人物。因此，这种人物注定跟他失之交臂。

钱王以贫寒起家，如暴发户，周围挤满了恭维他的人物，如此他难以平常心、朋友心待人。每有人物求见，他不免势利看待。当诗僧贯休求见，并呈献贺诗时，他先看到了贺诗："贵逼人来不自由，龙骧凤翥势难收。满堂花醉三千客，一剑霜寒十四州。鼓角揭天嘉气冷，风涛动地海山秋。东南永作金天柱，谁羡当时万户侯。"

钱镠很赞赏，却要求贯休把“十四州”改为“四十州”，然后再见面。贯休回答说：“州亦难添，诗亦难改。余孤云野鹤，何天不可飞！”并应声吟诗四句，诗曰：“不羡荣华不惧威，添州改字总难依。闲云野鹤无常住，何处江天不可飞？”吟罢拂袖而去。

据说钱镠虽然后悔，但他并未从中吸取教训。他当然不可能发展到问鼎中原，不可能承认贯休这一类人物的高尚狷介，也不可能从心里理解圣贤所谓“立心”“立命”的万世之心。他带领军民五次扩建杭城，在扩建牙城时，曾有术士向他献策，如在旧基扩建，国祚只有百年，如填西湖更建，可以延长十倍。钱王回答说，百姓靠湖水为生，无水即无民，哪有千年不变的真主？有国百年就心满意足了，并且大力疏浚西湖，后人有“留得西湖翠浪翻”句赞扬他。这一故实固然可以宣传为钱王爱民，却也说明他的目光去圣贤、贵族之远。

因此，这个出身贫贱的暴发王侯是不吝享受的。他在位期间，劳役繁重。除了扩建杭州城外，又大造亭台楼阁。军民不堪劳役之苦，有人深夜用白土在宫府门上写道：“没了期，清晨起，抵暮归。”斥责他滥用民力，不顾百姓死活。他在旁边写道：“没了期，春衣才罢又冬衣。”表示要百姓仍然无休止地为他干下去。他对田赋、市租、山林、川泽等都要征很重的税，吴越国的经济崛起是真的，民众的负担之重也是真的。

有人讽刺钱家的这位先祖：“文人自古傲王侯，沧海何曾择细流？一个诗僧容不得，如何安口望添州？”

有人统计说，钱家享用的福报之大，是其他皇帝、国君、王侯之后所望尘莫及的。确实，钱家人才井喷，在官、产、学领域多有建树，要之，在人们日益提倡和谐社会的今天，钱家人给我们树立成才的榜样，也给我们指示了人生和人格的另外的可能性，这种可能性也需要钱家人来一起示范。

# 荣家：传统与现代

“人生必有死，两手空空而去。钱财有何意义，传之子孙，也没有听说可以几代不败的。”

## 一 兄弟创业

1902年3月，荣宗敬、荣德生兄弟投资的保兴面粉厂在无锡西门外梁溪河畔开业了，十七亩地皮，三十个工人，四部法国石磨，三道麦筛，两道粉筛，这是面粉厂的所有家当。但这是无锡历史上第二家近代企业，磨出来的面粉又细又白，每日夜可出面三百包。

这一年，荣宗敬二十九岁，荣德生二十七岁。年轻的兄弟俩可能没有想到，他们拉开了荣家百年沉浮的大幕。

荣家祖上就有人做过大官，曾经家世显赫。荣氏近祖十四世水濂公荣清于明初迁至无锡，洪武末年朝廷授他著作郎，他没接受，携子孙定居惠山南麓长清里梁溪河畔，并定下家训："后代以耕读为业，潜德勿曜，不走仕途。"到荣家兄弟这一代，荣家衰落多时了。太平天国起事期间，无锡遭遇战乱，荣氏一门几乎灭绝，其父荣熙泰因为在上海铁铺当学徒才幸免于难。在战乱中，荣熙泰的祖父、祖母、父亲、两位伯父、伯母、堂兄，以及他自己的兄弟，包括才三岁的小弟，全部遇难。荣氏家族的男人只剩下了他一个。成年后的荣熙泰在外给人当账房先生、当师爷，勉强养家糊口。濒临绝境的荣家因此一改家风，开始生发壮大。

荣熙泰好学而有才华。他十分倡导实业救国的理念，并对两个儿子的人生观产生重要的影响。“固守稳健、谨慎行事、决不投机”就是他留给儿子的遗训。据晚年的荣德生回忆，父亲曾常常面授他们兄弟：“一家有余顾一族，一族有余顾一村。”即告兄弟二人，要有社会责任感。

由于家境贫寒，荣宗敬在十四岁时就离开学堂，到上海南市区一家铁锚厂当起了学徒。荣德生则在私塾学校读书，荣父对他抱有很大的希望，认为他可以考科举当大官。但荣德生却想早日为家庭分忧，三年后，十五岁的荣德生也到大上海谋生。此时的荣宗敬在一家钱庄做学徒，在他的引荐下，荣德生进入上海通顺钱庄做学徒。

到了1896年，荣家兄弟跟父亲一起在上海鸿升码头开了一个广生钱庄。因头脑活络、手脚勤快、经营上的稳妥，两年不到，荣氏兄弟就小有积蓄。过了几年，钱庄生意清淡，荣熙泰因病去世，兄弟俩决定转行。当时，荣德生南下广东一年，大开眼界。他对香港的繁荣有很深的印象，香港“满山灯火，可观者唯三条马路”，他甚至感叹香港的治安环境“夜间外出，必执灯笼，路不拾遗”。他拼命阅读香港出版的书籍，其中《美国十大富豪记》和《西方事业杂志》对他影响深远，在七十多岁接受记者采访时，荣德生回忆这两本书，一口气背出美国十大富豪中的八位。

荣德生发现，从外国进口的物资中，面粉的量是最大的，进口的面粉色泽好，价格便宜，这些用新机器磨制而成的面粉很有竞争实力，销路很好，而国内的面粉厂却没有几家。

他看出了面粉行业的商机，跟荣宗敬一拍即合。

保兴面粉厂的进展并不顺利。当地乡绅告荣家兄弟私圈农田，还投诉他们工厂的大烟囱正对着学宫，有碍风水。开明的无锡知县孙襄臣驳斥了地方绅士的无理要求，使面粉厂顺利奠基。但保兴的面粉生产出来以后，销路不如预期，第一个月就积压了上千包。开厂一年多，其他股东就要求撤资，荣家兄弟只好把名字改成茂新，重新办了注册。

荣家兄弟咬牙坚持了下来。他们物色营销能人，以打开北方市场。在销售上也很花心思，比如在面粉包里随机放进一块铜圆，作为“彩头”，给消费者带来意外之喜，这种促销花样在今天已是常见的手段了。1904 年，日俄战争在中国境内爆发，面粉需求陡然增加，荣家兄弟的生意好了起来。1905 年，荣家兄弟得知英国的制面设备比法国的好，便购进了六部英制钢磨机器，使生产能力翻了一番。当美国研制出了新的面粉机，荣家兄弟又举债采购。

第一次世界大战爆发后，外资产能萎缩，荣家兄弟等民族资本企业趁势发展。从 1914 年至 1922 年，八年间，荣家的面粉产业发展迅速，产量占到当时全国面粉总产量的 29%。这种高速度不仅在中国绝无仅有，在世界产业史上也非常罕见。到抗战前，荣家的面粉厂已飙升到十四家，另外还衍生出了九家纺织厂。

作家吴晓波先生评论荣家兄弟，说他们是一对十分奇特的组合：兄长荣宗敬长得浓眉方脸，英气逼人，做起事来雷厉风行，手段霹雳；弟弟荣德生则面圆耳长，慈眉善目，行事慎思笃定，稳健保守。两人在衣着上的区别也很明显：老大喜欢穿西装，整日发蜡闪闪；老二终年是青衫长褂，一副乡绅打扮。吴晓波说，这种截然迥异、颇为互补的个性，也充分体现在生意上，甚至成为荣氏事业得以壮大的最重要的保证。

荣宗敬的经营哲学是：“只要有人肯借钱，我就敢要；只要有人肯卖厂，我就敢买。”在进口美制面粉机时，需十二万两白银，茂新根本拿不出那么多钱，荣宗敬力主向洋行借款，先付两成，其余两年还清。1905年，就在面粉厂有了起色之后，荣宗敬提出“吃着两头，再做一局”，开办了一家棉纺厂。从此，荣家靠面粉、纺纱起家，“既管吃，又管穿”，构筑出一个惊人的商业王国。

荣宗敬的冒进个性使企业经常陷入危机之中。危难之际，荣德生的作用就显现出来。1907年，荣宗敬在上海做金融投机失手，造成数万元的巨额损失。身在无锡的荣德生带着自家田单及房屋单契，赶到上海，以此作保，才把荣宗敬从烂泥中拉了出来。荣德生曾执一茶壶在手说：“我与哥哥好比这个壶，一经破裂，虽持半壶在手，亦复何用。”后来二十多年中，这类事发生了多次，荣宗敬猛打猛冲，荣德生则在后面救援，多次把兄长和公司从悬崖边拉回。他的稳重自有成效，保兴在开工三年后，才打出品牌，以质量好而畅销全国。其他厂家都以为他用国外设备，磨出面粉质量好，荣德生在日记中反省时认为，是自己“办麦当心，剔去热坏麦”，此举增加成本，却让面粉质量过硬，赢得了良好的口碑。就这样，荣家事业在激进与保守之间，十分奇妙而迅猛地扩张。

到1910年，荣家兄弟的工厂产量比初建时大了十倍，在国内首屈一指。1912年，荣宗敬在上海创办第二家面粉厂，起名福新。他在股东会上提出，为了扩大再生产，三年内不提红利，所有的钱全部拿出来“滚雪球”。1913年夏天，他租下陷入困境的中兴面粉厂（两年后全资收买，改名为福新四厂），到了冬天，在中兴厂东面，新建福新二厂。1914年6月，又在福新一厂的旁边吃进土地，建起福新三厂。1916年，荣宗敬远赴汉口，建福新五厂；第二年，租办上海老牌的华资面粉厂华兴，改名为福新六厂。与此同时，荣德生在无锡收购惠元面粉厂，改为茂新二厂，不久又租办了泰隆、宝新两厂。荣家兄弟因此成为无人可敌的“面粉大王”。

1905年创办振新纱厂，到1912年时，纱厂每年可得利润20余万元。1915年，荣宗敬开建申新纱厂，购英制纺机36台。第二年投产开工，正赶上欧战期间的需求饥渴，上海的棉纱价格大涨，从每件90余两狂涨到200两，出现了“一件棉纱赚一个元宝”的暴利景象。申新在开工后的三年里，棉纱产量从3584件增加到9811件，棉布产量从2.9万匹增加到12.8万匹，盈利更是惊人，从开办当年的2.06万元增加到22.2万元，三年增长十余倍。

1917年，荣宗敬出40万元买下上海一家原本由日本商人经营的纱厂，改名为申新二厂。自1884年，“红顶商人”胡雪岩斗丝惨败后，上海棉纱业先为英美商人控制，后成日本公司天下，如今，中国企业竟有气魄和能力收购日本企业，一时成了埠上让人津津乐道的新闻。

1932 年，荣家企业的日产面粉能力达 10 万包，这一数字约占当时除东北地区之外的全国民族面粉工业总生产能力的 1/3；同时拥有 52 万余枚纱锭和 5300 多台织布机，分别占全国民族资本棉纺织工业设备总数的 1/5 和 1/4 以上。荣氏被称为中国“面粉大王”“纱布大王”。

在实业有成的同时，荣氏兄弟还致力于家乡教育、公益事业，先后在无锡创办了公益小学、竞化女子小学、公益工商中学（后改为公益中学）、大公图书馆，还集资在无锡和常州共建造大小桥梁 88 座。1929 年又在无锡小箕山购地建造锦园。

## 二 将来无锡人知道荣德生，大概只有靠这个桥

荣家兄弟不同凡响。

1933 年，荣宗敬在自己六十大寿时自豪地说：“如今中国人，有一半是穿我的、吃我的。”这个一路打拼冲杀的中国实业家有理由这么自豪。

论者称道荣宗敬说：“宗公生于风雨飘摇之世，长于寒微有德之门，成于艰难困苦之中；一生以民生衣食、振兴实业为职旨，每欲自任天下，负刚大之气，遂爱国之心，事业之大，罕有其匹，堪称大丈夫！试想权重一国如李鸿章，才高一时如盛宣怀，家国天下如南通张謇，皆知不兴实业无以致富强，宗公步其后而事业胜于前。”

1938年2月10日，荣宗敬脑溢血症复发医治无效，终年六十五岁。2月17日，国民政府颁发褒扬令："荣宗敬兴办实业，历数十年，功效昭彰，民生利赖，此次日军侵入淞沪，复能不受威胁，避地远引，志节凛然，尤堪嘉尚。兹闻溘逝，悼惜殊深，应予明令褒扬，用昭激励。"

至于荣德生，同样非寻常商人，早在1912年，他就写下一本名为《无锡之将来》的册子，堪称无锡近代最早的城市规划。到20世纪20年代初，已经成为商界巨擘的荣德生再次热心地规划自己的家乡，为地方建设做出很大贡献。其中，造桥、修寺、办学等成绩斐然。荣德生曾告诉家人，在江南水乡，修桥比铺路更重要，没有桥，村民出门是寸步难行。2001年，有关部门对荣氏家族的所造之桥进行普查，发现有登记的为102座，仍在使用的为40多座。荣德生还感叹自己"仆少而服贾，志学未能，廿年来世味饱尝，更抱不读十年之恨"。在办技校、中小学之后，1947年，荣氏家族出资兴办高等教育，设立江南大学，令教育界侧目。

抗战结束后，年过七旬的荣德生制订了两个计划，第一是旨在让荣氏家族企业复兴的"天元计划"，第二是开发西部的"大农计划"。利用在西南的数年时间，他考察西南西北各地，建议政府对西部地区进行大规模的开发，在甘肃、青海大力发展畜牧业和种植业，以铁路动脉贯通到沿海地区，为沿海工业提供原材料，开发矿产，在西部发展重工业。

1948年春天，《国史大纲》的作者、无锡籍历史学家钱穆应邀到荣德生创办的江南大学任教。他住在荣巷楼上，每到周六下午，荣德生夫妇都会从城里来，住在楼下，周日下午离开。晚饭后，他们必定会在楼上或楼下畅谈两小时左右。钱穆问荣德生："毕生获得如此硕果，有何感想？"荣答："人生必有死，两手空空而去。钱财有何意义，传之子孙，也没有听说可以几代不败的。"荣德生提到他修建的一座大桥，他说："一生唯一可以留作身后纪念的就是这座大桥，回报乡里的只有此桥，将来无锡人知道有个荣德生，大概只有靠这个桥。"

从晚清到北洋政府，从北伐战争到南京国民政府，以及之后的日本侵华战争，这个掌握着全中国近一半财富的家族风雨飘摇，却以顽强的生命力生存下来，并创造了中国近代商业史上"众枯独荣"的奇迹。1946年，七十一岁的荣德生曾遭匪徒绑架，被困在匪巢三十四天，勒索赎金五十万美元。这样的危难荣家人多有经历。荣德生曾感慨："天道变，世道却不变。我只想老老实实办实业，可是不靠官场、不依赖乡绅就一事无成。"他曾给无锡梅园题写对联："发上等愿，结中等缘，享下等福；择高处立，就平处坐，向宽处行。"荣家兄弟白手起家，最终深刻地扎根于中国社会。

1952年7月，荣德生在无锡病逝，终年七十七岁，葬于无锡梅园北面的舜柯山麓。他去世前做的最后一件工作是为自己修订了一本《乐农自订行年纪事》。他的随葬品是一套线装的地舆学书和一只随身多年的镀金壳钢机芯打簧怀表。

发家后的荣宗敬娶了三房太太，荣德生也娶了二房，但其姻亲皆属贫民之家。从其下一代开始，由于家境的完全转变，姻亲就明显出现了门当户对的格局，出身名门望族成为其后代择偶的标准。荣毅仁的大姐荣慕蕴的丈夫李国伟，乃是当时无锡商会会长华艺珊的侄子；荣毅仁的妻子杨鉴清，为无锡名门杨干卿的二女儿；荣漱仁的丈夫杨通谊，为杨味云之子，杨味云乃清末官员，后成为大企业家；荣智健的妻子任顺弥，为当年“汗衫大王”任士刚的孙女……

## 三 顺应时代发展，把握自己命运

在这样的家庭里生活的荣毅仁能够成为国家副主席，是一个长长的故事。但荣毅仁和其他子弟一样，最初仍是从家族特征起步。激进与保守的轮替或平衡，几乎是荣家的家风。荣家子弟枝叶繁茂，其个性也是游走在荣宗敬与荣德生之间。荣毅仁是荣德生的四子，但性格却像荣宗敬，喜好资本运营。1937 年，二十一岁的荣毅仁从圣约翰大学毕业，被派到茂新面粉二厂担任助理经理。他草拟了一份计划，准备在全国建几十个面粉厂，以形成“面粉托拉斯”。荣德生对他说：“你的疯狂劲头不像我，倒像你大伯。”

在国民政府治下经营得身心疲惫的荣德生父子，决意留在大陆。三十出头的荣毅仁仍很激进，但后来，他表现得心悦诚服，对共产党的各项政策均积极配合。荣家是当时国内最大的资本家。1954 年，国家对私人企业施行“赎买定息”

的政策，国家根据核定的私股股额，按期发给私股股东固定的股息。私股在 500 万元以上的五个大户中，有四人属于荣氏家族，第一名是荣毅仁的堂兄荣鸿三，占 975 万元。荣毅仁排在第三位，他在 8 个城市拥有 24 家纺织、印染、面粉和机械工厂。

1956 年，中国对私营企业进行社会主义改造，仅仅用了一个月的时间就把私企全部收归国营化。不少资本家白天敲锣打鼓地把自家产业送去“公私合营”，晚上躲在家里抱头痛哭。当然，私营企业家“积极配合”了政策，其中，北方的代表人物是同仁堂的总经理乐松生，南方的领头者则是荣毅仁，一时人称“北乐南荣”。荣毅仁的内心应该也起过波澜。

1956 年 1 月 10 日，毛泽东南下视察，对时年四十岁的荣毅仁说：“你是大资本家，要带头。现在工人阶级当家做主了，老板换了。”随后又问：“公私合营后生产怎么样？”荣回答说：“比以前要好。”毛泽东送给荣毅仁的话是：“顺应时代发展，把握自己命运。”视察结束后，荣毅仁当即代表上海工商界集体给毛泽东写信，表示要在六天内实现上海全行业公私合营。在回答新华社记者问时，荣毅仁说：“我的企业已经实行公私合营，还准备实行定息的办法，这样每年利润更有了保证。我已经在上海市人民代表大会会议上表示了决心，我一定把所得的利润，以投资企业和购买公债的方式，用来支援国家的建设。我个人愿意在任何工作岗位上来尽我的责任，做一个对国家、对社会主义有贡献的人。”

一年后的1957年1月，在上海市人民代表大会二届一次会议上，荣毅仁当选为副市长，这是荣氏家族自创业经商以来，第一位子弟担任政府公职。当时的国务院副总理陈毅以老市长的身份，亲自南下为荣毅仁助选。

就在那段时间，毛泽东与陈毅等人议论国内著名的资本家时说："这荣家是我国民族资本家的首户，在国际上称得起财团的，我国恐怕也没有几家子。"荣毅仁的"红色资本家首户"称号由此得来。反右运动期间，毛泽东亲自出面保他，才没有受到公开批判。两年后，侥幸过关的荣毅仁被调离上海，赴京出任纺织部副部长。

1966年，"文化大革命"爆发，荣毅仁作为"资产阶级的代表人物"被彻底打倒。他在全国工商联机关食堂的锅炉房运煤和打扫所有厕所，经常遭批斗，食指被"红卫兵"打断。其独子荣智健被下放到极其偏远的四川凉山彝族自治州改造，每天和民工一起抬石头，挖土方，搬机器设备。

1979年1月，邓小平在人民大会堂与荣毅仁、猪鬃大王古耕虞、钢铁大王胡子昂、新民机器厂创始人胡厥文等工商界五老座谈。他阐述了改革开放的方针，并就如何发挥工商业者在经济建设中的作用征询他们的意见。荣毅仁提出了吸引外资兴办实业的建议。"从国外吸引资金，引进先进技术，似有必要设立国际投资信托公司，集中统一吸收国外投资，按照国家计划，投资人意愿，投入国家建设。"荣毅仁得到了邓小平的欣赏，这就是中国国际投资信托公司的由来，简称"中信"（CITIC）。

荣毅仁抓住了历史机遇。他以大上海“资本家”的经营谋略，将中信公司发挥到所向无敌的地步。公司成立第一年，荣毅仁就接待了来自 40 个国家和地区的客人达 4000 多人次，国内前来洽谈业务的也有 3000 多人次。荣毅仁不遗余力网罗人才，聘请到为中美建交立下汗马功劳的前美国国务卿基辛格为顾问，成为脍炙人口的美谈。

中信公司成立数年间，先后在日本、德国、新加坡等国家和中国香港等地发行了多次不同币种的债券。仅 1984 年一年，就在海外成功地发行四次债券，共发行 300 亿日元、3 亿港币和 1.5 亿西德马克的公募债券，以及 1 亿美元债券，为中国工业化争取到了宝贵的资金援助。

20 世纪 80 年代后期，中信发动了收购香港资产之战。1987 年 1 月 16 日，香港中信决定收购国泰航空 12.5% 的股权。其后，又收购港龙航空 38.3% 的股权，取得香港电信公司 20% 的股权。香港媒体一片惊呼：中国赤色资本家荣毅仁“收购香港”。实际上，当时在香港投资的中国资本系统企业已超过 1000 家，投资总额超过 250 亿美元，遥遥领先日本的 120 亿美元和美国 70 亿美元的投资总和。

1986 年，美国著名大型经济杂志《幸福》公布了其组织专家评选出来的世界五十名知名企业家的名单，荣毅仁赫然榜上有名，成为中华人民共和国成立以来，国内企业家跻身世界知名企业家行列的第一人。

1993 年，第八届全国人大选举荣毅仁为中华人民共和国国家副主席，这位七十六岁的“红色资本家”重新扮演起政治家的角色。荣家百年，至此，达于极致。2005年，荣毅仁辞世，新华社发的通电中称他是“中国现代民族工商业者的杰出代表，卓越的国家领导人，伟大的爱国主义、共产主义战士”。

## 四　我本来就是资本家后代，应该比一般的人会赚钱花钱

荣氏家族已经有第五代了，除少数仍留在中国内地，大都旅居海外，主要分布在美国、加拿大、澳大利亚、巴西、德国，以及中国香港和澳门等国家和地区。在荣氏家族中，荣毅仁这一辈健在的已经不多，比较活跃的只有荣宗敬的幼子荣鸿庆。荣鸿庆于1971年成为香港太平绅士。现任台湾“中国旅行社”董事长，上海申南纺织有限公司董事长，南洋集团有限公司常务董事、总经理，香港南洋纱厂有限公司常务董事、总经理。他的事业多由儿子荣智权打理。

到了智字辈一代，荣家人数众多，大都事业有成，在海外享有较高的社会地位，成为继承荣家衣钵、延续荣家商业辉煌的中坚力量。荣智健以外，智字辈里事业最成功的首推荣智鑫，其父荣伟仁是荣德生的长子，英年早逝。荣智鑫在家排行老六，是荣伟仁最小的儿子，父亲去世的时候才五岁。十五岁那年，他和家人一起来到香港。在美国麻省理工电子工程专业毕业后，荣智鑫在美国电话公司做一名普通的工程师。三年后，他决定回香港“碰碰运气”，

用筹来的 50 万港元跟几个朋友在香港合伙成立了一家名叫美联的烟草公司，专门代理美国牌子的香烟。经过十年的苦心经营，这家公司被一家美国企业收购，荣智鑫从中净赚一亿多港元。

1975 年，电脑业一度成为香港制造业中的热门。荣智鑫及时抓住了这个契机，投资 200 万港元，成立了荣文科技有限公司，1982 年 7 月，这家公司在香港上市，揭开了荣智鑫事业发展历程新的一页。荣文成立仅三年，荣智鑫又把挣来的一部分钱与其兄荣智谦合伙开办了爱卡电子厂。荣智健到香港后，兄弟俩决定邀请这个远道而来的堂弟加盟他们的事业。

荣智健于 1978 年移居香港后，任爱卡电子厂的董事总经理。1987 年年初，荣智健出任中信（香港集团）有限公司董事总经理。1990 年集资 100 亿港元，收购香港电讯 20% 的股份。同年收购泰富上市公司，易名为中信泰富，任董事局主席。十年经营，中信香港、中信泰富已发展成为香港一家以基本建设、航空、地产、贸易及分销为主导的大型综合性企业，而荣智健也成为荣家大家族新一代耀眼的明星。

跟荣智健不同，荣智鑫非常低调，很少在公众场合出头露面。那些身在异国的智字辈的风光程度也绝不亚于他们。荣智鑫的二姐荣智美，曾任德国尤尼可公司经理，有德国商界女强人之称，自 1954 年定居德国之后，一直致力于推动德中两国贸易的发展。1979 年中信创立时，荣毅仁才恢复工作一年多，她特地向德国奔驰汽车制造厂定制了一辆豪华面包车，作为礼物送给四叔荣毅仁。车子左右两边印有蓝色的中信中英文名字，在当时北京城里绝无仅有。

荣毅仁二哥荣尔仁的次子荣智宽，是巴西环球公司总裁，在巴西商界拥有崇高的威望，曾随巴西总统和外交部长多次出国访问。荣毅仁的侄女婿沙曾鲁，长期在美国从事核能研究，在著名的阿岗研究所工作长达二十多年，是享誉世界的核能专家。

因此有人说："当年，邓小平之所以让荣毅仁创办中信，除了看重他的个人能力外，另一个很重要的原因就是他拥有这些广泛的海外关系。"

荣家百年，传下很多祖训名言，其中不乏对冲矛盾之处。譬如"固守稳健、谨慎行事、决不投机"是祖训，"以小搏大，以一文钱做三文钱事"也是祖训。但荣德生一代还是相当平实的，他们在社会的大格局里生存，有着朴素的敬畏之心。有一次荣氏家族开祠堂酒，族长请荣德生在宴席上坐首位，荣德生说："钱不等于地位，我应当坐第几个位置就坐第几个，你虽然没我有钱，但'人穷不让辈'，我没资格坐这个位置。"

受重农传统观念的影响，已是大资本家的荣德生把自己的号起作乐农。据说，他在荣巷拥有八十亩水稻田、三十亩棉花田和许多桑树，每年请长工种水稻、种棉花、养蚕，但插秧的时候他还是时常要去田边看看。到收获的季节，他创办的镜花女校的操场就会变成打稻子、晒棉花的场所。

综观荣家几代人，从荣熙泰到荣宗敬、荣德生父子两代，是极为传统的，又是极为现代的。他们是传统与资本主义相得益彰的产物。有人说，荣氏家族也是现代资本主义精神在近代中国最鲜活的样本——节俭勤勉，对财富的敏锐嗅觉与执着渴求，强烈的社会责任感，百折不回的韧性与勇气。到了荣智健及其子女一代，家族的特征已经不大明显，虽然有人说荣智健之女荣明方的个性颇似她的大曾祖父荣宗敬，精于计算而勇于博取，但荣家人今天早已无视传统了——无论家族传统还是文明传统，他们对物质文明的享受往而不返、乐不思蜀。

荣智健自称是香港新一代富豪，喜欢追求富豪生活。“他不讳言喜欢开快车，住舒适的房子，拥有加拿大和英国房产物业，在香港有游艇、多部跑车和房车、高级音响，也收集古董和字画，兴趣广泛。此外，他也喜欢打高尔夫球、钓鱼、赛马，喜欢过优裕生活，且从小就这样。”荣智健高兴时，会把他在英国、加拿大的私邸照片给人看。对来自某些方面的批评，荣智健说：“我根本不在乎！由他们去讲吧。”他还说：“我本来就是资本家后代，应该比一般的人会赚钱花钱。”

古语说，君子之泽，三世而斩。观乎荣家，或者较传统更为复杂吧。

# 孙家：满天星斗

多年后，有人向徐悲鸿索要书法条幅，他铺开宣纸，常常不假思索，随手就写下一首七言绝句，整幅书法，一气呵成，运笔老到，几乎烂熟于心：“一片残阳柳万丝，秋风江上挂帆时。伤心家国无限恨，红树青山总不知。”这首诗的作者正是孙多慈。

## 一 最后的“文正”

考察近几百年历史，寿州孙家不仅对寿州有开拓发展之功，而且从寿州走向全国、世界，对人生社会的理解自有家法。孙家一度占据寿州全城五分之三的地盘，且多在繁华地带。如今全世界的寿州孙氏后人更是人才济济，在官场、商场、文化领域多有建树。

有意思的是，孙家对家教家风的自觉意识是极为罕见的。早在乾隆年间，寿州就有“南孙北刘”两大当铺一说，南孙即指孙蟠（1727—1804）。孙蟠擅长金石书画，因捐资赈灾，得到朝廷赏赐，诏赠通议大夫。孙家的经商意识也许是那时即打下基础了，但跟一般商人拒绝文化不同，孙蟠在经营中理解到了文化的意义。这个当铺商人得到的教益是：若想长久地改变生存命运，只有读书。

孙家鼐（1827—1909）出生在书香之家，他的曾祖是乾隆年间的刑部郎中，祖父是贡生，父亲孙崇祖则是地方上的教谕。这个类似于今天教育部门官吏的地方贤达，对孩子的管教极严，立志要五个儿子都走学而优则仕的道路。孙崇祖去世后，他的妻子继承丈夫遗志，全力培养儿子们读书。老太太对人生的看法朴素而具至理，读书为了改变命运，但在官本位的中国，最终必须以官为中心。老太太明确说："朝内无人莫做官，家门无官莫经商。"她指望儿子们跻身官场。

这种人家奋斗的目标一旦明确，兄弟们就你追我赶。孙家五兄弟都读书成才，出息过人。五兄弟中家泽、家铎、家鼐都是进士，四个官至侍郎。"一门三进士，五子四登科。"而最小的孙家鼐，更于咸丰九年高中状元，蒙朝廷恩典，在家乡建"状元第"，先后担任工部尚书、礼部尚书、吏部尚书，甚至做过光绪皇帝的老师，成为清末最重要的管学大臣。

孙家鼐也成了孙家家族史上举足轻重的人物。他灵活多变又讲原则，在官场上能够左右逢源，屹立不倒。当时光绪的帝党和慈禧的后党之间矛盾重重，孙家鼐站在光绪皇帝一边，却也为慈禧看重。他的为官之道是大事原则、小事忽略，故得官员们拥戴。孙家鼐既是皇帝的老师，当然属于帝党，所以他积极赞同变法，并参加了康有为创立的强学会的活动，在"百日维新"中奉旨创办了京师大学堂（北京大学的前身）。但是帝党的种种活动，无不处在慈禧太后的眼皮子底下，作为臣子，孙家鼐深知居中只能做些折中调和。"百日维新"失败之后，皇帝被囚瀛台，别的"新政"统统被慈禧一刀砍光，独独保留下了孙家鼐主持的京师大学堂。后来慈禧得寸进尺，阴谋废除光绪帝，而别出心裁搞什么立储"大阿哥"，孙家鼐忍无可忍，称病辞官，回家养病。然而他这一掼纱帽，非但没有引起慈禧的忌恨，反而更加受重用。

孙家鼐生平简约谨慎，在激进派和保守势力之间，常取中间立场。他和翁同龢是当时最有威望的两位大臣，然而翁同龢的名气大于孙家鼐。这并不意味着孙家鼐只守中庸之道，他其实有自己的个性和操守。比如他赞同1898年的许多新政，但又上疏反对康有为的政治理论。这或许能说明维新运动失败后孙家鼐何以能在朝中继续留任。而且他死后谥“文正”，入贤良祠，这是晚清大功臣、只被谥为“文忠”的李鸿章都不曾享有的我国传统文明中的荣誉。

孙家鼐一生几乎没有什么大起大落，这跟他的低调内敛、自奉敛约有关。他的同僚、对手翁同龢说：“孙家鼐沉潜好学，服膺王阳明之书，立志高远，凝厚而开张，余欲兄事之。”亲历晚清四五十年的英国人李提摩太则说：“孙家鼐是所有中国官员中最有教养、最具绅士风度的人之一。”

孙家鼐为政清廉，开拓进取，求真务实，绵里藏针，受到了同代人的高度评价。1909年11月29日，孙家鼐死在任上，可谓鞠躬尽瘁，死而后已。邮传部长、学者杨士琦撰写的挽联，对其为人、学养、品格都做了生动的概括：“事上也敬，行己也恭，杖于朝，杖于乡，允矣君子；和而不同，群而不党，能为师，能为长，所谓大臣。”自宋代以后，“文正”便是朝廷对大臣死后的最高谥号。宋代司马光、范仲淹等人获得“文正”谥号；明代获得“文正”谥号者仅五人。在清朝近三百年的历史中，只有曾国藩、李鸿藻等八人获赠，孙家鼐便是其中之一，他是清朝，也是中国历史上最后一个享有“文正”殊荣的人。

## 二 善待命运的善意

这个在封建王朝被尊奉为楷模的人物自然可圈可点，是修身、齐家、治国、平天下的典范。他给孙家奠定了坚实的人生社会内涵。在寿州有不少关于孙家鼐严于自律、治家的传说。可以说，他不仅以实际行动，也以家法规定了孙家的处世之道。

有一年孙家鼐省亲，按常规从北边来的人马均从北门入城，寿州县太爷及州府等地方官员早已鼓乐齐备，在北门等候。孙家鼐得知这个消息后极为不安，他害怕张扬，吩咐车马改道，从小路绕至东门悄悄入城。到家后，县太爷前来向他见礼，他不接受，说："在京城里我是官，在家里我是你的臣民。"执意要县太爷上坐。这种谦和使得孙家鼐的官声极好。

孙家鼐回乡省亲期间，曾独自微服回访一位长辈。他出城门时迎面碰上一个挑粪担的壮汉，壮汉走得急，把粪水溅在了他的衣服上。孙家鼐只是看了他一眼，并未出声。那壮汉居然大声呵斥说："我是状元家种田的，溅脏了你的衣服，你敢把我怎么样！"孙家鼐一字一板地说："状元家种田的也要讲道理，不能仗势欺人啊！"后来人们告诉那壮汉，你碰到的那人正是孙状元。壮汉的气焰顿时消了，而且懊悔不迭。几天后，此事四邻八乡无人不晓了。

从这件事上，孙家鼐深感家风问题严重：一个"状元家种田的"就敢在大街上任意撒泼，其他各房子子孙孙、七大姑八大姨还能了得！于是他严定家规，不许后代奢侈胡来。

孙家老人至今仍记得他定的一些规矩：十六岁以前不许穿丝绸，不许穿皮毛；举止须以《仪礼》为准则；如有偷、抢、奸等行为，族长有权给予重办；等等。所以到了民国年间，寿州乡下孙家的一位老母亲，亲自叫族人把亲生儿子勒死，因他抢了人家东西；还有一位当乡长的哥哥，亲自把干坏事的弟弟枪毙了，说是杀鸡给猴看。这种大义灭亲的做法，在王朝时代跟国法并不冲突，反而是一种有益的补充。

如果说孙家鼐的父母给儿子们灌输的是一种努力上进的家风，那么孙家鼐则在家境更上一层楼的情况下倡导了一种守成的家风。一代人的时间是可以改变命运的，重要的是如何善待命运的善意。信心，甚至大信若谦若懦，这都是必然的；同样，要尊重既有的秩序、规矩。只有如此，才能守成，才能壮大，才有可持续发展。

## 三 家门无官不经商

“当今欧风东渐，欲求子弟不坠家声、重振家业，必须攻习洋文，以求洞晓世界大势，否则断难与人争名于朝，争利于市……”这是一位母亲对儿子的家训。这位母亲是李鸿章的侄女李太夫人，这位儿子便是后来称霸中国的“面粉大王”，孙氏兄弟中的弟弟孙多森。

孙家的中兴也得益于联姻。孙家鼐属于帝党，李鸿章属于后党，但他们同为安徽老乡，因此乡邻情谊冲破政治立场并扩大到儿孙们的婚姻上来。

孙家鼐一生做官，从未与商界结缘；他自己的儿孙也未做官而是学中医，为人治病。但他的家族却异军突起，迅速成为闻名中外的实业家族。出了孙传樾、孙多鑫、孙多森、孙多钰、孙多炎、孙元方、孙豫方、孙煜方、孙晋方等企业家，形成了有实力的家族集团。其中，主要是靠了豪门联姻的力量。

孙家家谱是：士克祖家传，多方以自全。同心仰化日，守土享长年。

在传字辈，孙家鼐的侄子孙传樾娶了李鸿章大哥李瀚章的二小姐，这个二小姐就是后来孙多鑫、孙多森兄弟的母亲。兄弟二人按照其母的指点，在其父孙传樾去世之后，发奋创业，先去扬州，向姑父何维键（著名盐商、扬州何园的主人）借了盐票办盐，有了资金积累后就到上海办厂。

孙家兄弟于1897年创办了中国第一家机制面粉厂——阜丰面粉厂，结果大获成功，声名远播，从而引起孙家的亲戚、在北方主办实业的周学熙（孙家兄弟称周为“姻丈”）的重视。经周学熙向袁世凯推荐，孙多鑫进入北洋实业界，在中国银行创办之初主掌业务。

孙家的联姻给家族带来的利益是巨大的。到多字辈，李瀚章的孙女李国筹，嫁给了孙多钰；李蕴章的孙女李国曦，嫁给了孙多鑫；孙传樾的二小姐则嫁给了李瀚章的长孙李国成。孙家鼐大哥的女儿，则嫁给湖北提督张彪的儿子。孙家鼐二哥的儿女，则跟扬州巨商何声润、中国银行副总裁李士伟结为亲家。孙家鼐四哥的女儿嫁给了合肥巨富龚心铭。孙家鼐自己的女儿则嫁给了四川总督刘秉璋的儿子。

这种联姻显然给孙家带来了一个大转变，即从官宦家族到实业家族的转变。孙家老太夫人说的“家门无官不经商”的话至此终于成为历史。

## 四 耿耿星河月在天

尤其难能可贵的是，孙家兄弟在商界仍以低调为主。

袁世凯为推动直隶实业发展，要周学熙注意物色实业人才，经周推荐，孙多鑫北上投入袁世凯幕府。袁与孙见面交谈后，备极赏识，立即委任为奏折秘书，凡袁世凯所上清廷重要奏折，大多出自孙手。据说，袁世凯与孙多鑫见面无虚日，言听计从，而且很快任命孙为直隶官银号总办、天津造币厂督办，显赫一时。但是孙多鑫为人低调，善于在幕后出谋划策，沉默寡言，不喜欢出头露面。北洋的大型实业，孙多鑫都有所参与策划，北洋早期出现的大规模实业，是以袁世凯为后台，在孙多鑫的策划之下，由周学熙出面，三人进行合作的结果。世人但知周学熙而不知孙多鑫，就是因为孙在幕后。

当然，家大业大子孙多，孙家的发展迅速越过家族的界限而跟中国社会息息相关。孙家个体在中国社会的浮沉中不再只以孙家为中心、重心或认同，而是与时迁移。在现代革命史上，孙家不可避免地出现了革命家式的政治人物、叛逆的艺术天才。

政治人物中最传奇者为孙少侯，即孙家尊称的毓筠公。孙少侯少年倜傥，生性豪放不羁，虽身处高墙深院，却对封建大家庭的规矩和生活非常不满，尤其厌恶士大夫阶层的繁文缛节，所以在康梁变法维新思潮风行的时候，他能够与时俱进，加入了废科举、办新学的大潮。

但孙的与时俱进也是与时浮沉的过程：他加入同盟会，在江苏、安徽策动新军起义，谋划刺杀两江总督端方，被捕下狱，反做了端方的女婿。辛亥革命后，他出任安徽省第一任督军。袁世凯复辟帝制，他是袁世凯登基大典的筹备处处长，走到革命的反面。他的政治立场之反复让人侧目。天翻地覆，让他应接不暇，他的意气也因此消磨。到他五十岁生日时，他写下了《我对于一切人类的自供状》，对自己所走过的政治道路有所反省。

艺术人才中最动人的还数画家孙多慈。孙多慈是徐悲鸿的学生，徐悲鸿用心培养孙多慈，时常在课余约她来画室观摩，并为她个人画像，日子一长，师生恋不可避免。徐悲鸿曾画了一幅《台城夜月图》，把他和孙多慈都画入其中，两个人一个席地而坐，一个侍立一旁，洁白的纱巾随风飘动，天边正高悬着一轮皓月。

但这一段恋情没能见光，在徐夫人蒋碧薇的干预下，二人不得不各奔东西，中间全靠徐的好朋友舒新城为他们传递信件。他们在信中互诉离别之苦。徐曾绘《燕燕于飞图》赠孙，画面为一古装仕女，满面愁容，仰望着天上飞翔的小燕子出神，上题："乙亥冬，写燕燕于飞，以遣胸怀。"表示了对孙依然是一往情深。孙则寄一粒红豆给徐，不著一字。徐见红豆触景生情，即以《红豆三首》为答，其诗中曰："灿烂朝霞血染红，关山间隔此心同。千言万语从何说，付与灵犀一点通。”“耿耿星河月在天，光芒北斗自高悬。几回凝望相思地，风送凄凉到客边。”“急雨狂风避不禁，放舟弃棹匿亭阴。剥莲认识中心苦，独自沉沉味苦心。”

为了家族，为了父母，孙多慈最终选择了稳定、踏实、安宁的生活。抗战结束不久，孙多慈在上海举办了画展，1950年在香港举办个展，次年又把个展搬到台湾。她的前半生因爱情而传奇，后半生则因绘画而光耀台湾。但他们没有忘记对方。多年后，有人向徐悲鸿索要书法条幅，他铺开宣纸，常常不假思索，随手就写下一首七言绝句，整幅书法，一气呵成，运笔老到，几乎烂熟于心：“一片残阳柳万丝，秋风江上挂帆时。伤心家国无限恨，红树青山总不知。”这首诗的作者正是孙多慈。

1953年，徐悲鸿在北京病逝。消息传到台湾，蒋碧薇心中一片“惘然”。据说，蒋碧薇去台北中山堂看画展，在展厅门口刚签好名字，一抬头，正好孙多慈站在她面前。这对几十年前的情敌相见，一时都愣住了。后来是蒋碧薇先开了口，略事寒暄后就把徐悲鸿逝世的消息告诉了孙多慈。孙多慈闻之即刻脸色大变，眼泪夺眶而出。事过多年以后，蒋碧薇唯一的一次与她对话，竟是告诉她徐悲鸿的死讯！

回顾孙家的历史，可以说这是一个典型的中国家族史，由基层上升，最终融入社会。由家族一点散布到社会全面，满天星斗。总结孙家家风，它没有独到处，卑之无甚高论，但它入时、合适，它对时代社会的把握出于常理常情，坚持下来，而成全了家族成员的命运。

# 林家：向专家人才努力

“我们的先人没有给我们留下任何财产，但他们确实给我们留下了比金钱所能购买的任何东西远为宝贵的遗产：读书受教的头脑、慈爱人类的心和对祖国的爱。”

## 一 家族担当了文明

我国近二百年来的现代转型，被称为是一次空前绝后的转型，这个“数千年未有之大变局”至今没有画上圆满的句号。其中天灾人祸、内忧外患、左右摇摆、中西争夺不断，个人在国家民族文明的大变局中显得无足轻重。在回顾个人命运时，令人想起先哲“天地不仁，以万物为刍狗”的名言。借用罗素的话说，当世界坚定不移滑向深渊时，当万物注定成为“中间物”时，善还是永恒的吗，正义还在吗？

这个二百年来的命题如此沉痛，“出中国记”一度成为不少人的当世本能。文明不再落实于传统，不再落实于国家、政府、婚姻、公司，以至于人们怀疑血缘是否是维系善的最后关口，甚至血缘还能否维系最基本的人性。传统所谓的“洪水猛兽”“率兽食人”“易子而食”等悲剧一再上演，以至于杀熟、弑亲都成为见怪不怪的社会现象，“怀疑一切”“打倒一切”从哲学家、政治家口中喊出，到成为一种社会状态几乎如影随形。

在这个巨大的时空变乱中，宗亲、家族也确实受到了空前的挑战。借反封建等名义，人们也把血缘、亲缘颠覆了。但是，在建立现代国家的文明新生过程里，家族在屈辱中仍承担了文明重建的重大推动力量，甚至保存了文明的种子而不受革命、主义、政权等现代因素的异化。检讨我国最血腥、最恐怖、最绝望的转型历程，我们仍可以骄傲地说，家族担当了文明，维系了善、正义和爱……据说，现代社会学家曾观察分析过明清江南数百年的世家巨族，得出的结论是，那些传承五代、十代而不坠的名门望族，其家风多立命于积德行善。也正是这种文明的担当，使得在20世纪不断革命的百年中国史上，广东梁家（梁启超、梁思成、梁从诫等人）、天津和海宁查家（金庸、穆旦）、天津周家（周淑涛、周一良、周钰良、周与良）、无锡钱家（钱基博、钱锺书、钱玄同、钱三强、钱伟长）、河南袁家（袁世凯、袁克文、袁家骝）的贡献有目共睹。

## 二 天下林家

以目前我们有限的资料和识见，如果要推举现代史上的第一家的话，我仍会毫不犹豫地推福州林家。论者有谓，天下林家具备善良纯朴的本质，毫无轩轾，传承至今的家风仍值得当代人重视。

不忘本源。养成其宽厚济家与回馈报恩的美德。如出过国家元首林森、工人领袖林祥谦的陶江林氏，因上祖林元士是遗腹子，由姑抚养成人后发族，故每年祭祖必先到报功祠祭祖姑后方祭祖先。如有人早年怙恃俱失，由嫂抚养成人，后“以嫂慈恩重，请旌节孝赠安人，又置田产赡其后，报其功也”。

恪尽孝道。如以“露乌孝瑞”著称的孝子林横，“闻母病即弃官归，孝养于家。母亡，横水浆不入口者五日，率子侄筑庐于墓右守制。旬日，甘露降而白乌来翔。州上其状……唐德宗诏赐筑双阙于墓前，予以旌表”。

重视教育。林氏最推崇的就是一门俊彦，科甲联登，非书香世家，势不能致。如十德之门、五桂联芳、唐九牧、宋九牧、七科八进士、三代五尚书、国师三祭酒……均为林氏宗族所传颂的楷模。清末杭州知府林启创办教育，为浙江做出杰出贡献，受到民众爱戴，建林祠于孤山以纪念。

立身正直。天下林氏望族普遍均以先贤刚正不阿、秉执正直而自豪。林氏太始祖比干就是为了挽救国家危亡，维护黎民安宁，不顾个人牺牲，犯颜直谏，惨遭剖心，被誉为“谏臣极则”；南京谏议大夫林安宅刚毅有守，凛然立朝，有古铮臣之直敏；明朝御史林润，正气凛然，毅直敢言，致于弹劾权奸严世蕃；揭开近代史第一页的民族英雄林则徐等，均是典型范例。

爱国爱民。如甲午战争为国捐躯的管带林履中（比邓世昌还先随舰殉职者）、林永升、林泰曾，戊戌维新变法献身的林旭、林圭，辛亥黄花岗起义牺牲的林文、林觉民、林尹民，“二七”大罢工烈士林祥谦、林开庚，民主革命英雄林基路、林育英林育南兄弟……

但在我看来，这种大而化之的举例和特征概括，没有摆脱“忠义传家久，诗书继世长”一类的传统家族教训。天下林家可传可诵的人物事迹很多，最能跟现代转型史相契合的则是福州林家即东瀚林，他们有着现代转型的自觉，并在实践中成功延续、重新生发了家族的文明功能。

## 三 黄金满籝不如一经

相传天下林家的第一位老祖是比干的儿子，随着时间的推移，林氏族人散布全国各地。到唐朝，林氏一支迁往福建。据说，从比干之子到迁到福建名为东瀚（现属福州市）的地方，林氏共繁衍了二十九代。

从唐到宋，林氏又繁衍壮大，到东瀚二十世祖林燧前后，建有东瀚林氏祠堂。祠有楹联，记录了“东瀚林”从林燧的儿子林巩起的辈序行第：“聿迪人伦，懋修孝友，斯同伯叔，大展天常；克师有道，上达圣贤，则为公卿，宏昭帝采。”

据说东瀚林第十九代的直系祖先之一是林尚芬（1572—1598）。林尚芬生活在明朝衰落的动荡岁月。他可能是个染料商，曾从北京买了十八箱靛青染料。货到福州后，他在开箱时大吃一惊，在薄薄的一层靛青染料下，全是金银珠宝。意外横财让他享乐余生，在死前，他把钱财装箱分给儿子们。但不到三四代人，所有的财产就花光了。

到第二十三代末期，林家家道中落。所以第二十三代祖先林人相（1704—1780）在死前把三个儿子召到床前，给他们每人一本中国的著名经典，《诗经》《书经》和《礼记》。1901年，毕业于京师大学堂的第二十九代林氏后裔林斯高

（1881—1962）说他本人曾亲眼见到并读过林人相给儿子们分财产的遗嘱。遗嘱中引用了《汉书》中的一段名言："遗子黄金满籝，不如一经。"在东瀚林的谱系中，林人相称得上承先启后的关键人物之一，他重视对后代的教育，对后代影响很大，后代子孙都好读书，研究学问，这对从官宦世家转为科教世家起到很大作用。

林灼三（1830—1895）是东瀚林二十七世孙，这时遇到社会大变革。由于林灼三的子孙能跟上时代，故逐渐形成了科技文教世家。林灼三做过广东省顺德县的知县。退休回到家乡福州后，盖了四所房子。他自己住一所，其他三所租出去。林灼三有四个儿子：长子林福熙（1848—1925），中举人后于1886年中进士；次子英年早逝；三子林福溁（1860—1922），举人；四子林福贻（1870—1930）于1893年中举人，如果不是1905年废除了科举制度，他很有可能中进士。

林福贻可能是林氏家族中放弃传统仕途，进入京师大学堂学习法律的第一人。他于1911年毕业。毕业后终生为法官，曾任江苏省高等法院的法官。事实上，林福贻在林氏子弟事业选择的现代转变中踏出了关键性的一步。其意味着中国的士大夫传统的某种转化，即苦读儒家经典、精通诗书八股的仕途让位于现代的专业生涯。林福贻的长子林斯濂在奥地利学习邮政通讯，次子林斯铭（1892—1987）和三子斯澄（1894—？），一个成为建筑师，一个成为地质学家。

可以说，当科举废，天下士子如丧考妣，惶惶不可终日时，林氏族人已经完成了迎接新时代的准备，他们向现代专业人士的转化早在20世纪最初十年就已发生。这种专业化强调知识智慧而相对轻视财富、权力。

## 四 你所谓的“服”是什么意思？

林氏告别传统，大概也是从林灼三的经历中获得了教训。林灼三似乎从未成为巨富，他在晚年与四个儿子、一个女儿，以及一个弟弟留下的穷寡妇住在福州。为了养活这一大家人，除了出租房子，林灼三在福州城外海边投资开辟了一个养贝场，还在城里开了一家当铺。两个生意由他的次子和三子经管。不幸的是，他两人既无经商经验，也无管理知识。不久，养贝场就失败了，当铺也无起色。林灼三和他的次子相继去世，家里的财务全部由自视甚高的三子掌管。当铺终于倒闭了，林灼三盖的房子也一所接一所地被卖掉了。

林灼三晚年理财失败的教训，似乎促使他的子孙们远离经商转而选择专业性的事业为谋生手段。林福熙能成为关键性的人物，则在于他目睹了清末民初的巨变。一个革命军的军官被派去接收电报局，他厉声质问林福熙：“你现在还服不服？”林不为所动：“你所谓的‘服’是什么意思？”这个意思就是林被撤职。他曾说：“前清时，想当官，至少要能写几篇文章，通过几场考试，现在什么人都可以自封为官。”他对于无知而当权的蔑视可见一斑。尽管有机会做国民党的官，但他还是拒绝为共和政府效力。

在林氏传承中，林福熙表现出某种超脱政治、于物质无所多求的倾向。这种倾向和生活方式对林氏家风有着深刻影响。他是六十几口人的大家庭的家长，家中包括十来个仆人，每个小家庭都有一个厨子，还有女佣。林在大院前种了五棵柳树，林同骥记得五棵柳树种成一排，夏天时非常秀美茂盛。每次从远处看到这些树，他就知道快到家了。

这个地址在北京市西城区上斜街35号的林家大院，离著名的宣武门天主教堂不远。从这里走出的林家后人，共同体现出这样的家风：教育和读书、做人至为重要；推崇内在品质；不重视财富和权力；跨越各代和各小家庭之间的感情纽带；强调对“别人”包括对他国和他人的理解；但最后同样重要的一点，即对祖国的热爱和对祖国传统的重视。

## 五 读书受教的头脑

这个林家走出的林斯璧（1877—1958），字鼎章，号西智，北京法律学堂毕业，历任四川候补直隶州知州，北京大理院推事，南京最高法院庭长、司法部参事。林斯高（1881—1962），字群一，京师大学堂毕业，举人出身，历任广东补用知县，安徽省霍山、歙县、潜山、太湖、宿县等县知事，直隶督军署军法课课长。林斯鋆（1887—1922），又名廷锟，字蘅南，历任外交部主事、驻古巴副领事。林斯濂（1889—1914），又名廷瀚，字作新，林福贻长子，北京大学毕业，后赴奥地利邮电专科学校学习。林斯铭（1892—1987），字澍民，清华大学毕业，后留美，获明尼苏达大学及哥伦比亚大学建筑师学位，曾任中央大学教授，从事建筑设计。林斯澄（1894—？），字清之，林福贻三子，留美后获明尼苏达大学矿冶工程师及地质学硕士学位，曾任交通大学、重庆大学等教授，为著名地质学家。

斯字辈对子女同字辈一视同仁，使子女们都得到了很好的高等教育，几十人陆续成为国内外著名人士。林同炎是中国科学院外籍院士，同时也是获选美国工程研究院院士的第一个中国人。林同骥在稀薄气体、航空航天、海洋工程力学等方面均做出重要贡献。林同光曾就读中央大学医学院，留美获医科硕士学位，曾在美国堪萨斯医院、檀香山医院工作，为美国医学学会高级顾问、美国优秀胸外科医生。林同奇曾就读中央大学化工系，1943 年入复旦大学历史系学习，毕业后赴美，为美国哈佛大学研究员、中国问题专家。林同骅毕生从事航空工程、工程力学、非弹性构造、金属疲劳等分析研究，写出巨著《非弹性结构理论》，曾荣获美国国家工程院工程师最高奖，曾担任美国航天航空部高级工程师、顾问，美国空军科学研究署金属疲劳研究主持人。林同坡，中央大学毕业，留美获博士学位，担任过美中文化交流协会美方主席。

这个如今在美国经常聚会的上百人的大家族，仍在为社会贡献专业人才。只要想想现当代中国，无数家庭在经过痛苦的经验教训后，劝导儿孙的话多是“读书不要读文科”一类的话，我们就可以理解林氏家风上百年来即在专业领域内着力的远见和踏实。

说林家人有家族和立身处世的自觉，不仅在于他们几代人都躬行林氏家风，而且他们今天也将林氏家风以家族聚会、以文字的形式表达了出来。这个家族为文明世界贡献了众多优秀的人才，反映了林氏家风在变乱的世代足以自保的能力。这是一个向专家人才努力的家族，在现代政治转型的年代，林家人认定国家需要律师、教授、医生等专业人才。林家如此自傲："我们的先人没有给我们留下任何财产，但他们确实给我们留下了比金钱所能购买的任何东西远为宝贵的遗产：读书受教的头脑、慈爱人类的心和对祖国的爱。"

如林同奇所言，自20世纪40年代初期以来，由于各种原因，林氏第三十代中出现了一个向美国移民的浪潮，这标志着林氏家风现代转化进入了新阶段。每一个在美国定居下来的林氏子女都有一段自己独特的故事，例如他或她是如何适应新环境、面对挑战，并以不同方式改变了他们带到新大陆的林氏家风。

但奇怪的是，尽管有此——或正因有此——持续的变化，林氏家风的中心价值似乎依然隐约可见。三代人中的每一代都对林氏家风做出了自己的贡献，给予这一古老家风以某种新气息。林氏家风虽然古老，但在这迅速变化的世界上，它并没有被一波又一波的新潮流所淹没。它似乎以某种方式仍然活在林氏第三十代人的心中，我们仍然能够"感觉其脉搏，察觉其呼吸"。

意味深长的是，在现当代林家传承史上，仍有少数人例外地闯入了文科领域，而这样的例外从多种角度对家族和社会做了最大的贡献。这个林家才子，当数林同济。

美国工程学院院士林同骅九十岁在给林同奇的电话中说："同济是我们这代人中对林氏家风贡献最大的人。我们都曾以他为榜样。"林同济于1958年在中国被定为右派。作为20世纪40年代的著名学者和思想家，他的名字在一部广泛发行的由官方出版的百科全书中被定性为"反动廉价文人"。他在50年代的知识分子思想改造运动中写的自我批判材料，既见证了林氏家风要在风云突变、波澜起伏的时代中继续存在下去并进行现代转化就不得不经历的磨难，又成为林家敬始慎终的珍贵文献。

## 六 我家才子，一生命苦

林同济超越了专家范畴，他毫不掩饰自己对国家、民族、文明的热爱认同。在美国攻读学位的时候，他用了很多功夫收集日本在东北铁路的资料，通过仔细研究，发现日本对东三省有鲸吞的计划。1930年，他同时用中文和英文发表《日本对东三省的铁路侵略：东北之死机》一书，用大量的资料揭露日本的侵略野心。一年后，他的预言不幸言中。由此刺激了林同济的民族主义意识，但他明确拒绝蒋介石："我无意混迹官场。"

1949年春，上海被接管迫在眉睫，有知识分子考虑离开大陆去台湾。林同济的父亲认为孩子有太多"不良"记录："以你这样的思想，和共产党相处你是会遭殃的。"他劝儿子尽快动身去台湾，林同济脱口而出的话是："中国若亡了，吾与汝偕亡。"

1978年，林同济的右派帽子被摘掉。新华社记者访问他说："我很荣幸有机会见到您这样著名的莎士比亚专家。"林异常激动，他站起身来，脸涨得通红。"让我问你一个问题，同志，"他一边摆手一边说，"你听说过有哪位莎士比亚专家是连一篇关于莎士比亚的文章都没发表过的吗？"林同济直截了当。

1979年，在林氏家族中的两个晚辈离开中国赴美前夕，林同济给他们写信说："要深深体会机会难得。学习努力，同时对彼邦的风俗习惯亦宜留心观察，力求了解适应，要看人家的真好在为人接物方法，能热诚助人，守法，清洁，等等。不要眩于外面的华贵，如汽车、服装等。要晓得人家内在的优良，不在于外表的繁华。同时我国文化有了数千年的传统，是极当自豪的，不要有自卑感。要晓得你们过去没有了解祖国的历史文化，此后还应当多注意祖国的历史与各方面的创造，以提高爱国之心。"

1980年，林同济访美前受到胡耀邦的见面邀请。林对见面似乎很满意，他对胡耀邦的印象是"天马行空""不拘泥陈腐"。辞别时，林同济说："我是个老学者。我学习过马克思主义，但没有懂多少，但我向你保证，这次出国访问会让我的国家受益的。"

1980年11月，林同济在伯克利大学演讲《对中国人心灵的寻求》。他告诉西方同行，中国人的思想不止一个人文主义，从先秦时代开始，中国人就在为人文主义寻找一个超越的基础，儒家、墨家和道家，都很重视“天”，重视人与宇宙、自我与整体的关系，中国人的心灵一直在探索着一种宇宙的和谐统一，我们可以把中国的人文主义称为宇宙的人文主义。然而，对宇宙的探索，归根结底是对人格的寻找。在中国，重要的是人格，人格是中国思想的精髓，是它的终极关怀所在。“它不仅要与社会融为一体，也要与宇宙融为一体。最根本的东西是宇宙。人格是人性与超人性的综合。”

林同济对观众如此致意：“如果你问在中国人眼中，人到底是什么？关于人的唯一的定义是：人就是他自身所认同的价值。——价值是与宇宙相协调的，宇宙中包含了仁爱和变化，永远在创造，在繁衍。容我这样说吧：中国人认为，一旦你自己和宇宙挂连起来，你就变成某种神圣的事物。你对宇宙做出了终极忠诚的承诺，你和上帝而不是和牧师聚合了，这就是中国之道。”

在如此对世界致意中，林同济的心脏没能承受命运的颠沛，两天以后，林同济在旧金山辞世。这篇演讲，也成为他的临终箴言。用唐人挽他们的天才诗人李商隐的话，林同济先生可谓：“虚负凌云万丈才，一生襟抱未曾开！”

林同炎给林同奇写信谈起家兄之死：“我家才子，一生命苦。可叹！”

但这个林家，足以傲然天下公卿富室！

# 黄家：以世界之眼光为眼光，世界之生活为生活

在中国家族百年变迁的大背景下，考察黄家的家风极有意义。跟暴发的富贵人家或急于暴发的准富贵人家不同，黄兴的后人甚至能够“低到尘埃里”。他们也没有“阔过”的阿Q气。他们只是平实地过自己的人生，从而为家人、为社会和文明做出了扎扎实实的贡献。

## 一 命定要出一个大人物

民国以来的英雄豪杰中，黄兴是被人忽视了，人们想当然地把他当作某一类型，而无视他的人生之于当下的意义。最近重读黄兴，对黄家的家教突然有了新的认识。多年前，曾有缘见到黄兴的乘龙快婿薛君度先生。薛先生是寡言君子，低调谦和。黄兴的“无我”“笃实”可谓后继有人。

据考证，出身于“地主阶级知识分子家庭”的黄兴有一个可传的清白家世。黄兴是湖南长沙善化人，善化黄氏的始祖名叫黄国璋，其子黄兴辅受明太祖朱元璋赏识，从知县做到监察御史，被封为奉政大夫、修政庶尹。黄国璋父以子贵，被诰赠为文林郎、监察御史。一时之间，黄氏家族声名鹊起，荣耀湖湘。

第六世黄宝是善化黄氏宗族的第一位进士。黄宝后来官至吏部左侍郎、山东巡抚、陕西巡抚。第九世黄洽中则官至吏部左侍郎，晚年卜居善化经铿，此后这支黄氏家族便称为“经铿黄氏”。黄洽中共有七子，均以品德才学闻名乡里，号称“经铿七贤”。

明清交替，华夷之变，黄家人有自己的原则。黄兴曾对李书城等朋友说：“我的远祖在清初曾写过遗书，要黄氏子孙永不出仕清朝。”以一家族敌一政权，但绝大多数黄氏子孙都恪守了这一祖训，据说，几百年间，黄家只有数人出仕。

黄兴的祖父黄维德系经铿黄氏的第十七代，字懋昭，号月楼，是受人尊重的乡绅。黄月楼共有三子，幼子黄式翥，字翰翔，又名炳昆，号筱村，即是黄兴的生身父亲。第七次续修《经铿黄氏家谱》于清光绪十八年（1892）行世，黄筱村是三十一位编校之一。“盛世修史”，修家史也是如此。可见黄家当时的兴盛。

黄兴的父亲黄筱村（1840—1897），在同堂兄弟四十八人中，排行最末。在学业完成后，黄筱村先是在家里设馆授徒，后到长沙城内的教馆任教。他不但学问好，而且为人正直，主持公道，是当地负责治安的都总。黄筱村教学有方，经营有方，持家有方。除了拥有一个大庄园外，还拥有三百石谷田，两千亩左右。

黄筱村进长沙城任教后，仍担任着乡里都总一职，经常下乡为乡亲们排忧解难。在湖南，调解纠纷的主要方式是摆酒席，“大家喝杯团圆酒，都是亲戚与朋友”。在一次调解中，黄筱村喝酒过多，回家途中又淋了雨，一病不起，五十七岁即去世。

可以说，截至黄筱村一代，黄家人是典型的传统中国士绅阶层中的一员，可上可下。上可为士大夫，下则是乡贤，他们的特点无一例外都是重视文化，忠厚传家，诗书继世。他们自觉不自觉地承载着中国的文化，因此他们会成为当地的旗帜性人物，调解纠纷，修桥补路，热心公益，是当地的道德高度和文化高度。黄筱村的墓位于长沙市的叶里包桃山，因山形酷似两片树叶包着的桃子，故名叶里包桃山。黄筱村墓即位于“叶里包桃”中“桃”的位置上，风水理论认为是大吉大利、福佑子孙的选位。

黄家重视文化，黄筱村的四个女儿——黄兴姐姐们——的丈夫都是秀才，可见黄家一向文教之盛。用民间的说法，黄家几乎命定要出一个大人物，只是不知道这个人物从商从学抑或做官。而只要考察黄兴的青少年，我们就可知为什么黄兴能够成为我们现代中国的开国国父之一。

## 二 男儿要为天下奇

黄兴出生于 1874 年，为经铿黄氏的十九世孙，仁字辈，谱名黄仁牧。后自己改名轸、兴，号廑午、庆午、竞武、克强等。他从五岁时开始跟父亲学习，内容为识字、写字、对句、读《论语》和简明的唐宋文辞。黄兴聪明好学，诵读习作往往超过父亲指定的范围。八岁时，父亲把他送到当地肖举人所办的私塾就读。

少年黄兴从长辈那里听了很多太平天国的故事，其中对他影响最大的事件就是洪秀全与杨秀清内讧。黄兴后来说：“我读史至此，不觉气愤填胸，为之顿足三叹……我们当革命党，一要服从首领；二要弟兄们同生死，共患难，有福同享，有祸同当，不能有丝毫私意、私见、私利、私图。我取名轸氏，就是前车既覆，来轸方遒的意思。”

十一岁时，黄兴再拜新师，跟着周翰林学习策论辞章。周翰林笃实、严谨而且具有身体力行的精神，“通晓时务，颇为乡人所重”。据说黄兴学习之外，还曾经向他询问当时刚刚结束的中法战争期间“清军失败经过”，“从此便萌发力求新知与救亡图存之志趣”。

可以说，少年黄兴所受的教育非常罕见，他的老师中除父亲外，肖举人和周翰林两人相当于当今的院士。黄兴的人生目标远大，有很强的历史感，淡泊功名，人品高尚，性格沉稳，能诗能书，与这种幼学根底有很大关系。

还是学生时代的黄兴就有了革命思想。他说，男儿要为天下奇；他说，只有革命方能救亡图存；他变卖家产支持革命，对朋友如孙中山、刘道一等人，他能够看到其优长而欣赏敬重之，他的为人豪侠刚勇而儒雅风流。历史上素有“孙黄”并称、“孙氏理想，黄氏实行”之说。孙中山当年说：“黄君……身为同志之所望，亦革命成败之关键。”宋教仁则说：“黄兴与中山先生同为吾党泰斗。”章太炎在选总统时更是直言：“论功归黄兴。”宋教仁也有过选黄兴做总统的想法。但终黄兴一生，他都是维护孙中山的威信和地位，历史学家傅国涌先生为此再三感叹，黄兴甘当配角是辛亥革命成功的关键因素之一。

如果说在黄兴以前，黄家跟世俗意义的书香之家有些区别，也只是表现在具有历史节义等方面，那么，黄兴则使这种人生社会正义的表达付诸了行动，使得黄家人从此走出了乡里，走出了一省之地，而进入国家社会层面参与建设。黄兴的振拔还在于，他虽然伟大却“笃实”“无我”，这种做人做事的方式给黄家注入了新的特征。

我在多种场合称赞黄兴的历史意识，担当和牺牲精神，以及诗歌才华。他自己并非言胜于行者，并非一个想得多做得少的人，他以实干著称，被时人称为“革命党中唯一之实行家”。他是一个发展健全的人，知行合一，对人生社会的发展有相当精准的远见卓识。因此，以中国文化论，一个健全的人格最终要参赞天地化育，个人、家族的进化之路，都是要给天地、国家社会提供创造性服务。这也是黄兴给家族提供的新内容之一。

## 三 努力杀贼！一欧爱儿

黄兴的历史眼光今天看来也是有意义的。他虽然有新兴的国民主义、民族主义，但他没有我们后来者那样强烈的民族中心主义，作为一个伟大的爱国者，他有着我们已经难以理解的人类情怀和世界眼光。1912 年黄兴回乡之后，为一个教堂写下了几个字至今流传：“耶稣圣名，敬拜宜诚，辞尊居卑，为救世人。”

黄兴有八个子女，他给五个儿子分别命名：欧、中、美、球、寰，女儿的名字都有一个“华”字。有人说他给子女取名有“面向世界，振兴中华”的寓意，民族主义和世界主义在他那里健康而统一。他曾经发起创办《世界报》，希望人们以“世界之眼光为眼光，世界之生活为生活”。黄兴虽然跟家人聚少离多，英年早逝，但他的子女却跟他一样多有一种历史感。

少年黄一欧十来岁时因父亲参加革命而到处流亡，最后辗转到了日本跟父亲团聚。1906 年冬，在孙中山、章太炎的介绍下，十四岁的黄一欧加入中国同盟会，成为当时同盟会最小的会员。1911 年 3 月，黄兴组织黄花岗起义，要十九岁的黄一欧参战。结果，革命党人七十二烈士死难，黄兴手指被打断两根，黄一欧也死里逃生，成为这次起义中少数幸存者之一。辛亥革命期间，黄兴在汉阳鏖战，儿子黄一欧在上海参加了攻打江南制造局的战斗。在前线时，黄一欧收到了父亲寄来的一封信，信上只有八个字："努力杀贼！一欧爱儿。"胡适为此感慨："当年曾见将军之家书，字迹娟逸似大苏。书中之言竟何如？'努力杀贼，一欧爱儿'八个大字，读之使人慷慨奋为而爱国。呜呼将军。何可多得！"

辛亥革命成功，黄兴叮嘱黄一欧，趁年轻之机"好好读书"，黄一欧于是只身赴美留学，入纽约哥伦比亚大学攻读外交与经济。1915 年，为了帮助蔡锷将军逃出北平，黄一欧奉命从美国来到日本，与程潜等人设法帮助蔡锷脱险。在他们的帮助下，蔡锷终于躲过袁世凯爪牙的追踪，由天津至日本，再经香港、越南，然后安全到达云南，护国运动得以顺利进行。

在这样的磨炼中，黄一欧的历史意识也是强烈的。父亲和孙中山先生先后去世，国民党落入新贵之手，党内民主逐步为个人独裁取代，这几乎是一切中国组织的宿命。这一过程也是黄一欧等老同盟会员不断抗争而失败的过程。黄一欧认识到蒋介石背离了孙中山的路线，参加了一系列的反蒋活动。1932 年，孙科任国民政府立法院院长后，黄一欧任立法委员十年之久。在此期间，他目睹国民政府的腐败，蒋介石的独裁，不免心灰意懒，曾多次请辞未准，后来就以养病为名，离开官场，回到老家湖南，从事实业。

抗战胜利后，国民党人劝黄一欧出山，他坚决予以拒绝。他说："得人心者得天下，失人心者失天下，蒋政权民怨沸腾，败势已定。"他预言了一个政权的败亡。1948 年 3 月，黄一欧加入中国国民党革命委员会，程潜任湖南省政府主席期间，黄一欧被聘为湖南省政府顾问，为湖南和平解放做出了贡献。

中华人民共和国成立以后，黄一欧曾当选为省人民代表，历任湖南省军政委员会顾问、人民政府参事、政协副主席以及民革中央委员兼湖南省委员会主任委员等职。在新的制度下，他的无我品格助他度过了后半生。在政协工作时，有一个加工资的名额，但候选人有两个，领导倾向于黄一欧，征求他的意见时，黄一欧笑说："那就把名额劈开，一人一半算了。"果真如此办理。一大家人长期住一间半房子，海外亲戚探亲时，政府要安排新房，他拒绝了。类似的例子还有很多。1981 年 1 月 12 日，黄一欧先生病逝于长沙，终年八十九岁。去世前他再三告诫儿子黄伟民："不要写爷爷黄兴的事情，也不要写我的事情，将来如果有人研究这段历史，自然会有公论。"

可以说，比起孙中山的儿子孙科，黄一欧更多地继承了父亲黄兴的精神人格。黄一欧的人生事功没能赶超父亲，但他无愧。在大时代中，他跟父亲一样淡泊名利，认准了目标就去实施，他的人生有风暴，但他做到了低调、平实。

## 四 黑暗世界的“普罗米修斯”

黄兴的幼子黄乃（1917—2004），即黄一寰，是著名的日本问题研究专家，盲文教育家，中国盲文之父。黄乃还未出生时，黄兴就病逝了，母亲因悲痛导致小黄乃早产。黄乃自幼受父亲和兄长的影响，小小年纪立下志愿，要投身到拯救国家和民族的革命时代中去。年轻时一次意外，使黄乃右眼失明。

在左眼也高度近视的情况下，黄乃克服困难去日本留学。黄乃加入了中共东京特别支部的外围组织——社会主义青年同盟和中华留日世界语协会等进步组织，负责现代问题座谈会。1937 年，二十岁的黄乃被日本警察拘捕入狱，在父亲生前好友的周旋下，日本警察释放了他。黄乃晚年回忆起这次在日本被捕的事情时说：“从那以后，我就是一个忠诚的共产党员。不管我身上背着多么沉重的十字架，对党的信念从没有动摇过。”

抗战爆发后，黄乃回国，来到革命圣地延安，毛泽东还亲自接见了他。1939 年，黄乃调中央宣传部任干事，专门研究日本问题。1941 年，《解放日报》创刊，黄乃负责副刊《敌情》的主编。其间，他发表了一篇《南进还是北进》的文章，推断在华日军的下一步行动计划，得到验证之后，曾经轰动一时。1942年，延安整风运动开始时，毛泽东在马列学院的开学典礼上讲话，讲到调查研究时对广大学员说："你只有进行了调查，进行了研究，才有发言权，比如说黄乃，他对日本这个国家的政治、经济和军事等方面进行了调查研究，在日本问题上，他最有发言权。"

据说，青年时代的黄乃才华横溢，他会日语、俄语、英语和世界语。20世纪40年代的延安，流传有"十大公子""十大才子"的排行榜，而黄乃均进入这两项排名。李锐先生的女儿李南央回忆说，父母亲在延安的通信往来多次提到黄乃，而且亲切地称其为"黄牛"。

黄乃勤奋，他长期处于艰苦紧张的工作环境之中，常年伏案到深夜，仅有的一只高度近视的左眼视力也迅速下降。1949年进入北京时，左眼视网膜又脱落。周恩来安排他去苏联治疗，去苏联时，他的左眼睛还能看到"人民日报"四个大字，回国后，双眼已经全部失明。"那正是他们那一代人希冀着大展宏图的时刻，他受不了，神经错乱了。"

但黄乃并没有"疯"。黄家的家教救了他，他跟自己抗争，失败了，再找出路。他的自救也不是目光短浅的，而是立足于服务社会。在苏联治疗期间，黄乃开始考虑自己的前途。他参观了莫斯科的盲校，产生了创制中国盲文的念头。从苏联回国后，黄乃开始致力于研究和思考中国的盲人问题。当时的中国还没有统一的盲文，只有南北两种不同地域使用的很不完备的盲字。

1952年春天，黄乃给《人民日报》写了一封信，呼吁全社会都要重视和关心盲人事业，同时发愿创制一套中国自己的盲文。中国的盲人事业自此有了新的历史。当毛泽东主席看到了中华人民共和国第一个盲文刊物《盲人月刊》时，有人告诉他，这套盲文是黄兴的幼子黄乃设计的，毛泽东高兴地说："黄乃同志我知道，有创造性。"

李南央回忆时感慨："在新中国刚刚成立，百废待兴的时候，黄乃伯伯将个人的不幸转换成为中国盲人减轻以至解除痛苦创造条件的不懈努力，他将自己那颗因失明而痛苦万分的心化作更为博大的胸怀和爱，结交新的盲人朋友，用自己的关心、体谅、尊重、单纯平和的感情去温暖数以百万计的中国盲人的心，带给他们像明眼人一样的对美好生活的希望。"

经过黄乃多年的努力和实践，新盲文方案终于在20世纪80年代末期得到国家语言文字工作委员会的批准。这套方案的实施，使近一千万中国的盲人又有了明亮的"眼睛"。黄乃在盲人中培养了一批医生、教师、作家、工程师和音乐家。他被誉为"中国的盲文之父"，黑暗世界的"普罗米修斯"。

## 五 黄家女婿薛君度

黄家人的好学、无我、笃实家风，传承到女婿薛君度那里，又有新的表现。薛君度生于广州，原名炯裳，年轻时自费赴美国纽约就读于哥伦比亚大学研究院政治系，获得硕士和哲学博士学位。在攻读国际政治的同时，他还选修了中国近代史。1952 年，薛君度与黄兴小女黄德华结为伉俪。黄德华比薛君度大九岁。薛君度的成名作《黄兴与中国革命》一书，动笔于 1955 年，是在大量发掘和收集西方半个多世纪中积累的有关中国辛亥革命的资料的基础上撰写的，经多次修改，值 1961 年辛亥革命 50 周年之际，由斯坦福大学出版。此书扭转了 20 世纪 20 年代以来中外史学以孙划线的观念，使黄兴在历史上应有的地位得到中外学术界的重新认识。此书问世后，引起了国际学术界的重视，被认为是“数十年来学术界研究辛亥革命最具有影响力的经典之作”。

1962 年，薛君度移席香港大学历史系任教。两年后，请假经欧洲返美，并代章士钊先生带口信给李宗仁，从此长期在美执教。1996 年，马里兰大学为表彰薛君度对该校和国际学术活动所做的贡献，授予他“里程碑”奖状。曾获此殊荣者，除了马大前校长杜尔博士外，薛君度是第二人。1973 年，薛君度担任全美新政治学组织执行委员会委员，后任《新政治学》编委。次年，组织华盛顿暨东南各州大学中国问题研讨会并出任主席。研讨会每年开四次会，到 1981 年，会员达九十人，包括后来官拜韩国总理的姜英勋。自 1975 年以来，薛君度以亚裔政治学者组织负责人名义，每年为美国政治学会年会组织有关中国或亚洲问题小组讨论会或圆桌会议，从未间断。可见其为人为学之笃实。

薛君度的学术研究涉猎面广，交游活动频繁，他跟国际政要和中国领导人都有接触，对国际问题和政治局势的分析，常常独具创见，鞭辟入里。他曾与北约前秘书长卡林顿勋爵晤谈，坦言时任香港总督的彭定康刚愎自用，“他的做法和作风，对英国不好”。1997年，美国大西洋理事会在美国国务院召开北大西洋公约组织东扩后问题研讨会，邀请俄罗斯及其他有关国家大使参加，薛君度以理事会理事身份应邀出席。他说：“美籍华人学者对北约有兴趣的恐怕就只有我一人。”

退休后的薛君度创办“美国黄兴基金会”，为宣传黄兴、研究黄兴做了贡献。薛君度继承了黄家的特点，在谈论历史时极为平实，并不夸大黄兴和革命党人的功勋。他说：“清朝的迅速崩溃，并不是被革命党打垮的（革命党没有自己的军队），而是部分由于袁世凯施展机谋权术，部分由于各省咨议局的立宪派向革命阵营靠拢。”至于黄兴和孙中山的矛盾，薛君度认为，黄兴和孙中山有过分歧，但更能够尊重对方，他们意识到，“前此的分歧，多起因于气质性格和处事方法的不同，大目标则是一致的”。更重要的是，薛君度率先打破了海峡两岸多年来“孙中山中心”的辛亥革命范式，而指明现代中国的开国国父是复数而非单数。黄兴也是我们的国父之一。

可以说，薛君度在学术领域较完整地体现了黄家的家风。这在很大程度上得益于他有一个贤内助，薛夫人黄德华少时受到好的家庭教育，受父亲黄兴影响，牢记父亲为黄家所立的“笃实”的家训，为人正直，端庄贤淑。据说，黄德华除善书画外，还做得一手好菜，也善于治家，整个家在她的主持下，治理得井井有条。

2002年11月25日，黄德华在睡梦中去世。此时离他们夫妇的金婚纪念日只差三周时间，薛君度感慨："庄子丧妻，潘岳悼亡，都有不朽之作，我悲痛之情却非笔墨所能形容。'天长地久有时尽，此恨绵绵无绝期。'"

## 六 黄家的后代一定要读书

因此，在中国家族百年变迁的大背景下，考察黄家的家风极有意义。跟暴发的富贵人家或急于暴发的准富贵人家不同，黄兴的后人甚至能够"低到尘埃里"。他们也没有"阔过"的阿Q气。他们只是平实地过自己的人生，从而为家人、为社会和文明做出了扎扎实实的贡献。

黄兴的后人还有不少可圈点者，如次子黄一中，曾入日本东京帝国大学就读，回国后，先后在国民政府外交部、财政部、内政部和中央银行任职。在担任内政部户政司司长兼统计处处长时，黄一中进行了一次全国人口普查。由于当时社会动荡不安，大片国土又沦陷日军之手，要做这件事非常困难，不少同僚认为，普查只能是毛估一下算了。"笃实"的黄一中认真对待，把统计表格尽可能地层层分发到各省市县，对无法发表格统计的地区，则根据该地区食盐用量的多少，来推算人口数。这样完成了全国的户口统计，并编写了《户口统计》一书，确定那时我国人口数为四万万五千万，这个数字一直沿用到中华人民共和国成立。

中华人民共和国成立后，黄一中受到冲击，曾被打成右派。但这个外表柔弱、内心坚强的人给儿子黄力工写信说："天将降大任于是人也，必先苦其心志……你是我们家的长子，因为我政治上的问题，影响了你的入学，我很抱歉。但这个政治上的问题，我没有错，只不过因为碰到了政治运动。"

黄兴的长女振华，毕业于中西女校，先后两次赴美留学，曾就读于哥伦比亚大学。九十三岁时，黄振华把台湾的地产悉数卖光，只身前来大陆旅游。她写了一封信给黄一中的女儿，一生都在当小学老师的黄建舲："黄家的后代一定要读书。你们谁有本事，我就把钱资助给谁出国留学。"据说，黄建舲见信后大哭了一场。"我知道这个姑姑，平日里特别节俭，九十多岁了，在台湾也不请一个保姆。"

作为黄兴家族第三代中的大姐，黄建舲看到了兴衰沉浮。他们作为黄兴的后代时而被捧为座上客，时而被贬为阶下囚。"不过，按照祖父的教诲，我们都能做到宠辱不惊。"

这样的家教家风是对现代社会摩登的有效校正。在个人生活和文明整体危机的情况下，我们可以从黄家变迁里获得某种启示。

# 罗斯柴尔德家：对金钱的狂热之爱

“金钱一旦作响，坏话随之戛然而止。”“只要我能控制一个国家的货币发行，我不在乎谁制定法律。”

## 一 他们操纵了世界？

家族专题断断续续写了三四年，写到中途，觉得有必要对国外的家族“说三道四”。但苦于跟外国人交往少，缺少“感性认识”或“一手材料”而一度作罢。

学生时代，老师向我们夸耀中国的好，说我们有亲情，外国人不讲亲情，老师举的一个例子是，总统到自己的父母家吃饭，饭后还要给钱。很久以后，我想起20世纪70年代、80年代的乡村教师，仍只能摇头叹息。上了大学，发现我们的亲情也很“残酷”，五四时代的文学多在讨伐“家族”，甚至控诉中国人的三座大山：帝国主义、封建主义、官僚资本主义；其中封建主义社会有四大枷锁：政权、夫权、族权、神权，家族也占极重要的位置。

因此，一直好奇外国人的家族。偶尔查一下这方面的文献，惊讶国人对他们的介绍已经浩如烟海。其中牵涉到外国人的组织化问题、“社会细胞”问题，但印象更深的，是他们不以宗族文化见长于世，他们的家族成就较我们中国人不算差，在个案上甚至有特异于我们的。

比如大家常说的世界十大财阀家族：杜邦家族、罗斯柴尔德家族、奥纳西斯家族、洛克菲勒家族、IBM沃森家族、高尔文家族、福特家族、迪士尼家族、马克斯家族、摩根家族。他们至少做到了传统中国的富家子如沈万山、胡雪岩等不敢做的事业，他们的商业伦理高于政治伦理，他们不用向政统低头，也不像孔家等家族那样成为政统的装点，他们甚至可以教训教化政统，他们富可敌国而不担心国家侵夺毁掉他们……

在研思外国人的家族问题时，我觉得也给人们根深蒂固的“阴谋论”和“受害人心理”找到了一种说法。我们因为近现代的弱势，总以为这个世界的强者、庄家是靠“阴谋”“幕后操纵”而活着的。因为我们离开宗族进入天下秩序或国家社会秩序里，多半一盘散沙。我们的社会化、组织化极低。外国人尤其是西方人没有宗亲伦理观念，他们的社会组织有比我们长得多的历史，而那种组织虽然跟黑社会性质沾边，但多会演化到PARTY的阶段，后者本义是聚会，就是我们时兴说的派对，一个群体的组织活动，但汉语的“始作俑者”将其翻译为党派、政党后，简称党。而“党”字在汉语中名声并不好，夫子说，君子群而不党，小人党而不群。成语所谓“党同伐异”。“党”的繁体字或本义是“尚黑”。故我们对“党派”这一西方社会组织化、理性化的成果，印象一般。我们以为那是崇尚黑社会性质的组织，是钩心斗角、争权夺利、操纵社会、鞭笞天下的。

在阅读外国人家族材料时，就时常看到这类用语：“欲望”“冷酷”“操纵”“帝国”“垄断”等。更有意思的是，还看到了国人对世界一些组织的介绍，共济会、光照派、骷髅会、圣殿骑士团、罗马俱乐部等，人们说，是这个或那个组织在玩“阴谋”，真正“统治”着世界。十年前，我还见过一个从美国回来的学者，语重心长地告诉我，美国不是民主社会，是寡头政治，知道他们的骷髅会吗？他们在操纵这个世界，在发动各种“战争”……

不过，立意要写外国人家族，却并非是要揭穿这类“阴谋”，而是希望跟我们文化的大小家族进行参证。我们总是骄傲自家文化如何修齐治平，外国人做得如何，他们的家、他们的国有什么不同，值得我们思考。中国自己如何在现代文明世界实现社会化，个人如何实现人生的价值，外国人的经验也值得参考。

选中罗斯柴尔德家族也是因为这个老罗家跟我周围沾边。罗斯柴尔德家族是我身边朋友关心的家族。最早，我的《非常道》行销的时候，有个读得认真的老板朋友跟我聊天，闲谈之余，他建议我读一读《货币战争》，了解一下世界的本质。要我读《货币战争》的朋友后来更多了起来，虽然我一直没有去读，却知道罗斯柴尔德在中国已经如雷贯耳。去年，一朋友去海外，见到罗斯柴尔德家人，很兴奋。而我自己，在研究易经发现命理系统时，查出罗斯柴尔德家族的创始人梅耶的命卦就是“家人卦”，跟善于治家的梁启超等人是一个命卦。看来罗家“富家”“大吉”也是自天佑之。梅耶的儿子内森的命卦是“师卦”，他是战争史上著名战役滑铁卢之战的最大赢家，罗家人受益于战争，大发横财，也因战争如“二战”而败落。当然，这一家人是否操纵了世界，也是我想知道的。

## 二 资本主义皇冠上的明珠

1744 年 2 月 23 日，梅耶出生在德国法兰克福的犹太聚居区，他的父亲摩西是一个流动的金匠和放贷人。梅耶出生以后，父亲对他悉心调教，教会他关于金钱和借贷的商业知识。父亲去世后，年仅十三岁的梅耶开始当银行学徒。

二十岁时，梅耶开始做买卖古董和古钱币的生意，同时也兼兑换钱币。他精明能干，结交权贵，跟黑森-卡塞尔王室攀上关系。二十五岁时，他在自己的招牌上镶上王室盾徽，旁边用金字写上“M.A. 罗斯柴尔德，威廉王子殿下指定代理人”。

到了 1800 年，五十六岁的罗斯柴尔德已成为法兰克福最富有的犹太人之一，他还在这一年获得了神圣罗马帝国皇帝授予的“帝国皇家代理”的称号。这个称号使他能通行帝国的各个地区，免除了加在其他犹太人身上的各种赋税，他的公司人员还可以佩带武器。

拿破仑当政以后，曾经试图将梅耶的威廉王子拉到自己一边。威廉首鼠两端，让拿破仑不厌其烦，宣布“要把黑森从欧洲的统治者名单中清除”。法军大兵压境，使威廉王子仓皇流亡，出逃之前，他将一笔价值 300 万美元的现金交给梅耶保管。用现在的话说，这笔现金成为梅耶“借壳上市”的第一桶金。

梅耶有五个儿子，他把儿子分派到欧洲的五个中心地区，老大阿姆谢尔留守法兰克福，老二所罗门到维也纳，老三内森被派往英国，老四卡尔奔赴意大利，老五詹姆士前往巴黎。用现在的话说，他有战略格局，运筹帷幄，让家人互通声气，以博大运。

梅耶的战略是要建立一个比当时的金融中心英格兰银行更灵活、更大的金融帝国。1802 年，他们抓住丹麦王室破产的机遇，进入各国政府做生意的殿堂。而从 1798 年到 1813 年，罗家资助英国军队的 2 万英镑，升值到了 5000 万英镑。

梅耶于 1812 年去世之前，列下这么几条遗嘱：1. 所有家族银行中的要职必须由家族内部人员担任，绝不用外人。只有男性家族人员能够参与家族商业活动。2. 家族通婚只能在表亲之间进行，防止财富稀释和外流。这一规条在前期被严格执行，后来放宽到可以与其他犹太银行家族通婚。3. 绝对不准对外公布财产情况。4. 在财产继承上，绝对不准律师介入。5. 每家的长子作为各家首领，只有家族一致同意，才能另选次子接班。任何违反遗嘱的人，将失去一切财产继承权。

在这个罗斯柴尔德的心中，金钱、权力、征服等有着绝对的地位。老罗的名言："金钱一旦作响，坏话随之戛然而止。""只要我能控制一个国家的货币发行，我不在乎谁制定法律。"他不把统治者放在眼里，那种把胡夫金字塔、巴比伦的空中花园等王国或统治者们的建筑工程视为奇迹的说法，他未必同意。他说过："复利效应是世界的第八大奇迹！"他说过："100 镑按 10% 的利息率以复利计算，经过七十年，就会生出 102400 镑。"

这个人深通人情世故，"每星期六的晚上，当犹太教堂的礼拜结束之后，梅耶总会邀请一些最具智慧的犹太学者到他的家里，他们凑拢在一起，一边慢慢地喝着葡萄酒，一边详细地讨论做一些事的顺序直到深夜"。他说："在一起祈祷的家庭将凝聚在一起。"

这个人深知现代金融系统的秘密："那些少数能理解这个系统的人，要么是对这个系统所产生的利润非常感兴趣，要么就是非常依赖这个系统的施舍（政治家），这个阶层的人是不会反对我们的。另外，绝大多数的人民在智力上是不足以理解基于这个系统所衍生出的资本所带来的巨大优势，他们将承受压迫而且毫无怨言，甚至一点都不会怀疑这个系统损害了他们的利益。"

2005 年，梅耶被《福布斯》杂志评为"历史上最有权势的二十位商人"第七位，他还被誉为"国际金融之父"。据说一个金融界从业者不知道罗斯柴尔德，就像军人不知道拿破仑，研究物理的不知道爱因斯坦，学音乐的不知道贝多芬，学绘画的不知道达·芬奇……

据说德国诗人海涅曾说，如果金钱是我们时代的上帝，那罗斯柴尔德就是它的先知。

而一生痛恨资本、控诉资本、认定资本主义有违人的良心的马克思说过，老罗是"资本主义皇冠上的明珠"。

## 三 第六帝国

老罗留下的金融帝国三年后大放异彩。

1815年滑铁卢战役，拿破仑败得窝囊，威灵顿公爵赢得侥幸，而最大的赢家是老罗家。拿破仑跟反法联军决战之际，战场上的人多已知道结局。罗家的耳目从战场上退出，迅速通报罗家老三内森·罗斯柴尔德，持有大部分英国国债的罗家马上抛出所有的英国国债，其他人也跟风抛售，不到半日，英国国债跌到低谷。然后，罗家用最低价购进绝大部分国债。当反法联军胜利的消息传来，英国国债的价格呈几何倍数上升。这一笔，让罗家“大发战争财”，赚了几百万英镑。

中国有句俗话，兄弟同心，其利断金。老罗临终前把五支断箭交给儿子，要他们和衷共济，“罗氏五虎”在他的教诲下、在金钱面前确实做到了团结。他们的名望，使欧洲的精英人士都为之侧目。当然，他们很有“规矩”：始终坚持着犹太人的传统，把维护犹太人利益看得极为重要，家族的下属企业都按犹太教安息日的规矩周六休息。1820年，罗家人宣布不同任何一个拒绝给犹太人公民权的德国城市做生意。1850年，当罗家人借钱给罗马教皇时，提出的要求是拆除罗马的犹太隔都。19世纪伦敦的罗斯柴尔德银行宣布，不向俄国沙皇贷款，因为沙皇政府迫害和虐待俄国犹太人。

老罗家在19世纪的欧洲如鱼得水，也得益于欧洲的战争和内乱。政府依赖国债，富豪们如杜邦家把财富和生意转移到美国，给罗家留下了一个“浑水摸鱼”的空间，主导了欧洲的金融。比如 1875 年，罗家提供消息，使英国同意购买埃及苏伊士运河的股票，当时由于国会休会，无法筹集这笔资金，就由罗斯柴尔德银行伦敦分行向英国政府提供 400 万英镑，抢先买下了这批股票。此举使英国控制了苏伊士运河，带来了巨大的政治、军事和经济利益。

据估计，1850 年左右，罗斯柴尔德家族总共积累了相当于 60 亿美元的财富。19 世纪的欧洲有六大势力，大英帝国、普鲁士（后来的德意志）、法兰西、奥匈帝国、俄国，还有罗斯柴尔德家族。这个家族有另一个显赫的外号：第六帝国。

罗家没有止步于旧大陆，美国内战中也有他们的影子。他们通过扶植摩根财团发展壮大来牵制影响美国，当时美国的洛克菲勒家族、杜邦家族等不能对抗过分强大的老罗家，就采用了妥协的方法。罗家也帮助洛克菲勒标准石油公司拓展它的石油帝国。花旗、摩根，美国第一、第二国民银行因此都处于罗家的间接控制下。由于过分抽调资金控制新大陆，被德国的俾斯麦抓住了机会，后者通过普法战争赔款组建了德意志银行，并且通过改革组建了新的容克财团。但罗家在新、旧大陆的金融帝国地位仍然举足轻重。

19 世纪罗家的里程碑有这样的内容：1806 年，威廉跑路时，将 300 万美元交给梅耶保存，是谓罗家“第一桶金”；1815 年，罗家最早获得拿破仑战败消息，再次大发“战争财”，成为英国政府的债权人；1822 年，奥地利皇帝授予罗斯柴尔德四兄弟男爵封号；1835 年，罗家获得了在西班牙阿尔马登水银供应的权利；1845 年，罗家中标法国第一个主要的铁路线的合同；1847 年，罗家人当选英国下议院议员；1872 年，罗家入股的英吉利海峡隧道的第一个项目开始；1873 年，罗斯柴尔德成为力拓股东；1875 年，罗家在英国政府的资助下，获得了在苏伊士运河的主要利益；1886 年，罗家开始发展在俄国石油领域的巨大利益……

罗家的祖训有这样的话："只要你们团结一致，你们就所向无敌；你们分手的那天，将是你们失去繁荣的开始。""要坚持家族的和谐。"

出于利益的考虑，自"罗氏五虎"开始，罗氏家族通过家族内部通婚严格防止财富稀释和外流。在一百多年里，家族近亲通婚有 29 对夫妇，内部通婚 18 次，16 次是在第一表亲或堂兄妹之间。这在一些人看来，也太夸张了：他们想干什么呢，从人类生活中攫取财富，自家人玩过家家，自外于我们人类？

## 四 无所不知的罗斯柴尔德

进入 20 世纪的罗家同样风云际会，却也大起大落。

他们信息灵通，仍然大发战争财，向各国政府提供军事贷款，战后又为战败国提供赔款。跟百年前的滑铁卢时代一样，在日俄战争期间，伦敦的罗斯柴尔德家族又比日本驻英国的使馆早两天获得日本海军全歼俄国舰队的消息。由于罗氏家庭消息灵通，被人们称为"无所不知的罗斯柴尔德"。

第一次世界大战给了美国的金融家们舞台，摩根家族、梅隆家族一时影响巨大，“贪婪”“掠夺成性”“臭名昭著”，让美国有良知的批判现实主义作家们无可奈何。“一战”沉重打击了俾斯麦的心血——容克财团和德意志银行。“一战”后，罗家不仅在欧洲称霸，也再次影响美国，几乎“控制了全球的金融命脉”。据说20世纪的美国，“民主党是属于摩根家族的，而共和党是属于洛克菲勒家族的”。有人说，这话后面应补充一句才算完整——“而洛克菲勒和摩根，都曾经属于罗斯柴尔德！”

但“二战”是罗家的伤心史。大量家族成员被杀害，资产被侵吞，超过三分之二的旗下金融机构完全不存在了。北美的财阀吞并罗斯柴尔德家族在美国和澳大利亚、加拿大的近乎全部资产，建立了美洲财团的现代格局。罗家在欧洲大陆的金融机构和资产也全军覆没，仅靠在英国和瑞士幸存的少量金融机构艰难恢复，并在战后逐步恢复元气。

这样的挫败不止一次。1936年，罗家在法国的一个核心业务是铁路基础建设，但法国新一届政府决定铁路国有化，使罗家业务一夜之间消失殆尽。1981年，密特朗担任法国的总统，实行银行国有化，罗家业务再次被国有化。

罗家自己也多次舍弃过机会。比如他们数次放弃美国，也放弃了上市，这让他们错过了几次美国经济和世界经济发展的“红利”。1912年4月12日，英国豪华客轮“泰坦尼克”号在驶往北美洲的处女航行中不幸沉没。这次沉船事件致使1500多人葬身大海，是人类航海史上的大灾难。“泰坦尼克”号的沉没几乎是欧洲19世纪末“黄金时代”结束的标志，两年后世界大战即爆发。“黄金时代”一度充斥着虚浮、乐观、信心、狂欢。“永不沉没”的巨轮“泰坦尼克”号几乎是狂欢之象的隐喻。但当时大家都把给“泰坦尼克”号的保险视为一次财富机会，唯独罗家放弃了，他们拒绝给“泰坦尼克”号保险。当然，从事后看，这一放弃是万幸。2004 年 4 月 14 日，罗斯柴尔德家族宣布退出黄金的定价体系。此前，罗家几乎掌握着世界黄金的定价权。同样让人印象深刻的是，当代金融衍生品蓬勃发展，投行绝大多数乐此不疲，但是罗斯柴尔德家族却从来不碰这个业务。

就是在这样的风雨飘摇或风云变幻中，罗家的成绩仍堪称道。今天拥有全球 70% 钻石产量的南非戴比尔斯公司，同样占据全球铁矿石产量 70% 的巴西淡水河谷、力拓、必和必拓，都有罗家的份额。近年在中国炒作成为世界上最贵葡萄酒的拉菲，也有罗家的投资。美联储、索罗斯的量子基金等，罗家是其股东。2004 年，为英国政府的移动通信 3G 牌照拍卖充当融资顾问的，也是罗家。

这样的家族也没忘掉中国，在改革开放之初的 1979 年，罗家就进军中国了。据第六代传人大卫·罗斯柴尔德说：“我们的客户既有央企中国移动、中国联通，还有民营企业小肥羊、阿里巴巴。作为财务顾问，我们曾参与了与中国相关的最大并购案——中国联通以 240 亿美元收购中国网通集团。”据说，中海油收购优尼科、南京汽车和上海汽车的合并，都有罗斯柴尔德的参与。

进入 20 世纪以来的罗家帝国里程碑至少有如下内容：

1919年，全球第一次黄金定价在罗家的办公室进行；1926年，罗家重组在伦敦主要地下铁路公司的股本；1938年，纳粹入侵奥地利，罗家在维也纳的银行关闭；1953年，罗家在加拿大发展金融；1966年，罗家资助的以色列议会大厦建成；1981年，罗斯柴尔德银行被法国政府国有化；1985年，罗家对英国天然气公司进行私有化；1989年，罗家银行返回法兰克福；2000年，罗家开发3G牌照拍卖；2010年，罗家帮助吉利收购沃尔沃……

罗家的财富究竟有多少，不可能统计清楚，有人认为至少有30万亿美元，有人认为是50万亿美元，也有人认为是167万亿美元……这些数字其实于我们都没有了意义。

## 五 关于罗家的阴谋论

罗家招人眼红。

其实，不仅我们中国人有阴谋论心理，外国人也从不缺乏这类思维。美国的一位记者在《罗斯柴尔德家族与高盛的渊源》中揭露说，美国总统奥巴马就是高盛公司选中的，而幕后的操纵者是老罗家。这位记者感叹，美国选民究竟能对大选、总统和国会起到多大的影响？大多数政府机构似乎只听从金融巨头们的差遣。

罗家对中国的“阴谋”，据说最早可追溯到鸦片战争。因为鸦片战争的发动者是英国东印度公司，该公司的控股人是罗氏家族。这个观念如果信则灵的话，罗家在我们中国该是“死无葬身之地”吧。至于1949年前在中国的西方银行，大家熟悉的汇丰、花旗等也都是罗家控制着，1949年前压迫中国人民的“三座大山”中，罗家就稳居“帝国主义”大山的山巅。有人会说，芸芸众生醒醒吧，当你像蚂蚁一样活着时，有人正像上帝一样操纵你的命运呢。

这样的“阴谋”视角也可以用来解读“二战”。有人说“二战”起源于希特勒对犹太人，尤其是贪婪的犹太金融寡头的仇恨心理。他要灭绝犹太人，正合德国财阀、欧洲和美国财阀的心意。希特勒的仇恨源于一个说法：罗家人资助过马克思、列宁，马克思那么批判资本主义，但他称赞罗斯柴尔德是“资本主义皇冠上的明珠”，可见二者有渊源。这种“阴谋论”到今天还有人信。

当然，罗家操纵犹太复国更有根有据。罗家的爱德蒙男爵（1845—1934）20世纪初向巴勒斯坦的早期犹太移民提供了约600万美元的资金，帮助他们购买土地和生产设备，定居生存。罗家的沃尔特（1868—1937）曾任英国犹太复国主义主席。沃尔特与犹太复国主义领导人魏兹曼一起，第一次世界大战期间，在英国积极活动，终于使英国政府以外交大臣贝尔福致沃尔特·罗斯柴尔德勋爵一封信的形式，发表了著名的《贝尔福宣言》，最后导致了以色列国的建立。犹太民族是知恩感恩的，他们的首都就有以“罗斯柴尔德”命名的大街。

今天，罗家打造的金融帝国拥有几十万亿美元的巨额财富，据说相当于美国全年GDP的四倍。有人来想象它有翻云覆雨之能，大发战争财、总统被暗杀、金融危机，都能找到跟他们相关联的蛛丝马迹。有人甚至说，罗家代表着家族跟国家、政府的战争。人们说，罗家是世界经济背后的操纵者，他们才是世界真正的主人，而人们常挂在嘴边的一些大的跨国公司、金融机构都不过是罗家的打工者。

## 六 最大的挑战是要主宰自己的命运

在梳理罗家的事迹时，让我留下印象的不是“阴谋”，而是他们对金钱的爱。这种热爱异于常人，大概只有跟我们一流的文学大师对文学的热爱相比，跟年轻人对武侠、游戏的狂热相比。文学家的情怀及身而没，年轻人的狂热也只是一时一地，罗家人自梅耶起，却传至六代。

对罗家的拜金以及几代人的金钱游戏，我曾非常不以为然，这并非嫉羡交织的“酸葡萄心理”。在我的经验中，我们普通人如果不能安顿好自己，我们的傲慢、敌意或仇恨要么是“酸葡萄心理”，要么是“阴谋思维”。在某种程度上，“阴谋论”是“酸葡萄论”的变种。只有自己适得其所，才会寻常地看待那些世界上的大人物。孟子所谓，见大人而藐之，勿视其巍巍然。底层民众则总结说：“做了三年叫花子，给个皇帝也不换。”

去年朋友到美国访问罗家传人，说其中一人年过七十，对全球金融市场了如指掌。问这个罗家传人如今在做什么，答说跟人合伙，又创办了一家新公司。朋友称赞人家生命不息，创业不止。听者却有不同想法。有人说，这个年纪的人还不颐养天年，未免太不近人情。话题由此展开，有人说，其实我们中国也多有这样的情形，六七十岁的高龄老板在第一线打拼、掌舵，这样的功德未必值得提倡。他们爱发挥余热，其实也大大限制了企业的发展；尤其是长期在位加重了个人色彩、家族色彩，使企业难以成为社会性的。

至于家族企业，我也不以为罗家的今天跟这种称号有什么关系，他们诚然仍玩着这个世界的“金钱游戏”，但他们早已不是创业时的“企业家”或“金融家”。我很同意管理学家德鲁克的观点，他说：“即使家族公司在超过一定规模后能成功地吸引专业管理人员，也不一定能够使自己长久存在下去。家族的企业家精神可能会逐渐削弱。罗斯柴尔德家族维持其旺盛的企业家精神近两百年，比历史上任何一个企业的或非企业的朝代都来得长。但是，随着罗斯柴尔德家族公司的成长和繁荣，家族成员的独立性日益加大。家族成员，特别是真正能干的成员中愿意献身于家族公司并为之艰苦工作的人愈来愈少。这个家族公司最终成为一个完全由专业人员管理的企业。家族成员中可能还有人留在企业中工作，但那已是一种例外，而不是一种常规了。众所周知，罗斯柴尔德家族在各地都以与皇族争胜而闻名。但是，即使是罗斯柴尔德银行，目前也有非罗斯柴尔德家族的合伙者了。这种情况一旦出现，家族企业就不再是‘家族企业’了。”

德鲁克的话几乎回应了罗素早就察觉的一种现象。罗素说：“奇怪的是，民主国家政治上摒弃世袭主义，这在经济范围内几乎没有起丝毫影响。（在极权主义国家，经济权力已并入政治权力中。）我们仍旧认为理所当然，人应该把财产遗留给儿女，换句话说，虽然关于政治权力我们摒弃世袭主义，在经济权力方面却承认世袭主义。政治朝代消灭了，但是经济朝代活下去。现下我既不是发议论赞成，也不是发议论反对这样不同地对待这两种权力，我仅仅是指出存在着这事情，而且大多数人都没有察觉。”

遗憾的是，罗素的观察和德鲁克的观察，“大多数人都没有察觉”。中国人早就说过，君子之泽，五世而斩。但包括我们中国人在内，都对此类现象习焉不察，而忽视了个人、家庭、国家在度过“经济短缺”之后，如何对文明做出新的服务。我们看老罗家，今天传至六世，后面几世跟前面创业期的一世、二世已经没有什么关系，正像数字无穷大跟一般数字是两类一样，创业期的罗家只是当今罗家的一个记忆了。如罗家的当代传人所说：“对罗斯柴尔德家族来说，也碰到了挑战——不是说我们今天的投资规模比较小，最大的挑战是要主宰自己的命运。”由此可知，他们跟创业期的罗家人是两种心理、两类生活。如果要强调一句，他们根本没有一世、二世那样“呼风唤雨”“操纵世界”的能力和作为了。

## 七 一定要和国王一起散步

前面已经言及罗家的家风，最关键的一点是对金钱的狂热之爱。其他对信息的捕捉、对机会的把握、偏于保守的理性等总结只是次要的。

在罗家那里，我们能够发现跟大部分中国人不同的价值观。我们多是官本位，我们的拜金也是通向官家的，我们的成功本位也多是跟权贵相连。罗家虽有祖训“我们一定要和国王一起散步”，但他们在社会上却是低调的，不以权贵炫人。我们还有虚假的文化本位：“万般皆下品，唯有读书高。”凡在自己的事业上有所成功者，都会附庸风雅，收藏、读经、供养法师，把居家装扮得古色古香或欧化洋气。罗家人似乎很少有这样的闲心，他们也喜欢音乐和文学，但他们喜欢的方式不一样。他们供养了很多文化人，据说，巴尔扎克、歌德、肖邦、海涅、李斯特、福楼拜等文化巨子都曾成为罗家的食客。这种喜欢是古典的，如要为罗家等代表的纯正的资本主义说几句好话，他们的职业事业是现代拜金的，他们的人生是古典保守的。这大概是马克思夸耀他们的原因。

罗家人也喜欢生物与自然科学：世界上有200个物种以“罗斯柴尔德”命名。他们当然高雅，有世界上最贵的排名第一和第二的两大红酒品牌——拉菲和木桐堡。以至于中国人有能力进一步把高雅变成时髦，据说他们家的拉菲年产二三十万瓶，在中国销几万瓶，但中国人号称喝过的拉菲一年有百万瓶。

但综观罗家人，他们生生世世、时时刻刻念兹在兹的就是金钱。罗家人说过一句话：“即使是风，也要闻一下它的味道。”太史公曾以为看透世象：天下熙熙，皆为利来；天下攘攘，皆为利往。但我们中国人对利益的占有，在以罗家为代表的资本主义面前，要逊色几分。我们不仅爱说节制资本，适可而止；更说过君子爱财，取之有道。但看罗家人利用战争、消息买空卖空，我们多少能够理解资本主义发展初期人类的良知之士对资本的控诉。

早在 1823 年，诗人拜伦在《唐璜》第 12 章问道："谁左右着世界的平衡？谁控制了所有的议会，无论是保皇派还是自由派的议会？"他的答案是："犹太人罗斯柴尔德……"

1830 年，波旁王朝复辟后的第二个国王查理十世被赶下台时，罗家毫发无伤。有人嘲讽说："如果所有国王都被推翻，罗斯柴尔德家族取而代之戴上王冠。对全世界来说，它会不会是一个巨大的福音呢？"

诗人海涅关于"先知"的名言全文是："在罗斯柴尔德先生的银行办公室里，我们看到了人是多么渺小，上帝是多么伟大！因为金钱就是我们时代的上帝，故而罗斯柴尔德就是人们的先知。"他还说，老罗家的孩子坐下来就如坐在王位上一样，说话"像个国王，身边围满了官宦朝臣"。这个革命诗人同时也说过，老罗"是最伟大的革命者之一，是现代民主的奠基人之一"。

# 蔡家：二十五孝

“年轻人，就要干大事。”

天下母亲都差不多，可天下的儿子差别很大。

## 一 一位平凡而伟大的女性

蔡文彬先生托人约我见一面，虽然是北京寻常的饭局，但我对他的气场留下了很深的印象。他身材高大，声音洪亮，行止利落，感染周围，以易经维度看，是震木或巽木之象。第二次见面仍是在饭桌上，我对七十岁的蔡先生说，您是否出生在春夏时节，在上午。他愣住了，是的，是夏天，上午。后来看蔡先生的资料，他的命中确有巽木，利涉大川，虽在古稀之年，人生仍可焕然一新。他的人生成功在于公共情怀、牺牲奉献。

去年老蔡邀请我去河南他的老家参加他母亲的铜像安放仪式，我因故没有去。老蔡自青年时代入川，工作后把母亲接到四川，他们跟家乡已经没有什么联系。但这一次他给老家许昌县艾庄村投资兴建了老年活动中心，据说有五六千人参加了铜像安放和中心揭幕仪式。我的不少熟人朋友如陈子明、丁东、冉云飞等光临了。用我们中国人的话，老蔡做得风光。当时艾庄乡的乡亲说，养儿当如蔡文彬。

我后来看到四川著名艺术批评家牟群为蔡母郑秀莲女士写的墓志铭："这里长眠着一位平凡而伟大的女性，她不识字，却以执信与践行撰写了一部中国的民间史诗。百年中华，国危民困，她历经生死劫难、哺育含辛茹苦，懿教袭世续代，颐寿儿女清福。无论波谲云诡还是月朗风清，她那女性的温柔坚韧，母亲的慈爱倾奉，长者的仁厚宽容，始终抚慰、支撑着所有儿女友人的心灵。个人的能力是有限的，在男权的现世，女人的能力更为有限。但心灵和爱心却是无限的，在平凡的人生，执信与践行更是无限的。倘若每个人都能慎终追远，舍己惠人，诚如长眠于此的她，则世界便会美好，生命便会延续，灵魂便会不朽。想夺取这个世界者，转瞬被历史遗忘。只有奉献于这个世界者，才会永远被后人铭记。”很受触动。

我拿到老蔡为其母主编的《此时此刻此情此景——懿德清芬录》，看到朱学勤、潘维明、冉云飞等学界政界名流的追悼文字，以为只是应景之作。通读下来，很为老蔡骄傲。这本书正是我曾经设想过的亲友之间最好的馈赠，是安顿逝者和生者的文字。尤其是陈云飞写的《与死神抢妈妈——与母亲的最后七十二小时》，以及老蔡的朋友彭小华博士、华西医科大的冯玉麟教授等人的文字，从中可以看到老蔡的孝心孝道惊天动地，让人深受教育。我跟不少人的想法一样，我们虽然也有孝心，但在老蔡面前，自愧不如。我后来想，老蔡之所以有极大的福报，年轻时即做了副省级大官，原因大概是母亲信佛。而能在坎坷、大灾难面前不倒，享有后福，原因大概是他的大孝大爱。这也是中国民间流行的说法，正信、正爱，是保佑自己和家人的不二途径。

老蔡的朋友们多称蔡母为奶奶，奶奶生于1912年，九十七岁时辞世。从奶奶到她现在的孙子、重孙们，五代人，已经是一个分布数省的一百五十多人的大家庭。这是一个很普通也很特殊的中国家族。据说冉云飞先生等人正在写奶奶的传记，他们把奶奶看作是“中国母亲”的典范。

## 二 孩子的书一定要念

蔡家人的家风家教应该是郑秀莲示范的亲切、温和、情爱。这是我们中国人的血缘之善的演进目标，老吾老以及人之老，幼吾幼以及人之幼。难得的是，目不识丁的郑秀莲自始至终做到了这一点。

1933年，郑秀莲二十一岁，她的丈夫被抓走了。1940年，在王家生活了七年的郑秀莲实在待不下去了，只好离开王家庄，改嫁到蔡家庄，做了五个孩子的继母。她的亲生女儿王香莲只有七岁，在王家得不到照顾，到处要饭。“水旱蝗汤，河南四荒。”当时的河南灾害连年，作家刘震云为此写过《一九四二》。到1943年，当地大旱，米珠薪桂。王香莲要饭遇到母亲，母亲为了给散而复聚的女儿一块面饼，惨遭毒打，她以命抗争，纵身入井，幸而获救，死里逃生。再次失散的女儿被人贩子卖到陕西。直到1952年，母女才又联系上，母亲到女儿的陕西家小住。1956年，二十三岁的女儿思念母亲心切，跑回河南看望母亲。虽然很多人劝她留在河南，但郑秀莲知道女儿已生有三个孩子，坚决要她回陕西，两年后又去陕西看望女儿，住了一年多，帮女儿抚养、教育外孙们。

对继子们，她一如亲生，甚至在蔡书林的印象里，弟弟文彬虽系亲生，但郑秀莲反而对他较其他孩子要严厉一些。没妈的孩子受人欺，但继母难处也是常见的现象。蔡书林说，在他十岁左右时，郑秀莲成为他的继母，他什么都不太懂，只知道继母“年轻、漂亮，说话也好听”，他们兄妹几个很高兴有了这么一个母亲，“再也不用看着别人的饭碗眼馋了”。有一年冬天上学，郑秀莲给蔡书林做了一双新布鞋，让他极为珍惜，以至于下雪天脱下鞋子赤脚回家。郑秀莲帮他暖脚时，流着泪说：“可怜的孩子，你怎么这么傻呀，棉鞋做来就是让你穿的，这么大的雪天你不穿棉鞋，把脚冻残废了可怎么办啊？”自此母子的心贴得更近。

有一年，蔡书林的岳母突然去世，因没有给老人准备寿衣，妻子非常着急。农村人对寿衣是极为讲究的，死者为大，如不能给死者置备像样的寿衣，是不孝之举，会为亲友邻里诟病。而出让寿衣也很微妙，没有人愿意把给自己“增寿”的寿衣送给别人。但郑秀莲拿出自己的寿衣，使儿媳妇感动得泪流满面，双膝跪地。

也是因此，蔡书林夫妇对弟弟文彬一直多有照顾，嫂子回娘家也会带上文彬。在文彬考上许昌的学校时，学校要求住宿，家里没有被褥，一时困难，蔡书林和妻子就把自己正用的被褥拿给了蔡文彬。在郑秀莲的影响下，蔡书林一家六口和大哥一家六口一直一起生活到了 80 年代初才分家。

郑秀莲吃过的苦不必细述，20 世纪的天灾人祸她都经历了。老蔡高中同学安枫灵教授回忆郑秀莲的话：“再苦，孩子的书一定要念，我们是睁眼瞎，可不能误了孩子的前程。”她起五更睡半夜忙家务，跑集市，种棉种菜，养鸡养猪，一有空闲就操起柴刀去岗上砍柴，供孩子完成了学业。

直到20世纪60年代，生活仍是紧张。蔡金福、蔡月仙、蔡月红等孙子孙女们回忆说，奶奶只能用野菜、白菜根、河里的水葱等变着法子做成饭菜，来维持十几口人的生活。她吃的苦是中国人世代的缩影，只是她挺过来了，而且极为淡然。蔡金岭回忆：“什么树皮草根，凡是能够下肚的，包括玉米芯，打烂都在吃。那个时候在大食堂吃，打一碗菜汤，发一块发糕，每次拿回来，奶奶总是说她已经吃过了，然后把她的发糕分给我们三姐妹吃。当时我们还搞不清楚，以为奶奶确实是吃了，我们也确实是饿了，所以很顺理成章地就接过来吃了。后来我们大了，就发现奶奶是在善意地欺骗我们，她根本就没有吃，她自己忍饥挨饿，也要给我们吃，她靠什么呢？就是树叶、树皮、草根。在我的记忆中，很多种树叶我们都吃过，包括泡桐树叶、杨树叶、榆树叶等，榆树叶那是最高档的。”

她的美德让人信服。蔡家庄以回民居多，蔡家邻居就是一家阿訇，两家排着辈，像一家人一样。回民养羊，她家养猪。猪经常跑到邻家，但邻居不以为忤，并不争执，而是通知她把猪赶回。阿訇经常为回民宰羊，也会分给她羊血等物。

有人说郑秀莲信佛，但其实她接受的是一切至善的力量。比如她晚年对孙子们说：“吃亏者常在，明走暗回来，上帝保佑我子孙平平安安。”郑秀莲离开河南到成都后，不但全村两千多口人，就是邻近的村子，都有人惦记奶奶。也因此，去年老蔡回乡捐助，安放郑秀莲铜像，事隔三十年了，四乡八里的人仍去了几千。

这样一个老人，留下了很多话语，放在一起，仍可以看出她的心性。

“人要勤快别人才会待见，人长两只手就是让干活的，要看得见活，不能懒。”“家有贫有富，但是要干干净净。”“再难的时候挺挺就过去了。”“日子都已经很难了，你再不想开点还怎么活呀！”“要多记住别人的恩情。”“不能抛撒，吃了不可惜，扔了就是罪过。”“多大的家业也搁不住抛撒。”

但老人并不逆来顺受，她说过：“年轻人，就要干大事。”

## 三 最长的短信

“文革”爆发后，老蔡只是二十多岁。他的朋友说：“一群二十出头不懂事的青年，怀着满腔的爱国热情和对国家命运的担忧，投入到轰轰烈烈的运动中。”老蔡出色的组织才能和宣传能力使他当上了“红卫兵”的领导，二十六岁时担任四川省革命委员会副主任（相当于现在的副省长），三十一岁时兼任四川省团委书记。在时人眼中，这个朴素的河南人是“‘红卫兵’‘造反派’领袖，四川省革委会副主任、大孝子……”

十年动乱后，许多“造反派”头目被打成另类，下放到边远地区。老蔡留在成都接受审查。审查结束后的1978年，根据上级的提议，四川省委决定让他带职下派，到邛崃县担任副书记，分管工业。老蔡的改革成为20世纪80年代初的热点，不仅“市学重庆，县学邛崃”，就是全国各地参观邛崃改革经验的官员也是络绎不绝。用唐欣的话说，80年代的中国有“蔡文彬热”。1984年，老蔡调回四川体改委。五年后，他辞职创办民办高校，四川天一学院和天一集团。

老蔡的经历非同一般。1993年，他开始修建“天一大厦”，七年后封顶竣工。天一大厦地处成都市中心黄金地段，设计与联合国大厦外观颇为相似，规模空前，成为成都人民南路的地标性建筑。完工当年，他被卷入官司之中，十年之后才告胜利。这期间，他的财务被冻结，公司停转，为打官司，到处借钱，生活仓皇，一度流落北京。

从六十岁打到七十岁，可谓忍常人所不能忍。以至于老蔡在朋友中赢得了某种声誉。2008年，一个60后的企业家想对彭小华诉苦，得知他刚从老蔡那里来，苦笑着说：“本来是想跟你诉苦的，我在地震当天损失了六个亿的合约，但是，既然你刚从蔡大哥那里来，我就不好意思说我的苦了。跟他的苦难比起来，我那点儿苦算什么。”

而自从参加工作后，老蔡就发愿要让母亲过上好日子。从70年代末开始，他的朋友见他，多半能看到他的母亲。吴康霖说，老蔡做副省级干部时，生活很简朴，住的也就是十五平方米左右的房子。“就一间屋子，后面有很小一个地方就作为他的厨房，当时老奶奶就和他住在一起。”老蔡说：“我妈妈过去太苦了。我要尽我的一切条件，让我妈妈过得好一些。”

1992年，金光中帮老蔡办手续，老蔡母子到香港玩儿。老太太已经八十岁了，金光中说，奶奶一再要求他们不许花钱：“看看就中了，看看就中了。”

彭小华回忆说，1995年盛夏的一个周末，老蔡约朋友餐叙，周末是他陪伴老太太的“法定”时间。八十多岁的老太太穿着一件纯白的棉布对襟衫，齐耳的飘飘白发，满脸的宁静、慈爱与祥和，大家问候她，她就微笑着双手合十还礼，嘴里说着“你好，你好”。

2006年，老太太刚经历了一场肺病。朋友们看到老蔡为劝母亲多吃饭，扮鬼脸：“奶奶乖哈，再吃一口，再吃一口就不吃了哈。”虽然“老莱子娱亲”一类的二十四孝曾为人非议，但老蔡娱亲却发乎至诚，发乎天性。

在老蔡和朋友们的帮助下，九十高龄的老太太的活动范围是空前的。这个河南的农民足迹所至，有北京、上海、天津、重庆、广州、深圳、西安、昆明、厦门、大连，以及新加坡、马来西亚、泰国等地区和国家。

2008年11月18日，老太太病危住进华西医院，感冒引起肺部感染。老蔡仍是官司缠身，但“得道”的蔡家人得道多助，“各方面的朋友听说以后，这两天已汇过来七八十万了”。

老蔡大孝，他的朋友们收到过最长的短信可能就是来自老蔡的这一条："我妈于本月18日凌晨两点钟病危住进华西医大ICU重症监护室抢救至今已十天尚未脱险，且今天病情加重。您作为关心我妈的挚友，我该把情况告诉您。我妈是我生命的基础和源泉！我不能没有妈！我不能失去妈！我必须尽我最大的努力筹款并请好的专家、教授会诊去抢救我妈的生命！我妈这次病危给了我沉重的打击，使我陷入极度的悲哀和无限的痛苦中！尽管我妈是个目不识丁的贫困农民，但她一生勤劳、善良、贤惠、节俭、朴实、克己、忍让、无私、助人、乐观、大度、博爱、谦和、睿智、拜佛！她不仅是抚养我的伟大母亲，也是教育我成长的良师！我常常为有这样一个慈母而感到自豪！在我大学毕业前的五十多年中，我妈受尽了人间之苦。我大学一毕业，就发誓要把我妈接到身边，再也不让她老人家吃苦了！但没想到的是我的两任前妻都嫌我妈是农村人太土，反对我妈跟我们一起生活，威胁我是要老婆还是要妈。我坚持老婆、妈妈都要！老婆坚持要老婆就必须把妈送回河南老家，要妈妈留在身边就离婚！无奈之下，我只能选择了妈妈！尽管老婆很漂亮，但我感情的天平仍倾向我的妈妈。离婚后，为不使我妈再受刺激和伤害，我选择了不结婚。尽管有寂寞、有失落、有遗憾！但二十四年来，我和我妈妈相依为命，也有温暖有安慰，倒也其乐融融。我不管出差到哪里，都会跟我妈同行。无论再困难，即使在十年残酷的诉讼中，靠向众多私人朋友借钱上千万打官司的极度困难期中，我也要保证妈妈住上三四星级宾馆。而我一个人时，常常住在收费在十元或二十元的招待所的地下室。我妈大半生受苦受难，现在十年官司快结束了，天一广场快开业了，正该她老人家好好享受之时，她却病了。而我却深感茫然、内疚、痛苦和遗憾！我自认心是和您共通的！在这悲伤的时刻，我饱含痛苦的热泪向您倾诉！您最忠诚的朋友：蔡文彬。”

老蔡的短信感动过很多人：“我怀着无比沉痛的心情通知您：我母亲郑秀莲女士，因病医治无效，于2008年12月3日17时32分逝世，享年九十七岁。灵堂设在成都市永丰立交桥元通一巷五号，并于2008年12月7日早7点30分，在东郊殡仪馆（中和场）举行遗体告别仪式。您忠诚的朋友：蔡文彬。”

## 四 每一种人性的价值都有其功用

老蔡跟我讲过他的孝。那种孝也是我们今人多难以想象的，比如为母亲两次离婚，比如出门远行一定要带上妈妈同行。在母亲去世后的三年多时间里，为守孝，他没碰过女人。

天下母亲都差不多，可天下的儿子差别很大。他的孝被周钰樵等人称为“二十五孝”，他是一个行事大有古风的中国人，一个硬汉男人。周伦佐开玩笑说，老蔡有恋母情结。周为此还说，每一位成功的男人后面都有一个女人，这个女人通常是母亲。老蔡百折不挠的人生确实得益于他的母亲。将老蔡家放在当代中国的家庭中，都是极为罕见也极为宝贵的，难怪冉云飞、周钰樵等人要为蔡母写书。

老蔡说刚把他母亲接到四川生活时，母亲的心、肝、脾、胃、肾等都出现了严重的问题。孙女蔡菊先等人回忆，奶奶做家务太劳累而病倒了，患上了多种疾病，以至于都不能做饭了（家人多，做一顿饭如烙饼就得两小时）。勤奋好学的老蔡把自己培养成一个养生专家，悉心照料母亲，使母亲过上了健康、幸福的晚年。病危前，她的“血压、血糖、血脂、心、肝、胆、肺、肾、胃皆正常”，用老蔡的话，如果不是因为感冒，他妈妈活一百岁根本没有问题。一个五六十岁的人得了一身病，在儿子的照顾下，健康地活到了九十七岁，也是罕见。

老蔡很得意他的成绩。他曾经劝我的一个多病的朋友，到他那里住半年，保证恢复健康。我相信他做得到，因为他做到了。老蔡的邀请也发乎至诚，我想这是他有情有义的寻常表现。

蔡家人的生命力之顽强以及成就卓著可做典范，突出的特征是有化合力。不仅奶奶有包容的能力，即使疾恶如仇的老蔡其实也是包容的、宽厚的。陈子明说：“在过去的几十年中有一些……违背人的本性的思潮，鼓吹仇恨，阶级仇恨、民族仇恨，用恨来替代爱，在我们社会占据了上风，有的人听信了这种高调和谎言，不知不觉地就走入了这个歧途。在过去的三四十年中，也确实看到了人与人之间的那种仇恨，残杀、内战……我们现在确实需要的是常识，是人的本性……而这些东西，从郑老太，从文彬兄身上都有很好的体现，从这个村子的回族和汉族的乡亲们身上也都有很好的体现。”

圣宽比丘说：“佛教中强调的无缘才叫大慈大悲，所以佛教中的慈悲和我们今天的主题大爱非常契合。老奶奶是一个非常慈悲的人，她没有太多的特别执着，亲生的和非亲生的她都是一样地对待……老奶奶的一生一定是很快乐的一生。”

考察老蔡一家人让人唏嘘，虽然受尽磨难，但他们仍保持人性的真善美，保存由血缘延伸开来的大孝大爱。虽然有人怀疑传统的孝道在今天的意义，质疑养儿防老的投资品质和孝敬的牺牲品质，但每一种人性的价值都在自然层面上有其圆满的功用。慈爱如此，孝义也如此。建立在血缘之上的真挚深邃的感情，是一个人人生成就的保证，更是其人生圆满的保证。蔡母的优秀、颐寿、荣誉即是证明，从青年到古稀之年的老蔡卷入一个又一个旋涡而有大成绩，并有惊无险地度过，也是证明。

李树桥说：“现在这个社会发展很快，江河奔流很急，漩涡百转，漂到水面上的，很多都是渣滓，而美玉宝石沉在水底，像郑秀莲老人这样的人格，这样的品质，是我们民族团结、民族复兴的黏合剂，是我们中华民族的宝藏。”

# 杨家：生老病死的无常

“娃，好好上学，你将来是到外面务事的人，你会很好的。”

富贵之家各有各的家风，但穷苦人家的家教是相似的，那就是苦难。

## 一 记录他们就是“明心见性”

因为作家老村的介绍，我认识了另一位陕西籍的作家杨志鹏先生。陕西作家群是当代文坛极为重要的群体，老村和老杨都归属于这个群体，但他们没有赶上“陕军东征”的时代风云之战，故跟路遥、贾平凹、陈忠实们比，社会影响小了一些。等他们奉献出心血之作时，文坛和市场都已转向，“时势权力”已经生成定型，世道已近敛藏的秋冬之季。他们的创造只能等待个人的自觉，或另一个时代的发现和追认。最近的例子，就是云南作家张宇光先生重读老村作品三遍，而为之作文介绍。我曾举陶渊明被低估近千年才被宋朝人承认的事实，说明冯梦龙是至今被文学史和读者低估的大作家和大思想家。这是我们文明上演的经久不衰的剧目。

但志鹏先生别有福报。他由文学出发，走向了生活、思想、信仰，收获了一般才子、作家都少有福祉的成果。他是作家，却有行动能力，曾经担任青岛开发区新闻中心编辑、青岛大众传播中心总经理、青岛开发区文联副主席、作家协会名誉主席。他的文学作品多次获得大奖，由他代表五千位中国作家创制的高达三米的中国作家签名艺术瓷瓶，放置于中国现代文学馆大厅，成为永久人文景观；他成功策划组织的由吴冠中、关山月、张仃、黄永玉、朱乃正、刘国松等海内外数百位著名画家参与的“中国百家艺术瓷画大展”“中华艺术千禧展”“中日绘画交流大展”等艺术展，极为成功。他一度参与了时代的“开发热”，并实现了文人多终生难以实现的梦想，将一片十平方公里的荒山开发成大地艺术风景区，以现代摩崖石刻等艺术形式，展现佛教文化，集旅游观光和朝圣于一处。

志鹏先生后来急流勇退，回到个人的信仰生活中。他皈依了佛门，不再有文学创作上的抱负，一切文字都着眼于使人“明心见性”。他的长篇纪实散文《藏密游历》可证实他的功力、才华和见地。从志鹏先生的这一经历，我们多少能够明白，唐宋中国众多的天才没有囿于文字，不屑在儒门或才情中争胜，跟韩愈、苏东坡们一争高下，而是达意达思而已，力求明心见性；就是韩、苏，也多受佛道的教化，甚至他们最好的文字都在儒释道的层面通达无碍。

比起纯粹的信徒、使徒，志鹏先生又具明确的人生社会关切。因此，我看到他要寻根，要梳理自家的族人历史和现实时，他的一个佛门师父说他过于认真，希望他解脱。我也是十分纠结，用时下的话说——“我不会同意更多”，但也希望志鹏先生的修行能够执着于此。

看到志鹏先生记他的父母亲人和族人时，我更理解了他何以如此。他的家人是中国基层社会的缩影，记录他们是“明心见性”或传播“福音”的方便法门。因此，借助于志鹏先生提供的材料，我也愿意来介绍他和他的一家人。志鹏先生是佛教徒，我也就按“诸行无常”等生老病死的生活来介绍。生苦、老苦、病苦、死苦，这类无常牢牢地攫住了我们中国大众的一生。

## 二 家人黯淡的生活

家族记忆始于祖父，而曾祖父“已无人说清”。杨氏一门是从外地迁入洋县龙亭镇尖角村的，最初族里的人，都住在靠近汉水的一条梁上，也许因为住了姓杨的，故叫杨梁，在官方的登记中，则叫杨家梁。

在志鹏先生的曾祖父一代时，因住的地方地势低，遇到汉江发大水，房子和地都淹了，就选择搬迁到现在的庙沟。志鹏小时候以为庙沟得名于离家不远的土地庙，长大后才知道，顺沟而下，两三里外的汉江边，有座不小的古庙宇镇江庵，庙沟是指庵后的一条沟。

庙沟虽不深，也不长，但两边都是山地，虽地势高，离汉江远了，可种地只能靠天吃饭，从沟底挑一担水到住的地方，于腿脚不硬朗的人，就成了负担。从志鹏先生儿时记事起，每天早上挑水，解决全家一天的生活用水，是一件大事。起床的大人们，揉揉眼，第一件事便是到沟里的井边去挑水。

沟里也有些水田，是一年四季不断水的沟田，一年只种一季水稻。山上的坡地，土很薄，自然也不肥沃，无论是挑肥壮地，还是挑水浇地，都是很重的力气活。一条扁担在肩膀上吱吱呀呀叫，再壮实的小伙子，也会磨出茧子来。尤其是夏天光了膀子挑，几趟负重下来，肩膀就全磨红了，磨破了。这样的山地，再好的年份，收成也是有限的。

志鹏先生的祖父名杨德成，为了谋生，就学技术做了当地的油匠。这并不比种地强多少，只是在打油的时候，饭菜里的油放得多些，比平常种地的人家，会多些油水的口福。可仍不会富家，所以，到 20 世纪 40 年代，志鹏先生的祖屋，仍是几间不大的草房，四周是用土筑成的墙，栓子和竹笆的上面，盖的是夏天的麦草，抑或是秋天的稻草。

志鹏先生记忆中的外婆，守寡几十年，床上一年四季永远铺着一张凉席，席面已经磨得光亮，淡绿色的篾条已经变成了棕色。他后来感叹，家乡在秦岭以南的浅山区，冬天气温最低时在零下十多摄氏度，奔流的汉水已经结冰，早晨枯草的叶子上落着厚厚的一层霜，屋里屋外几乎是一个温度，一个人睡在透风的屋子里的凉席上，盖着一床用了几十年的旧被子，那该是怎样的一种生活啊？

志鹏先生的父亲在八九岁时，就给大户人家放牛了，童年生活可想而知。平日吃饱肚子，在严寒的冬季能在穿草鞋的脚上套一双棕片做成的袜子保暖，就是最大的享受了。

国共内战时，志鹏先生的父亲被抓了壮丁，在军营里他找到机会逃跑，花了一个多月的时间讨饭回到家。在逃亡路上，为了不再被征兵，他选择了自残，找了两块光滑且硬度高的青石，将自己的右手食指放在石头上，左手拿起了另一块石头，看准了放在石头上的食指，用力砸下去。因为石头不是刀，左手没有右手力大，无法将食指的第一个骨节齐整地切下，只是砸得血肉模糊，直砸到食指的第一个关节彻底报废为止，然后捡了一堆柴，烧成灰，按家乡的土法，抓了一把灰，捂在了手指上，这样止了血，也算消了毒。回家后，他的手指没有发炎，已结了疤。从此，他右手食指的第一个骨节，只剩下一个冒出头的肉球。

为了谋生，志鹏的父亲依靠自己的力气，做挑夫，凭两只脚，出山（到关中）下川（到四川），每天走百十里路才歇脚。那时无非挑些山里山外、山上山下的土特产，或者针头线脑之类的零碎。那时物资的流通，就全凭挑夫的肩膀和脚板。1949 年后的新社会成立运输队，他的父亲就由挑夫改做车夫，从事乡下至县城的物资交流，为此落下一身毛病。苦干的杨父当上了陕西省级劳模，1952 年就加入了中国共产党。杨父后来听从国家的号召，下放回家，从此不但没了工资，看病的钱也得自己掏。

杨父养病期间，一家重担落到志鹏的母亲身上。所有的农活和割柴、喂猪的活路，由杨母承受。当时他们一家生活在东汉蔡伦的封地——龙亭小街上，住在街头租来的一间小房子里。那时的小街只是三天一个集市，小街上的人都以务农为生。杨母和小街上许多男人一样，扛着尖担，到几十里外的南山砍柴。有一次，一根毒蛇爬过的刺扎进了左手的大拇指。因为消毒针打错了，她的手指开始红肿化脓，昼夜疼痛，她难忍的叫声在寒冷的长夜里超过了黑暗的可怕。直到大拇指烂掉了一个骨节，疼才终于止住。

志鹏记忆中的三叔，在汉中的航运队工作。在贫穷的年代里，吃国家饭是一件荣耀的事，不管这碗饭是怎么吃的，外人总会说：那人是吃公家饭的。因有一个工作着的三叔，志鹏先生小时候有几分自豪。实际上，三叔的工作是顺着汉江运输货物。那时汉江里还没有装机器的船只，装满货物的木船，顺水而行还好说，逆水而行时，船的前行，全靠岸上的纤夫拉着走。他们将各自的拉绳，牵在长长的连接着船头的粗绳上，弓着腰，用尽全身力气，一步一声号子，艰难地前进。他的三叔，在很长的时间里，就是一名纤夫。

……

志鹏先生记忆中的家人生活多是黯淡的。

也许因此他要离开家乡，混出名堂。然而，自 1974 年参军，六年后，他自觉成功才踏上故乡的土地。但当他见到父母的一刹那，成功的自豪感迅速瓦解，父母的穿戴和衰老超出了他的想象。故乡的贫穷依然没有改变，尽管他每年向家里寄钱，但他并没有改变父母的生活，他们依然在黄土地里受穷，他们的穿戴与乡下的其他人无二，他没有给父母带来荣耀。

## 三 以食为天

志鹏先生记忆中的家人多跟吃喝相关。人生苦难中，生苦第一，谋生苦，对味觉也就极为敏感。今天的读者或许难以想象了。

志鹏先生对祖父的印象是，祖父每次赶集都会去看他，给他带来馒头或水果之类的吃食。祖父去世后，只有五六岁的小志鹏端着板凳，坐在路边，学着大人们哭的声调说：“以后没有人给我们送馍了。”这样哭着哭着，“想起爷爷真的走了，就流下了泪”。

志鹏先生对苦命的外婆的印象是，永远是一张笑脸，她把贫穷年代有可能拿出的一点好吃的，都给了他。

志鹏先生的二姑父是为国家工作的人，他从小就很羡慕。让他终生难忘的是，二姑父带他到洋县城关区的机关食堂吃过一顿饭，一个馒头加一碗杂烩。馒头不必说，杂烩可不简单，虽只是萝卜、豆腐、粉丝加几片肉炖在一起，但那是一个少年生平吃到的最香的一顿饭。

志鹏先生小时候听大人们聊天说，在“三年困难”时期，三斤红薯就可以让县剧团最漂亮的花旦唱一晚上的戏。

而他上学时的伙食，是每个同学抓两把米放进自己的碗里，再加一两块红薯，蒸好了自己去笼里拿，然后交两分钱的饭票。菜是白菜、土豆之类的大烩菜，交五分钱即可打一份，但他常常吃不起，一周能吃一两次就算有口福了。志鹏先生说，每天上午的最后一节课，他常常饿得眼睛发花，脑子发晕。

在他的记忆里，年少时曾去茅坪的九池大山里扛木头，经过茅坪小街，吃的是寻常的红薯玉米粥，又叫苞谷拉拉，所谓“拉”字，大约是拉着石碾碾碎了的意思。因为苞谷的生长环境和土质要求不高，容易生存，就成了人们的家常饭，每天必吃一顿，在没有其他粮食可调节的日子，一天能吃上三顿苞谷拉拉，就是上等人家的生活。尽管稀得可以照出影子，但里面的红苕（红薯）可以充饥。

少年志鹏在街头吃苞谷拉拉时，最为激动的是吃上了一种后来才知道叫“豆腐乳”的东西。虽属山里人家自己制作，却是他从没见过尝过的，从未有过的味道立刻刺激了他的味觉，他当时觉得，它是世界上最好吃的，甚至比肉还好吃。可惜主人只给了四小块，一碗饭没有吃完就没有了，余下两碗饭，只能光吃了。

1970 年前后的一个青黄不接的二三月，志鹏先生的家里吃了上顿没下顿。有红苕吃，有菜汤喝，已是奢侈的生活，放学回家，常常揭开锅是空的，盼望着大人的努力。有一天到家，杨母突然揭开锅，给他盛了一碗粉条豆腐干汤，说是汤，干得就是一碗饭，让他有一种巨大的幸福降临的感觉，原来这是进山钉鞋的父亲给他们带回来的。

关中农村当时请客要办理“一拼四盘”的宴席，“一拼”指一个大碗的汤菜，碗大得相当于一个小脸盆，农村人饭量大，吃饭用那种特大的碗，吃饭如拼命，吃得多，所以用“拼碗”这个词给大碗起名字。“四盘”是用盘子装的四个味道各异的炒、蒸、煮的菜。加到一起，大致是五个热菜，再加上凉菜，总共也就七八个菜，但这是厚席了。

但直到近年，农村仍多有“以食为天”的地区。21 世纪的今天，农村人仍把吃饭请客看作人生大事。前几年，志鹏先生去看他的小姑。小姑立即安排女儿给他们做饭。当知道志鹏吃过饭后，小姑又让女儿给他烧茶。茶并不是指开水或通常喝的茶，而是醪糟或冲鸡蛋汤。农村人待客，一定要让客人端碗，如果没有吃饭、喝茶，对不住客人，客人也对不住主人。茶烧好了，是一碗很稠的鸡蛋汤。志鹏先生吃素多年，本不吃鸡蛋，闻到鸡蛋的气味就有呕吐的感觉。但家人的血脉亲情让他感动，接过碗，头也不抬地一气喝完。

关于吃喝也有喜剧闹剧。

志鹏先生的兄长参军后一度要提干，20 世纪 70 年代的部队提干是大事，政审严格。杨兄所在的部队团政治处派人政审，查到了他准岳父的历史。时光倒流到 1949 年，中华人民共和国成立前，有多事者找那个准岳父农民在内的多位朋友吃饭，说共产党要来了，天要变了，到时大家互相照应。说说就完了，既无文字记录，更无纲领之类的，后来却被人反映到了土改工作队那里，凡是吃过饭的人都去谈话，做了记录。因吃饭时确定说过对共产党和未来新社会不满的话，就把他们定为反动会道门组织，叫什么名字呢？办案的人不能编，得从事实出发。因那顿饭最值得提及的好吃的，就是大块的红烧肉，于是，办案人员就把这个反动会道门组织定名为“吃大块肉”。

吃喝也有纠纷。

杨家祖坟在汉江边，但子孙后来分散，有一支迁到五六里外安家。一开始，那一支的人还来祖坟祭祖。祭祖在祭祀吃喝，涉及主从威福。他们一支想整治迁走的一支，就用棒子打祭祖的宗亲。来晚了，他们说不孝，祭祖的无理辩解，谁让自己来晚了呢？甘愿受罚！然而，他们早早动身，第二年来早了，这一支仍不依：来这么早干什么？难道是来混饭吃！又拿起棒子打。来者委屈，有口难辩，只好再吃棍子。就这样一而再，再而三地整治，来者终于胆怯。虽然来拜祖宗，可这样遭打，谁能受得了？因而也就没有人来了。这边的人傻了眼，带话人家也不来。志鹏先生感叹，一个并不荣耀的草根家族，也有正宗与渊流之分，号称“正宗”者要威风好像不可避免。这样的结果只是自己和家族的败落，大家都做了不肖子孙。

## 四 他们需要钞票，但他们不消费

志鹏先生记忆中的家人也跟金钱相关。

在他的印象中，20 世纪 60 年代末和 70 年代初，农村已成了中国社会最穷的地方。他们老家，社员一天的全部工分只值九分钱，人们常常饿肚子。每当有人拿鞋来钉，父亲拿过一张凳子，让人坐下，自己则拿起提前割出的轮胎胶片，按在要钉的鞋上，比好了大小，割下鞋掌，然后钉下一颗一颗鞋钉，如无杂事耽搁，与来人说着话，十多分钟就能钉好一双鞋，前掌后掌，一共四块，连手工费在内，也就收两角钱。

因此，少年志鹏每周需要的粮食和两角钱的伙食费，对他来说是一个大坎。所要的粮食，母亲常常备好了，但钱是得向父亲要的。在他的记忆里，只有一个过年的晚上，父亲掏出几角钱，给了他一次压岁钱，其余时间，他是不敢在他的面前说起钱的。记忆最为深刻的一次，是初春的一个午后，他背起母亲给他备的粮食——几斤大米和一兜子红薯，去向正在门前干活的父亲要钱。父亲正在低头锯木头，听了儿子要钱的声音，许久不抬头。志鹏实在憋不住了，就又说一声。父亲突然抬起头，大吼一声："不知道干活，只会要钱来找我！"

贫穷激励志鹏寻找挣钱的办法。有一年暑假，108 国道在佛坪县动工了，他们大队的民工分在秦岭大山的磨石沟段。十六岁的志鹏报名参加，随着大人们抡铁锤、扶钢钎，看着点炮眼，四十天时间终于挣得三块多钱。他舍不得坐车，一天之内走了一百多里路，终于在离家二十多里地时实在走不动了，就花了两角钱，坐了一辆顺路的大卡车。因为肚子饿，下了车，就一头扎在路边，大约半小时后才回过神来。

那样的年月，所有来钱的路都被堵死了，只有农民家的鸡蛋是可以在三天一逢的集上出售的。而他上学的大部分用钱，都是母亲用鸡蛋换来的。

这样的家庭环境让人有逃离的冲动。志鹏先生十八岁离开故乡，整整六年不回家，也是家乡给他的印象太苦了。至今三十多年了，当年家人送他参军的场面一直印在脑海里。他的大伯步行追赶几里路，将两块钱塞到他的手里。1974 年的两块钱，是当时农村老家一个强劳力几乎一个月的收入。他的二姑父骑着自行车，从上班的那个水库，赶到他必经的 108 国道上的杨湾坡头，送给他五块钱。当年的五块钱可以买 36 斤大米，是定量只有 24 斤的城市居民一个半月的口粮。

在志鹏先生老家，给儿子娶媳妇要过三关。儿子到了说亲的年龄，或有目标，或准备去找，都得请媒人。如果女方同意，就进行第一个仪式——见屋。所谓见屋，就是女方的母亲或者再带上姐妹，领着姑娘到婆家走一趟，先认认门，看看要嫁的人家的家庭状况。一般人家，女方只要同意见屋，就算基本答应这门亲事了，剩下的就是看男方家愿不愿意出手大的彩礼了。如果太抠门，可能就得罪了女方，这门婚事就有可能告吹。所以，见屋是第一关。男方要舍得花钱，不光舍得给未来的儿媳“见屋”的礼钱，随去的人也不能少，随行的女方的亲属，如姑姑、舅母、姐姐、妹妹，人人有份。至于礼大礼小，礼重礼轻，随家境而定，但要舍得花。见屋这一关过了就是订婚，这一关是真正确定关系的，更要舍得花钱。前面两关顺利过了，才轮到最后一关——娶亲结婚。三关加起来，在 20 世纪六七十年代的农村，花掉的钱够修几间房子，所以家穷些的人家是娶不起媳妇的，山地的每个生产队里都有几个光棍汉。

志鹏的父亲骄傲的是，他给儿子娶媳妇几乎没花什么钱。志鹏的哥哥提亲“见屋”，父亲给未来儿媳的礼钱只是一张十元人民币，随来的姐妹也就一人给了一双袜子。人家没说亏欠，答应了这门亲事。

在那个物资缺乏的年代，十元相当于农村一个壮劳力一两个月的收入。志鹏记得当时给生产队割青草，一百斤青草十个工分，等于一个壮劳力一天挣的工分。而小的毛主席像章值八分钱，是乡村少年愿意用劳动去换的物品。志鹏的小叔有个像章，让他用一个五分、一个二分、一个一分换来了，拥有这外来世界的物品，对一个乡村人来说既“感激”又“兴奋”。

农村社会非商品社会或资本社会，传统乡村文化更是金银本位而非纸币钞票。长期以来，他们对金钱、货币的观念仍是模糊的。以至于钞票取代金银后，农民舍不得用钱，一张纸币在家里放上几年十几年，或者崭新如初，或者发霉变质，或者找不见了。农民用钱的机会少，用则都是大花销。一张一张地挣，一沓一沓地花。老实本分的农民对金钱又爱又恨，他们平时不花钱，只有万不得已如盖房、娶亲、买生活必需品时才花钱。钞票不是他们印的，是城里人的产物，他们需要钞票，但他们不消费。

## 五 生苦、病苦、老苦、死苦

志鹏先生的家人记忆也跟疾病、死亡相关。

志鹏先生的外婆，临终前得了脑血栓，躺在床上，不吃不喝，只留一口气。乡下人对这样的病，几乎没有治疗，他是多年后才知道这个病的名字的。虽然外婆不会说话，但他相信外婆很清醒。

志鹏先生记不清祖母去世前得的什么病，农村人多半不知道老人得什么病。他的祖母在床上躺了至少有半年之久，吃过无数服中药，饮食进得却越来越少，一会儿清醒一会儿糊涂，许多时候不愿多说话。在祖母最后卧床不起的很长时间里，是母亲照顾的。每天除了端汤喂饭外，还得翻身擦洗，吃喝拉撒全靠母亲一人。

志鹏先生的父亲，在县城国营的运输队里拉人力车。当时的 108 国道都是土路，匮乏的物资交流，全凭人力车夫们在山路上奔忙来保障。杨父常跑的那段路，经过金水、酉水两条河。年轻的车夫只知道使力，却不知道保护自己，每每在山路上大汗淋漓时，经过河流就趁机在河里洗澡取凉。长此以往，短短几年，便因寒气入骨而大病一场，至少在几年的时间里，不但不能干活，还得有一定的保养。最后响应政府号召回乡，自食其力，自费养病。

志鹏先生的三叔在航运队工作，公家人，其实就是一名纤夫。干的是卖力气的活，吃的是粗茶淡饭，而且常常因为赶路，吃饭不按时，冷热不在意，由此落下了严重的胃病。

志鹏先生的大姑八十多岁时跌了一跤，胯骨摔断了，因年龄过大，医院不接，大姑躺在床上，不停呻吟。

但在农村人眼里，疾病并非什么了不得的，已经司空见惯了。似乎疾病是常态，故无疾而终、寿终正寝一类才是非正常的，是“前世修来的造化”。生老病死，人投胎来世上就是受苦的。

志鹏先生的外婆在得脑血栓十一天后咽气。小小年纪的他流着泪水，看着大人们将外婆的遗体从睡房移至堂屋，尽管睡房和堂屋只是一间房子的前庭和后屋，中间只隔一道墙一个门，但生死两重天，阴阳两茫茫。

志鹏先生的三叔因胃癌的折磨，身体瘦得只剩下一把皮包骨头。当他看到熟悉的三叔的头部如一个骷髅套了一层松软的皮，完全不是先前的模样，忍不住打了一个哆嗦。临终的三叔，被巨大的恐惧控制着，他睁大了失神的眼睛，惊恐万状地看着前面，像要躲避凶神恶煞的索命，祈求眼前的女儿救命。他紧紧抓住小女儿的手，指甲抠进了女儿手背的肉里，因遭遇骇然变故而扭曲的脸，表情变得极其恐怖。受到极度惊吓的小女儿，失魂落魄，企图甩脱三叔的手，父女俩在同样的恐惧情境中难以超拔，生命在那一刻，遭遇了难以承受的重创。

志鹏先生的祖母去世时，他随父辈和兄弟们去报丧。报丧不但要到祖母的娘家去，而且同姓的家门也得去，五服（五辈）之内都得走到。加起来足有两百多户人家，散在一条山梁上和一条山沟里，娘家与家门，相距十几里路。报丧用了整整两天时间。报丧的队伍有近二十人，最大的是他的大伯，年近六十，最小的是他的堂弟，也就五六岁。每进一家，哭着叩头，然后告知祖母去世的消息。虽然每家重复同样的程序，但必须认真，不能有半点偷懒，否则主人不乐意，只要主人不劝扶领头的大伯，报丧的人都得继续跪在地上。两天报丧的行程下来，他的两条腿已累得抬不起来，居然对祖母去世的悲痛减少了许多。

这一类的人生大事在今天看来不可想象。农村人在随后丧事进行的过程中，还有一道程序，就是全体孝子跪在祖母棺材的旁边，向祖母娘家的人汇报行孝的作为。这一关十分难过，这是娘舅家的人最后一次教训不肖子孙的机会。对于这样的机会，一般人不愿意放过。刚直不阿的老辈，借此教育后辈，如果不行孝，就叫你跪着不起。这样的教训中，也会夹杂报复的成分，把孝子中先前做人太骄横、说话不恭敬或者干脆得罪了娘舅人的小子，拉出来单独点名，狠狠批驳，类似于“文革”中开批斗会。有的人经受如此折磨，会大病一场……因此，这个仪式时间显得特别长。少年志鹏经此看到世态人心。

人生琐碎的苦难，压在家族传人的心上，看他能交什么样的答卷。志鹏先生成为一个虔诚的信徒、使徒，或许跟家族的苦难有关。生苦、病苦、老苦、死苦，他都看到了，也都感受到了。人活在世界上，最重要的也许就是要解脱生死大事，否则生老病死就非经验，而是大苦难。志鹏先生记得，在父亲七十多岁的时候，一次他回家，有一天和母亲与两个妹妹一起去县城，当时是母亲提议的，他们忽略了叫父亲同去。结果他们走后，父亲一人突然转到同在一个村子里的妹妹的家里，在火盆边抱头痛哭。慌了神的妹夫问怎么了，杨父抽泣着说：“儿子是不管我了。”

## 六 解答生老病死的苦难

我在读过志鹏先生的书后对他的家族有很深的印象，因为似曾相识，这是我们最有代表性的农村家族。这样的家族，其实是“失教”的。孔子早就明白，穷苦跟教育无关，所以他说“富而教之”，有条件了才谈得上修养教化。富贵之家各有各的家风，但穷苦人家的家教是相似的，那就是苦难。据说，“苦难是最好的大学”。这话轻巧，仅凭个人的奋斗是很难从中毕业的，人类群体从这所大学毕业也花了几千年，工业文明开启后又过了几百年才真正度过困扰历代圣贤和良知之士的“短缺”问题。

因此，我愿意在志鹏先生的文字之外，再次介绍他的家族记忆，希望富贵穷窘者都能体认我们这片大地上发生过，也还在发生着的个人家族的演进。

一切皆流，世变不居。然而能把握人生、了然死亡的人少而又少。农村人不会如此抒情：最苦的不是生老病死，而是白白地受苦。农村人也不会如此哲理：我唯一担心的，我是否配得上所受的苦难。但农村人中的明达者们，仍以苦难自度度人。

志鹏先生和他家人的生活，几乎可以作为社会学的经典案例。那样的农村生活，几乎几代人难有出头之日。祖父做油匠、父亲做鞋匠，这样的农村人很多，但他们未必能发达解脱。上述的生苦、病苦、老苦、死苦世代延续，千百年如此，在今天已经温饱甚至小康了的农村社会仍在发生。即使是富贵人家，一代创业讲吃，二代讲穿，三代才能讲文章。但杨家人“供”出了一个志鹏先生。他在自己的人生中把吃穿大事解决，又以文章报世，进而以事业功德救世。

我们可以从中分析说，志鹏先生的家族在农村社会不算差。他的先辈知道搬迁，已经较“安土重迁”的农民心理有所变化，“树挪死，人挪活”。他的祖父和父亲都知道在务农做苦力外要学一门技术，跟大部分只知道“面朝黄土背朝天”玩泥巴吃饭的农民相比较，这也要活泛多了。他的家族中多有吃“公家饭”的，这在农村已经算中上之家了。他的哥哥和他自己能够参军，都得益于这些基础。

我们还可以分析，志鹏先生的官运和文运得益于家族的积德行善。他的祖母当年去大爷山烧香，早上天不亮走，晚上还要走夜路才能到家。那么远的路，她小脚走着，很有精神。近百里的来回山路，一个农村妇女在苦难的生活里虔诚地修，虔诚地行。她自己修行，居然对儿孙也有洞察力。临终前，她在杨母的帮扶下坐了起来，拉着小志鹏的手，混浊的双眼里滚动着少有的温情，眼里一刹那闪过一道光，说："娃，好好上学，你将来是到外面务事的人，你会很好的。"当地人认为，老人去世前说的最后的话，具有神秘的权威性，如同皇帝的金口玉言，封侯拜将，一切都会成为现实的。故杨母听了这话要志鹏感恩："快给你婆磕头，你婆给你封得多好！"而对另一个孙子，老人就拒绝"封"，那个年轻的堂弟后来在山西打工，遭遇矿难，据说只是受伤，但矿主不愿承担医治费用，宁愿把他们害死以三万元打发家人了事。

但在跟志鹏先生的交往中，我跟他的朋友一样，起初并未发现他能受"封"。据说他后来考武大作家班时，全国的青年才子们多有参与，参加考试的人相处几天，不少人都没看好志鹏先生。他长得太"农民"了，带着口音的普通话一般人也很难听懂，憨实，做农活应是好手，但抒情、写文章，似乎难为他了。但让同学跌破眼镜的是，被看好的人未考上，"杨志鹏考上了"。我也因此好奇志鹏先生的祖母能在临终前那样肯定地"封"他。

交往多了，我能理解志鹏先生的福慧之深。家族的生老病死无不在他心中，做成了他上路的"资粮"，使他能够行之久远，并达到一般富贵子弟都难以成就的功德。这值得祝贺，也值得我们自己在今后的人生中记取。

志鹏先生的悲悯、同情，其实在少年时代就生根发芽了。他后来费力帮亲友，在当地做公益修寺庙，并把家族人的生活记录下来，他希望自己能够解答生老病死的苦难，并把可行的答案传给亲人。他是一个力行的人。我们一般很少跟父母做深度交流，更少跟父母一起把信仰生活落实下来。但志鹏先生做到了。他多次回家看望父母，鼓励他们信佛，跟父母交流，使父母成为虔诚的佛门弟子。他们身体有病，却常年不得清闲，参与修庙念佛，积德行善。

跟家族成员大部分的病苦、老苦、死苦相比，志鹏先生的父母有了一个舒适的晚年。他们为自己做好了最好的死亡准备，无任何痛苦地悄然离世。杨母在女儿的怀里说着话去世，平静而安详。杨父八十五岁高龄离世时，似乎已经知道自己大限将至，掏出平时积攒的一千块钱，给身旁的两个妹妹做了交代，让小妹妹将来代表他，为五个还未结婚的孙子表达心意，随后就毫无牵挂地离开了人世。

志鹏先生在破执、破相中，仍执着呈现农村亲人的苦相，那些细节，多令人“扼腕”。一般人只想早早忘掉，但如志鹏先生说，所有的生命，大多数情况下，是在这种琐碎中消耗殆尽的。即使那些辉煌的生命，大多数时间，仍然是琐碎的。这就为我们思考生命的真正意义提供了必要性。

# 余家：宏大叙事与从零起步

真正的生命旅程跟时代关系不大，因为它要从零起步，从文明的源头出发，只有在成长的过程中，以个人身心重新经历一次文明史的近乎全部旅程，如此才能“明其明德”，成为“明贤”，以启世正世真，如此才谈得上完全理解并完全实现人类的才能。

## 一 我的愧疚

写了那么多名门望族，经常会想到自己的家族。那感慨确实千端万绪。父母亡故多年，哥哥姐姐也多渐步入退休的年龄，侄子侄女们都参加了工作，很快，侄孙也将出生，我到了做爷爷的时候。时间分秒不耽误地向前，在我自己还任性的心智活动里，世事已经重新调整了秩序。

想到我的家人，心里就有一种愧疚感。不用流行的“海灵格家庭系统排列”办法，就可以知道我的愧疚感来自何处。我从家庭中汲取了太多的资源，成就了自己，却苦了家人。我的特异，跟家人的平凡普通形成了反差。甚至我一度把父母的死多少都归咎在自己头上，而时时警醒自己，我在代他们活着。四五年前，到四川乐山过春节，一个眉山的年轻人听说我到了当地，一定要请我过访眉山。他带我到苏东坡纪念馆参观，他和导游跟我说起当地的一句话：眉山出三苏，草木为之枯。这话让我惊悚不安。难道天地之精华真的可以钟毓到人那里，使草木都失去了色泽光鲜？那么一家人中的特异之人，是否也夺了亲人们的一些才华、精神和命运？

当我看着兄长，甚至看着侄子而无能为力时，我心里就会泛起自责。我觉得我要为他们的坎坷、苦难和穷窘负责，为他们的某种无明承担一份罪性。当然，他们的朴素、清白、自足等特点也是我骄傲的；他们跟我一样无愧于人欲横流的时代社会，无愧于活着。跟他们交流，跟他们分享人生和灵性的“福音”，以使他们从容自信地看待自己和周围，一直是我的梦想。

## 二 随州的文化性格

我的家乡随州，算得上是衰落一两千年之久的国土。有论者认为，随州在秦汉之前的上古和三代，至少有过三次文化浪潮，第一次以上古时期的炎帝神农文化为标志，第二次以春秋早期“华夏第一哲人”季梁的思想为标志，第三次以春秋末期曾国的青铜文化为标志。以现在的史料看，炎帝神农文化是我国农耕文明最坚实的奠基者，至于青铜向黑铁时代过渡时，随州展示了青铜文化的丰碑和最后的辉煌。

汉东诸国，唯随州大。随州确实为华夏文化的形成做出了太多的贡献，只是后来人囿于“时势权力”，看重孔孟之齐鲁、老庄之荆楚、三晋文化、关中文化、吴越文化……随州作为华夏文化的先行者和奠基者，反而被长期埋没了。中国文化史研究及其亚文化地区研究，如果离开随州，大概是非常不完整的。

我也是近年才恍然家乡的了得，也才猜想过家乡给中国文化留下的遗憾。随州文化在两千年前遇到一次千载难逢的机缘，它被赋予了解答“诸侯国家竞争出路”的任务，即亚文化板块或地区小国有何作为。当时是，秦一类的虎狼之国尚未登上竞争的舞台，楚国刚刚有新兴的气象，国际秩序仍是周天子主导下的朝贡国家体系，但地区竞争已经有了苗头。季梁似乎跟郑庄公们一样看到了楚国不可阻挡的崛起，随国完全失去了拱卫大周的能力。既然不能担当屏卫中原的角色，那随国将面临何种命运？在这样的背景下随国何去何从？季梁的办法就是后来人总结的亲民善治，以及得道多助一类的结盟政治，进一步就是谋求中立的国际地位。

这都是当代的话语。事实却是，随国处南北要冲，在朝贡解体、诸侯兼并加剧之时，华夏文化回归以霸以力发言的丛林时代，随国既不能保卫大周，只能做了王霸争胜的桥梁。但从欧洲的经验可知，丛林社会，不仅出产虎狼、羔羊，也出产牛马、大象。随国的千载难逢，就是它可以做大象，或做欧洲的瑞士、北欧等国家一类的和平鸽，在问鼎中原的千年舞台上示范一种和平而有创造性的生存。这个历史任务一旦完成，我们的文化中将会增加难以估量的活力。

遗憾的是，随国虽然为华夏贡献了第一哲人，它的国君却只顾玩乐和雕虫小技，在铁器露头之际，他们还在花大力气在青铜上玩出花样。这种惰性命中注定。史料证实，随国几乎始终没有确立自己的文化主体性。随州先民在春秋时代早期的文化选择是向北拒南，或者说是亲周疏楚，其文化构架中以周文化因素居多。这种向北拒南的文化心态，在其方言中留有痕迹。随州本来地处南国，但其人民却称南方人为“蛮子”，“蛮”的含义就是没有文化。随国晚期的文化选择是去北归南，疏周亲楚。在随州民间流传这样一句话：宁愿向南走一年，不愿向北走一天。

没有主体性的文化无论如何繁荣一时，它都会在“社会达尔文主义”盛行的文明史上退出竞争舞台，甚至消失，成为新的文化沙漠。这就是千年间的随州无论如何盛衰相循，再难以跟炎帝神农时代、季梁时代相比的原因。当然，从我现在的同情之理解，随州曾经的辉煌和难以完成历史给予的机会，都跟它的地缘特性有关。它是丘陵地带，自然资源并不得天独厚，随枣走廊狭窄，缺乏纵深，自足不易，守己不易，因此一旦度过创造性的小农文明早期，它就只能跟随大陆中国的强势文化了。

随州文化的惰性是根深蒂固的。我在总结人生经验时，也经常为自己的懒散无可奈何。因此，在考证“随”字的源头时，我认定“随”字是随喜之象。农耕文化天然有祖先祭祀、土地崇拜，先民剁肉祭祀，把肉撒到地上，有人随喜随祭，“随”字跟“堕”“惰”等“剁”音字相通，即是一例。名者命也，随字命名的地区文化也因此有了惰性、依附性、耍赖，随州人爱说“懒鬼上身”。汉东诸国中，赖国跟随国为邻，其地盘在今天随州的东北，懒和惰正是“一家人”。至于把“随”字猜想成月光下男孩子追逐少女之义，那是作家的想象。

随州文化还有一个特点是实在，难有出位之思。我自己的缺乏幽默感，就认为是地域文化使然，好像我们随州人都是天生老实的。春秋时代，楚国攻打随国，随国国君大为不解："我无罪。"楚王的回答是："我，蛮夷人也。"如此开战了。当年读史，看我们随国一国之主都这样笨实，禁不住大笑。

对一个古老地方的解读，总让人惊叹先人的视野和胸怀。我自己猜想家乡的名字：南是云梦泽，北靠厉山、烈山，山具雷象，泽雷相叠正是随卦。我们也确实多呈老实的随性。如果这一猜想不错，那么古人的时空观及命名力量匪夷所思。而泽雷之象之所以取名随卦，是因为泽雷之象的日子在火雷噬嗑的日子之后，后者是吃喝、交易、起纠纷之象，因此会有人调解，花钱消灾，拿出肉菜来请客祭祀，有人随喜随祭。如此正是"随"字。

我曾在春节期间怀念家乡，写下若干微博，向人介绍随州悠久的文化。

关于上古中国的"拼图"正趋于完整。伏羲氏发现了八卦，而将先天八卦演成先天六十四卦，进而演成《连山易》者，大概是炎帝神农氏。这些部落时代的天才，在千百年的观察、测算中，积累起天文气象知识。有人说，炎帝神农部落作《易》是在随州完成的，随州是《连山易》的诞生地。这类"拼图"虽是猜想，却很有意思。

空间属性演进成人文概念，最经典的莫过于东西。当然，南北没能如此是一遗憾，但资本主义的南方模式多失败，南方几乎是政治学中失败的象征。"高高在上"的"高"也是一例子。高枕无忧不是枕头高，而是位置高。上古人生存以高地为安全，睡觉就成了“睡高高”。随州人爱说，睡了一高瞌睡，睡了几高瞌睡。

方言里藏有远古的秘密。随州人把衣服口袋叫“统卦”，口袋最初的作用是把卦签等统装起来。随州人经常讲“卜”，把碗卜到桌子上，而《连山易》在上古时候是大家耳熟能详的卜算工具。只是几根草棍而已，跟进入野地求生的现代人或特种兵的装备没法比，但先民以此卜算时间、方位和自己的命运，足够了。

方言多是时间中的经典名实变形后的产物。想起家乡话，夸一个人能干是搞得好易索，鼓励自己是凡事做易索点儿。“易索”追溯到两三千年前，因为易经三坟五典八索九丘，能读者极少，“楚之所宝者，曰观射父，能作训辞……又有左史倚相，能道训典……”只有二三子涉猎的“易索”后来成了大家所宝称的方言。

家乡话频率最高的习语在外人面前多难启齿，这个话就是“骚”字。从三代、屈原的《离骚》到南北朝《辨骚》和《文选》中的“骚”类，“骚”是我先民情思表达的形式，骚是歌曲也是思想。后来它被降为贬义，指下流。但我们牢牢地守住了它的情感极致的表达，我们爱说，这事骚好，那人骚造孽……

随州人还有一句话，不识哲。“这个人不识哲。”每次听到乡亲说这话，无论是农村老汉，还是城里少年，说谁谁“不识哲”时，都会让我想起老子的箴言：“知我者希，则我者贵。是以圣人被褐而怀玉。”《诗经》：“哲夫成城，哲妇倾城。”世人之误会和不能交流，使我们只能谨守本分而已——我只知道自己一无所知。

由重、黎来“绝地天通”大概是华人文明史上第一次防火墙运动。从此以后，普通人失去了与天地沟通的权利和能力，他们不能探求知识，只能被给予。随州人的方言中，灶房、厨房被称为“重屋”，是对上古掌管火的祝融氏（重、黎）的纪念。一年到头，人们都难跟老天沟通，只好求灶王爷去跟老天说点好话。

我们从哪里来？我们是谁？我们到哪里去……方言或者空间的边缘地带是寻找答案的途径之一。在这个日益同质化的世界上沉浮，我们会忘记这些本体性问题。随州还残存的方言中，把孩子叫“娃子”（甚至猫狗都称作“娃子”），把外婆叫“家家（gaga）”，把女人叫“女将”，大概是要人牢记曾从母系社会走过。

## 三 没有阔过的余家

把我们余家跟这样灿烂的地域相连，用随州话，叫“沾光”。当然，也跟我向读者介绍自家时的诚惶诚恐有关，我怕余家的故事实在平凡，而先来讲讲家乡的光荣以不使人失望。如果不愿读下去的读者，到此也就可以不用读了。

说实在的，我们余家祖上没怎么阔过，跟随州的光荣几乎两样，而且只有在老实本分、散漫、听话随性的方面跟随州一致。小时候村里人比谁家牛，一是村里大姓当仁不让，二是跟大人物同姓者与有荣焉。记得胡耀邦上台时，村里何姓人都有了光彩——何、胡在随州话里发音差不多。余家在村里只有两家，而且关系一般，自然抬不起头来。在那样一个没有资讯的年代，《随州日报》还没有创刊，村里难得见到一张《人民日报》。父亲却告诉我们，有一个叫余秋里的“党和国家领导人”，只是父亲说，也没求彩，余秋里只有一只胳膊。直到今天，我仍惊讶父亲是怎么打听到余秋里的。

我这支余从哪里来，已经难以考证。父亲十来岁时失去双亲，跟唯一的亲妹妹分开，我那从未见过的姑姑被卖或送给武汉人家，虽然我小时听闻姑姑或表弟的消息，但由于地域、阶层的分别，已经没有了来往。

父亲对十岁前的生活已经没有多少记忆，他跟我们说起自己小时候吃的苦，常常唏嘘感叹，说在山里吃不饱，才跑到畈上来，到随州郊区的枣树湾给人做长工。放牛、砍柴、拾粪，样样都干，还经常被毒打。没有多余的衣服穿，有一次唯一的一条裤子不小心被烧了一个洞，被东家发现，遭到一顿毒打。没有人帮他，村里同姓人家跟他保持距离。因此，1948 年，随州易帜时，他作为一穷二白、苦大仇深的“孤儿”被新政权看中。

据说，有一个解放军的团长骑马来找父亲：“小鬼，想不想跟我走？”十六七岁的父亲没有答应，留在了枣树湾，后来更名为“团结大队六小队”的村子。这一故事应该可信，我后来查随州历史：“截至 1942 年 8 月，随州共建立 8 个县、26 个区、89 个乡抗日民主政府，面积 7150 平方公里，人口

56.3 万。抗战胜利后，1945 年 9 月中原军区于应山浆溪店成立。桐柏战役的胜利，解放了大片敌占区，建立了 13 个县、45 个区、135 个乡爱国民主政府。1947 年 12 月，刘邓大军挺进江汉，1948 年 8 月随州全境解放。1949 年 5 月，江汉区党政军机关由随县双河迁往武汉，即湖北省委、省政府、省军区的前身。”由此可知，随州在湖北现代史上的位置，那样一个人员大流动的时候，如果父亲跟随了那个团长，那该是什么样的前途。小时候，哥哥姐姐说起这事，都叹惜父亲没参军，使孩子们只能跟他当农民。

父亲对 1949 年以前还有一些记忆，“跑匪”是其中一个。他说小时候经常会有兵匪经过，村里人喊一声“土匪来了”，大家就往山里跑。这记忆大概也符合 20 世纪 40 年代随州日、伪、国、共、匪拉锯的政情。1945 年日本投降，随州的日军还在邻村附近的真武庙里举行唱歌联欢……父亲是跌跌撞撞地成长，迎来了红色政权。只是他这个成分最好的、比“贫下中农”还赤贫的“孤儿”雇农，没有跟上时代进步去参军、积极靠拢新生政权，这成了我们亲人间的话题。

当然，还有一件事，父亲从山里到郊区畈上，为什么没有继续向前走几里路，到城里落脚，也是家人经常埋怨的话头。因为从团结六队到随州（当时还叫随县）城里，只隔一条厥水河，到城中心的十字大街也就五六里路。父亲如果能多跑这几里路，跑到“街上”去，我们好歹生下来就是城里人，命运就不一样了。这是哥哥姐姐包括母亲都无论如何想不通的事。我也曾长久地想过这一问题，除了举目无亲，没有技术，到街上谋生艰难外，就是对父亲胆识的判断，他不敢大闯。他跑到枣树湾已经不易，再往前走一步，由熟悉的农村人生活到陌生的城里生活，对他来说太难了。

不做大出格之事，大概是我们家人的特征。我们弟兄四个后来也多少继承父亲的这一做事风格，我们不敢闯，不敢做大的开拓。20 世纪 90 年代初，三嫂就业的工厂倒闭，她想到南方深圳一带打工，征求我的意见，我就坚决反对，现在想来，我也跟父亲一样保守了。后来三嫂跟三哥在随州城一直做早点生意，直到今天也只能维持温饱而已。三哥太老实了，只会拼体力、拼时间，没有胆识扩大规模。三嫂的聪慧、手巧一生也未曾得到大的施展。2000 年后，二哥所在的公司精减人员，一度面临下岗的危险，他咬牙到北京来打工，待了半个月，发现北京不是他待的地方，也就偃旗息鼓，回随州做“生意”了。但他的“小卖部”开张不到半年就关张，他发现自己锻炼不出经商的才能。总之，家人规规矩矩，用随州话说，随大流生活，随不上，也宁愿自己受苦受累。

## 四 枣树湾的生活

新生政权一直没有忘记父亲。父亲分到了两间正房，隔成了一间堂屋、两间卧房和一间狭小的后屋。正房旁是一间靠北的重屋即厨房，正房前是一个十来平方米的小院，外屋则是两间茅草房：一间堆杂物，一间是猪圈。这是当时南方袖珍的院落了。房子位居村中心，就在村里的仓库前面，可见组织对父亲的看重。枣树湾是南北狭长的村落布局，北高坝南出口，西面就是山丘；背西面东的房子，出外屋门两步即是“道场”（打谷场），跟道场挨着的是各家的一小块领地，或者是茅房，或者是堆放麦草的柴草堆；然后是一口堰塘，再向东是地势低下去的田地，然后是大路，是河滩，是厥水河。

我后来到南方，遇到一个自学风水的人，随意聊起村里的格局，比上述介绍还要简单，但他铁口直断：你们村长子的命一般，次女的命也一般。我想了想大哥、二姐，好像有些道理；再想其他几家，好像真是那么回事。读《易经》时偶尔想起，可能是长子的震卦位和次女的离卦位出了问题，一直在受冲受克，而没有补救。枣树可能是补的，但后来砍伐掉了，又在村北修了一道高坝水渠，使得村子败落了。

从易理言，我也属于长子之震卦。我跟大哥的命有相似性，我们都走出了随州，奋斗得“有何胜利可言”。但回忆少年时光，我仍感谢村落房屋给了我开阔的视野。每天早上起来，出门即见太阳从东方升起，俯视低平的道场，看南来北往的村里人从眼前走过，也是一景。

我们小时候常听父母和村里人说枣树湾的光荣，村子内外到处都是枣树，一到秋天，随便摇一摇，枣子吃都吃不完。但我的记忆里，村里好像没有一棵枣树。母亲说，那都是大炼钢铁时砍掉了。村里的大人也都这样说，甚至夸耀。我小时候对自己的村子是很骄傲的，总觉得自己的村子跟别的村子不一样。

从20世纪70年代直到80年代初的农村，仍是“一穷二白”，跟今天边远地区农村的“家徒四壁”隔时成趣，但一无所有的我们居然在众多村子中跟部队沾边。一支代号为“602”的部队驻扎在村后的山上，那山丘本是我们团结六队的土地。我们村获得的福利就是，部队放露天电影时，村里人都可以去看。当然，团结大队的其他几个村也沾光去看。这让本村人多少有些愤愤然、悻悻然。小时候父亲常把我背着或把我举坐在他的肩上，走几里路去看露天电影。老式的放映机转盘、换带，部队官兵的方阵和村民的胡乱围堆，正面看、反面看（电影银幕背面也可以看，只不过一切皆反），风一吹幕布卷动时的画面就会扭曲，放映前常放新闻纪录片《祖国新貌》，电影《地道战》《地雷战》《平原枪声》……这些情景今天回忆起来仍历历在目。

日本名片《望乡》引进中国的时候，因为讲“男女乱搞”，部队不敢露天放，就在礼堂里放给自己人看。这消息不知怎么走漏了，村里的青壮小伙子带头去砸了礼堂的窗户。部队抓了不少人，事情闹大了。但军民鱼水情，因为领头者是我们团结六队的，放人了。部队为缓和矛盾，又放了另一部片子，请了团结大队的老少爷们儿去看。

外面的一切在乡村少年眼里都新奇。部队的红砖围墙都显得比村里烧制的青砖灰砖高级，孩子们翻墙、在墙上飞跑，在里面捡拾或偷铁丝、铁钉，当作废品去卖，一斤也能卖几分钱。但向毛主席发誓，我好像从未偷过。在物资缺乏的乡村，说来惭愧，我第一次吃西瓜居然是跟部队有关，村里常年产的瓜果作物只有黄瓜、花生、红薯三四种，番茄、西瓜、香瓜等得到20世纪80年代后才引进。当时跟另一小伙伴在村后松林里玩，遇到两个当兵的在那里吃西瓜，他们吃得很仔细，把瓜皮扔在地上，我们捡起吃时，没什么瓜瓤，但仍觉得比黄瓜、花生要美味得多。

跟部队有关的大事，是我们村后的一块坡地——“团坡”被部队占了多年，70年代末，部队要在上面盖房，搞“基建”时，发现了一个古墓，即是震惊中外的“擂鼓墩古墓”。当时村里人都去围观，在部队的宣传照片里，把围观中的母亲也照进去了。据说墓里有很多金银财宝，还有很多字，现在的中国人没几个人认得，有一个叫郭沫若的大科学家、大学问家认得，要坐飞机来看。但郭沫若没来成。照片、郭沫若、飞机、科学、古字、学问，甚至金银财宝，这都是乡村少年不熟悉的事物。

我一直想，这可能是推动乡村少年不断走到外面去的原因吧。部队给村里少有的福利，修水塔，从河边挖井抽水到水塔，给部队和团结六队供应自来水，使我们村成为周围乡村率先用上自来水的村子。这些也让人觉得外面的世界比乡村精彩。但遗憾的是，无论团结大队如何改名擂鼓墩村，村里不断有人被招工进城，我们那一带没有出产几个人物，也就是地方官、军官、吃城市商品粮的能人，说明这种城乡军民的强烈对比也没有撼动多少乡民的头脑和心智。村民是因循的、随遇而安的、得过且过的……

## 五 母亲

从今天的眼光看，我们村并不算贫困。在地缘上，它不是偏远的山村，而是郊区农村。母亲也为自己嫁给父亲而骄傲过，一是父亲的身份，虽然没有亲人在村里，势单力孤，但也没什么人情债往还；二就是从山村嫁到城郊，在娘家人面前还是有面子的。

母亲跟父亲结合，对新生活充满过向往。嫁到枣树湾，比起娘家兄妹，生活上了一个档次。温饱一度解决了。就在“三年灾害”期间，周围村吃不饱，饿死人，但枣树湾种的山萝卜（红薯）年年丰收。母亲说，那时山萝卜堆在道场里，堆成山，小娃子都把山萝卜当“得螺儿”踢。她个子高、聪明、漂亮，跟“男将”们一样能挑重担，村里人说起她：“王大个子儿能干啊！”

组织安排父亲当农协主席，也在全国扫盲运动中安排母亲去识字，但母亲却对识字没有积极性，她学了几个月，认识的字还不如父亲自学认得多，她没能作为扫盲代表。母亲似乎郁闷过，但她很快调整过来，觉得那应该是男人的事。她更多地寄望于父亲，却对父亲一再失望。当组织要安排父亲当生产队长时，父亲退却了，他晚上回来跟母亲商量，母亲一言不发。后来她骂父亲，没有胆，泥巴扶不上墙，她要是个男人……

母亲求我们好好读书时，倒是承认自己吃亏是个“睁眼瞎”。很奇怪，她在我们面前抱怨父亲滔滔不绝，但跟村里人吵架却笨嘴笨舌，她教育我们的话也不多。倒是父亲经常能跟我们讲讲故事，说说笑话。母亲虽然在一旁听得认真，但笑过后仍会批评父亲“没正经”，只会在孩子面前信口开河，很少在村里、在会上讲话。母亲说，沉默是金，要么不开口，要么开口就说得板上钉钉，结结实实。父亲经常被母亲批得很“无趣”，这妨碍了父亲的发挥，也妨碍了我们兄弟姐妹们对讲话的爱好。父亲晚年的时候，话日渐少了，实在想跟母亲交流时，也就在一边以自言自语开场。几个子女的口才都差，不爱说话，不会说话，母亲后来也着急，但已经无可奈何了。

母亲其实是能说的，在丈夫、孩子都开不了口时，她无惧于外人、城里人、干部们。以至于二哥做生意时被城管没收物品，二哥不敢去要，催她去说，她还真说成了。母亲很无奈，把孩子养大了，还要去为孩子奔跑。

我在《母亲的功德》中介绍了母亲的奉献、自足、对美好生活的向往，却多少漏写了母亲的抱怨、随性。她任劳而少任怨，对生活的艰难、无奈无望，她无法憋在心里自己消化，多少发泄了出来。跟父亲一样，她爱干净，却也时而用心，时而随便。即使她后来住进城里的楼房，收拾屋子也会经常敷衍。这多少影响了我们兄弟姐妹的人生习惯。培养一个好习惯不容易，等我们后来多少明白时已经晚了。

我是在不断的反省和观察中，理解了传统中国的圣贤们直到农耕文明晚期，还把洒扫、进退、应对当作做人的基本学问，把律己治家当作每天的“日课”。比较起来，作为父母亲的子女，我们是失教的，“放养的”，我们的家庭环境太散漫放任了。

我爱母亲。不过，在跟侄子侄女们交流时，我多次称道父亲的才华。我对他们说，你们的爷爷是余家人中最有才华的。他也曾对生活有很高的要求。夏天的黄昏，收工后，他会把门前的土台及台阶下的道场都打扫得干干净净，再洒点水。在落日余晖下，我们把饭桌搬到道场里，一家人围桌吃饭。晚上村里人多半要到道场里支床睡觉，我们也支几张凉床，躺在竹床上看星星、听故事。秋天，父亲会把茅草房翻盖一新，新屋顶上稻草的清香十天半月都不会散去。冬天，他则会打点家具，虽然无非是从山里买了几根木头做成桌椅，或用废铁去打一把锄头。

父亲对母亲也有抱怨，他最多的抱怨是说母亲出身贫农，却像个“大小姐”，不爱干活。干活回家，他会说家里这没收拾，那里也不干净，饭也没做好，他饿得要命。母亲就委屈得要命，会把她在家干的活数落好几遍，并说父亲在外能干，在家是“老爷”，衣来伸手，饭来张口。他们相依为命，却苦于怨于难以养家糊口。

直到今天，农村的返贫仍是一个问题。我们村在 20 世纪 60 年代没有饿死人，但到 80 年代初仍未解决吃饭问题。我说过母亲有几个冬天经常不做晚饭，我们饿极了才知道去睡觉。母亲对生活的失望，也是因为她没想通何以如此：年轻时村里都不穷，别的村劳动力一年的口粮定为 360 斤、300 斤时，我们村就有 450 斤、420 斤了，我们接济过亲戚，但到 80 年代一度也降到300斤，以至于冬天没有余粮。父亲只会“死做”，一年到头，仍解决不了全家温饱，且经常给她气受。母亲绝望时经常睡在床上不起来，任凭我们跪在床头求她。我后来看材料，说中国农村妇女是自杀率较高的群体。只是到晚年，她和父亲皈依了基督，她的精神世界才略为好一些。

## 六 父兄

父亲在组织和子女眼里“不上进”，但他的勤劳吃苦在村里都很受称道。我们也都承认他的勤劳，他眼里全是活路，一天到晚只知道“做活”。但他的交往能力不差，没有嫡亲的亲戚，居然认了几个亲戚。我小时候看《林海雪原》《奇袭白虎团》一类的小人书，就是在磙山的一个姑父家，姑父一家后来搬到丹江口，还给父亲写过信。另外一个姑父在安居镇的村里养蜂子，蜂蜜的美味也是小时候即尝到了……

父亲善于学习，从“大字不识一个”，到晚年他至少认识上千汉字，等他做基督教会“管账的”时候，已经能抄写《圣经》、圣歌。他对文化有天然的敬畏，“敬惜字纸”一语是他教我们的。每年的年节，尤其是春节，他过得慎重，把学来的文化习俗或礼仪规矩一丝不苟地实行。我考上大学时，他带我到村后山坡上烧纸钱，向列祖列宗通报，感谢“祖坟冒了青烟”……

20世纪80年代后期，村里的田地大部分被政府征用，父亲遗憾他那样的“种地能手”无用武之地了。他喜欢三哥，因为三哥继承了他这方面的特点：舍得出苦力、会做农活儿。村里人开始从“粮农”向“菜农”转型，父亲是转型最为成功的，他种菜、择洗菜，到街上去卖，做得极为利索。印象中父亲几乎没帮母亲择洗过菜，但父亲对第二天早上进城卖的菜，择洗得极为认真、用心，那是他晚上和早上最重要的大事。他卖菜也快，晌午时就拉着板车回来了，后来是蹬三轮车。会有一两把剩菜，以及割的肉带回家，还有大量的角票、钢镚儿……

当然，父亲这样典型的农民受组织的恩惠非一件两件。大哥十几岁时当兵，二哥从村里的民兵连长到进城当工人，应该都得益于父亲。我后来查证，那个时代，国家从农村征兵，参军的农村青年除了“根正苗红”，仍得益于父母在组织里的印象。而村里有一个名额进城当工人时，父亲连夜赶到舅舅家，把在那里做客的二哥叫回来，抓住了机会。这一“机会”后来看并不算好，因为村干部的地位很快直线上升，大小是个干部总比工人农民好。但用母亲的话说，父亲心里一直“傲得很”，一方面靠组织，一方面厌恶“干部”，他宁愿自己的孩子清白一生。

除父亲外，我大哥就是家里的顶梁柱了。只是我大哥，一生命苦，可叹。

大哥心细、孝顺。还在读小学时，父母两人挣生产队里的工分，要养活一家八口太难，他就不愿读书，要回生产队劳动帮家里挣工分。20世纪六七十年代，村里男劳动力一天九分十分，女劳动力六分七分，大哥挣工分，也只能算半个劳动力。这些工分加起来，一年到头，也就几十元钱。为这几十元，村里人还会争论，谁的工分评高了，谁的评低了。据说老师追到地里去，劝说大哥去上学，他成绩好，有前途，但他流着泪拒绝了。母亲每次跟我们说起大哥这一段，都哽咽不已。

后来村里有征兵的机会，他就去参军，到河南平顶山市当兵，而且要当志愿兵，据说这一兵种不用担心四年复员，可以长期待在部队。他难得回家，但经常把省吃俭用存下来的“津贴”寄回家。大哥寄给“父母大人”的信，总是先在村里人之间传看，再由村里识字者读给父母听，后来是我们读给父母听。他的字写得工工整整，尤其是信封上的几行字，那种仿宋字写得真是好看，村里人说“像印的一样”。

大哥也给村里人谋过福利。河南产煤，他曾经运过一卡车的煤开回村里，让村里分了。而我小时候也比村里小伙伴更早地吃到“蛋卷”“压缩饼干”……眼睛近视后，大哥想办法给我买“鱼肝油”。大哥只是偶尔向我们透露他的辛苦，他归属总参的测绘部队，经常到山野中搞测量，风餐露宿。地方上遭灾，他们又要去救灾。河南的几次“发大水”，淹死了不少人，他们第一时间去救人，说在泥水里看到小包包，捞起来，就是一个个蜷曲的死人……

也许出于长远考虑，在部队干了十多年后，大哥一直没有谈恋爱，而是由父母帮他在随州找对象，后来的大嫂去部队探亲几次，两人就成家了。大哥在部队“进步”很快，他提了干，入了党，并以小学未毕业的文化程度自学了大学课程，拿到了大学函授文凭。他本来可以留在部队，甚至转业到平顶山市工作，但他希望就近赡养父母，就回到了随州。哥哥姐姐当然高兴，希望沾光，虽然因为村里土地被征占，“地带工”，他们都进城当工人了，但他们希望大哥这棵大树能帮他们在城里找到更好的工作。

我考上北大的1986年，大哥还在办回随州的手续。我无师自通地给生产队写了一封申请书，希望得到组织上的补贴。生产队为此奖励我一百元，干部们到我家来喝酒，大哥也赶了回来，要送我上北京。我给干部们敬酒喝醉了，大哥把我送到武汉，自己又赶回部队。

后来就听说大哥回随州工作了，大嫂也调回随州。生活好一些了，但舒心日子没几天，新问题就来了。他看不惯单位领导的腐败，对自己的工作也不满意，一度要写举报信，征询我的意见。对我要从事文化、做一个“批判知识分子”，他不赞成，说他知道鲁迅是这样的人，但没什么好，鲁迅死时瘦得剩下几十斤。十多年后的新世纪初，大哥去世多年，二哥也跟我谈起，做鲁迅有什么好，为什么不做胡适？据说随州圈子里懂点文化的人，多知道我成了“鲁迅”或“鲁迅的传人”。

大哥大嫂的去世归因于某种蒙昧，或节俭的习惯。人们用煤气罐做饭，一罐气快用完时，点不出火了，大家都会摇晃一下罐，因此又能做一顿饭。大哥经常这么做。有一天黄昏，他们在家做饭。打不出火了，大嫂要大哥去换煤气罐，大哥懒得去换，也为了省钱，就去摇晃。打开煤气阀，因为暗，他去拉电灯绳，电灯亮起的一瞬间，煤气罐炸开，他和大嫂都重度烧伤。送进医院，随州医疗水平没有把握，一度要转送武汉，但伤势扩散，二人先后去世，留下未成年的侄女、侄儿。

我回到随州赶上了见大哥最后一面。村里人也遗憾大哥的命苦，称道大哥是村里多年来少有的人才。大哥的户籍不在村里，村里人仍接受他魂归故里，他年轻时外出参军，跟村里人一二十年不见，那些年长的叔叔伯伯仍为他抬棺、送行。

大哥死时，哥哥姐姐们都哭了，他们大概意识到自己一生的处境难有大的改善了。父亲、母亲的绝望更是深重。我后来才明白，大哥的死，使我们本可兴盛的余家败落了。父母日渐老迈，新一代顶梁柱坍塌了，这对一个家族来说是致命的。我后来看过不少家族的命运，每一代人中得有一个主心骨，得有一个任劳任怨的“家长”或“主事者”。我自己没能尽这份责任，二哥在家成为“老大”，但他在“上班族”和“老大”之间摇晃，没能做好任何一个角色。我后来感慨胡适，为其写上联：“以少子命行长子运，可否托付天下？”多少有自家身世的感慨。

## 七 明贤启世正

白发人送黑发人。父母的心气儿垮了。他们信仰了基督，在城市化加剧、农村社会日益衰败、“三农问题”突显出来的近二十年来，他们算有了相依为命的“兄弟姐妹”，但他们自身却如燃灯，到了油尽灯枯的时候。

晚年的父母过得不够舒展，虽然温饱早不是问题，教会的兄弟们给了他们亲情、温暖和年轻时的友爱，但他们灵性的探索未曾得到满足。除了抱怨子女们“没出息”、不够“孝顺”，他们看不惯“世道”了。世道变了，父亲说。他要我给他找相声听，让自己开心一些，但很失望，现在的人说相声不好笑。世道变了，母亲问我，难道说，这世界水还要节约，老天爷每年不是给了那么多雨水吗？她对我辞去国家公职不理解，亲友问起，她只好说：我们家的儿子最看不得人家给他送礼，宁愿不当官……我有几年春节回随州，随州的官员开车送我返京，父母还是很有面子的。

但我实在混得“每况愈下”，后来拒绝一切体制工作，也就不再跟他们谈论我的工作。当初，父母曾到北京跟我认真询问，为什么我一个北大的，毕业多年，不搞政治，也不挣钱，图什么。我跟他讲起文化人的追求，讲起“铁棒磨成针”“床前明月光”的李白、念诗给老婆婆听的白居易来，父亲说他懂了，但母亲没有作声。我后来经常安慰他们，你们的孩子算是孝顺的了，也就是太老实，自己还没活出来，有些顾不上你们。母亲就会回应：是啊，世道这么乱，我的孩子我清楚，不会“为非作歹”，不会“造拐”。在这个“卖拐”的时代，父母亲对我们还算放心。我后来也一度想过，哥哥姐姐勉强维持生计，也许不算坏事，因为他们是清白的、自食其力的。跟郊区农村城市化后的种种怪现状比，他们的这一生也算尽命了，本分、老实，没有受多少时代、社会的“污染”。

让人心意难平的是，侄子侄女们读书多平平。也许他们的学习天分仍由我提前取用了一些，以至于他们今天在底层的打工世界挣扎。这也使我多少有些抱愧。在大理生活期间，我一度考虑“带一带”侄儿，让他到大理去读书，由我负担生活费。我指定他半年内熟背《孟子》，每天抄写几段，背诵几段。但由于生活变动，我回到北京，而把他留在了大理。他三个月左右背完《孟子》，并抄录了几遍。据在大理生活的朋友、高尔泰先生的弟子张心武先生说，侄子的学习还是很有效的，侄子跟他讲起对孟子的理解有些“匪夷所思”，也让他受益。

侄子侄女们的成绩也曾让父母叹气，但他们见到侄子侄女们仍是开心的。他们愿为儿孙做牛做马，只是不知道如何教育。“失教”的现象仍在继续。我回家乡时，跟哥哥姐姐们聊起小一辈人的教育，也是空洞得要命。大哥大嫂去世的阴影仍笼罩着一大家人的生活。唯一让我宽慰的是，他们不会做出格的事，他们能够“活着”。而父母身上对生活极境的好奇和追求，在他们身上也消失了。我们家，仍是底层社会最普通的一家。我总结父母的一些优点、美德，并没有成为我们家的家风，我们家人多随着性子生活，很少超拔，很少相互提醒、扶持、校正。

父母晚年有更多的余闲关心终极，他们似乎一直跟常人不同，对“时代”的追问，发展的危机、现代性的危机，也在他们观察的范围内。记得父亲走进西直门地铁站时，连声向母亲感叹，这总要人来做人来建，这都是人的力量啊！而母亲在大理的基督教堂和天主教堂，也一再感叹，主是好的，主没有忘记我们……但时代万花筒般的热闹，已经为他们难以理解，他们也想不出答案。他们先后离世，走得或留恋，或弃绝，都回到天国，主的怀抱。让我常常彻夜难眠，生发椎心之痛。

母亲一支的家谱已经忘记，她名叫王先英。父亲年少失怙，却牢牢地记住了家谱，虽然只剩下五六个字，明贤启世正，或明贤启世真（后知是祯，但余家人多以正或真为名），五字一句，下一句起头的是功字辈。这是我们余家的家谱。做世上正直的人，做世上真实的人。这算是余家先人留给我们的训言。父亲名叫余启发。他给三个哥哥取的名字是世洲、世国、世村，给两个姐姐取的名字是世翠、世兰。人们都说，他把最好的名字给了我，世存。但他自己说，到世存后，他想不出来了，才这么叫的。

我曾经猜测父母的远祖都曾经“阔过”。除了家人的品性、神态，他们晚年得的“富贵病”也是一条线索。母亲患“糖尿病”，很受罪，不敢吃糖、甜食，她百思不解，一辈子都没怎么吃过甘甜，怎么得这种病？还有一个不解是，她说，现在的科学这么发达，这么一个病怎么都治不好呢？她晚年变成了小老太太，我牵着她的手在北京多家医院就诊，每次医生开的药方都不太一样，却也大同小异，让她失望至极。至今犹记牵着母亲的手在中日友好医院附近过马路时的情景，她说别买药了，又贵，又没得用，说了也就一言不发，任我去抓药买药。

父亲临终都不知道让他时常疼痛难忍的病是“痛风”，我被诊出这一病时也纳闷，没曾大吃大喝，怎么得了这种“富贵病”呢？医生明确说，你的病多半是家族遗传。打电话回家，才知道父亲生前经常关节肿痛。他得这种病也是冤枉，他一生敬畏鬼神、小心谨慎、劳动强度大，吃喝上不曾过量过分，居然得了“痛风”，大概也只能归结为某位先人暴发过富贵过也糟蹋过。父亲后来皈依基督，跟他的这一无名之痛有很大关系，据说教会的兄弟姐妹在他关节痛时都一起为他祷告。

余家确实有过光荣。据说我们是从随州淅河余家畈移出的一支，查余家畈，全国各地很多处，可以猜想余家人的“辉煌”。余家人喜水，“离家不离水系”，父亲没有跑进城，而落脚枣树湾，也许也跟村前有一条河流相关。淅河余家畈的同宗，辈分比我们家多要低一些，论辈分我到那里是祖父辈高祖辈。就在写作本文的前几天，遇到一个本家功字辈的副市长，论过出生地，他就连称我长辈，唤起人血脉相连的感觉。这次写《家世》，查找余家家谱，康熙年间，余家的“拱北公”率众撰立的谱诀是：“大德光先绪，明贤启世祯，功臣为国鼎，泽永应隆兴。”仍让人纳闷，务农几百年了，家谱怎么搞得这么“宏大叙事”；只好自嘲，我们有着“阔过”或发达的先人历史。

我被查出“痛风”后，二哥也被查出“痛风”。遗传说已是定论。如果把某些病痛看作“业力”，我们确实遗传了先人的光荣和罪性，我们人生的努力得“消业”。

## 八 从零起步

把父母亲人这样略微回忆一次，尽量平复心情，希望冷静、理性、客观，不虚美，不隐弱势浅陋，中间仍有几次潸然。小时候写过“家史”，跟父母一样“忆苦思甜”，感恩“生活在新中国，成长在红旗下”，遇上了好时代。但真正的生命旅程跟时代关系不大，因为它要从零起步，从文明的源头出发，只有在成长的过程中，以个人身心重新经历一次文明史的近乎全部旅程，如此才能“明其明德”，成为“明贤”，以启世正世真，如此才谈得上完全理解并完全实现人类的才能。但这样的人太少，因此我们中国人爱说中间链条。父母说自己，他们就像渡船人，把我们渡到河岸，把我们放到光明、温暖、幸福的世界里去。

家族信仰在全世界都有意义，只是很少有我们中国人这样悠久厚重。曾经翻阅儒门孔家世系，孔子后代至今七十多代人了；也翻阅过道教张天师世系，传承有六十多代了。他们的继承性一目了然，有趣的是，孔家人多不长寿，张天师家人多活有望百高龄。这大概也跟遗传、心性相关。血亲的本质究竟是什么，宗族礼仪的功能究竟是什么，现代科学应该能够给予解答。医学中已经把信力、念力接纳进来，社会学也观察到家族行善的功效。家族传承，其中之一，即在理性、功利的社会上为世界的神秘、人生的信念留下余地，让我们珍惜生活，慎终追远，继往开来。

家族的意义、亲人的意义在这种继承的层面上显现出来。

后代人要记住前代人的经验教训。也是出于这个目的，我回顾亲人的生活，并希望侄子侄女们能够读到这份并不完备的总结，希望他们能够继续这份人生世代的答卷。自然，也希望读者，能够多少从我家人的生活中获得教益。

2013 年 3 月北京

# 附录：母亲的功德

# 一

我的不忠不孝大概也是出了名的。关于前者，跟其他要素一起，导致了《中国不高兴》，以至于编词条的人在我的名下写上一句：中国精神的最大破坏者。对后者，我尤其负疚。想想我的父母亲，年老体弱，在小地方——那个熟人社会里孤独地应对每一天的生活，仍要做饭、洗衣，仍要面对熟人的盘问、攀谈，我就想不下去了。父亲走后，母亲的活路更重，她独自抚养侄儿侄女，直到去年他们全都走上社会、开始工作，母亲才算是缓了一口气。

我把母亲接到大理来，曾有一个月的时间，太太去维西一所慈善学校支教，剩下我们母子两人相依为命。除了洗衣，母亲完全依赖上我了。母亲固执地要自己洗衣，她甚至为我想到了怎么方便晾晒衣服的办法，比如在太太的秋千架上搭了一根竹竿。她个头儿矮，够不着晾衣的铁丝和竹竿，但她总会想到办法晒衣服。除此以外，母亲就无所事事地坐着，她坐在那里，可以坐上一整天。劝她到外面坐着，她就老老实实地在院子的凉棚底下坐上半天，直到我叫她进屋吃饭。母亲执着于自己一人静坐、自绝于外物的态度让我很无奈。我有时候就想到前辈作家何士光在他那感人的作品《日子》里对祖母的描写，一个每天自己了却光阴和心思的老太太，一个似乎糊涂其实记忆惊人的老太太，我的母亲就是她那个样子的。

我是这两年才意识到母亲的老朽的。她像一台过度消耗的机器要散架一样，身体完全不行了。她的牙齿掉光了，戴牙套不习惯就放弃。她有多年的糖尿病，她一直喜欢吃甜品、水果，只能偷嘴，或偶尔我们让她吃一点。她跌倒过几次，被车撞倒过一次，后来就恐惧走路，说自己像个瘟鸡子，倒霉气的，在外面丢人现眼不说，还走不动路，走路直打飘。让她在家里多活动活动，她也就听听而已。早上如果我不叫醒她，她会一直睡到中午。我奇怪她那么嗜睡。有时劝她出去走走，她总是说"懒得动"。我开她的玩笑说："你怎么人到老了，毛病都出来了，又懒又多瞌睡？"她就笑，自己也奇怪："是啊，我以前不是这样的。"她的饭量小得可怕，如果我中午强行给她碗里多盛了饭菜，她默默地吃完，晚上就不愿意再吃饭了。

想想就是前几年，母亲带着侄女到北京，把侄女郑重地托付给我，尤其是我的太太，那时她似乎还有心气，还有一点劲头，但这两年似乎完全没有了。她对儿孙们的变化情况是知道的、参与的，但她并不看重。我有时候在电话里对她开玩笑说"有好事啊"，她会说"有么好事哟"。她对人生社会似乎厌倦了。"世道太乱。"她经常说，"活着有么意思啊，活着没意思。"

## 二

母亲的消极让我不安，我左右劝她不动，只好抬出她信仰的基督来。我说："你怎么信的呢？信主，主是要大家喜乐的啊，主是要大家每天都感恩、快快乐乐的，你怎么能愁眉苦脸的呢？"母亲就笑。后来我说多了，她就沉默了。

母亲确实是信仰着的。记得当年她跟我讲主的恩典时，啧啧称道主为大家做的牺牲。当然，她的理解并不多。她说一个兄弟姐妹的好时，总是说她或他真的像雷锋一样。她的青春壮年是在一种"毫不利己，专门利人"的宣传中度过的，她自己也实践了那种精神。讲起当年她像男人一样从城里挑担回村里，在生产队里干男人们才干的活，抢种、抢收，母亲就有一种光芒。她相信基督，因为她知道这种舍己救人的存在事实，她相信基督的精神。

但母亲跟我一样属于笨嘴笨舌型的人，我们开不了口。母亲一度劝身边的亲人信主，只会说："主是有灵的，主儿灵啊。"我把母亲带到教堂里，她会仔细观察一阵，然后确定是不是跟她信的一样。她很愿意走教会，我们也劝她走教会，但她身体不好，走不动路。我们说："你可以坐摩的去。"她还是说："走不动。"因此她这两年去教会少了，以至于教会的姐妹们来家里陪她一起祷告。

只有谈到主，母亲才不那么消极。我给母亲的教会送过有关教会、基督生平的纪录片和影片。在教会做事的父亲去世后，我还要二哥给教会捐过一笔钱。相比之下，父母亲也确实在教会体验到了一种身心的自在，那是跟我们亲人在一起都未必有的。母亲对她的腿脚不好很恼火，她寂寞的时候，也会跟我说，等她腿脚稍好一些，她还是要走教会的。我听时也像她一样期盼，只是知道那是希望而已——她已经走不动了。在大理的村子里，她曾经让朋友的“儿子”小狗球球牵着走丢了。那一夜把我们吓坏了，报警回家后，认识到错误的球球才把老太太带回来。母亲说，她拉不动球球，球球只顾在前头跑，她只有跟着，不敢松绳子，又拽不动球球，小狗的力气比她大；她后来坐在路灯下，生气地跟球球说了很多话，球球才晓得错了，把她领回家。大家虚惊一场，我听了一阵心酸。

## 三

太太总说我母亲一生可怜，要我好好照顾。可是，我怎么能照顾好她呢？买的用具，教会她了，她有一种孩子式的高兴，但很快她就没兴趣动了。给钱几乎是白给。记得有一年，她强把一万元钱塞给我，让我带回北京，说是我的钱，她留着没用。吃的、喝的，端到她手边时，她几乎都是本能地拒绝。

她希望跟我们聊天。但我实在没有精力，也不懂事，没有兴趣听她聊。因为她一说起家长里短，就勾起我的情绪。我会批评她说：“你这话说错了。”我后来想，其实她没有伴了，街面上、村里的人她多半是不愿聊的。我姨偶尔去看她，她们把开始的话聊完，也就没有什么话了。母亲要聊天，只是自己想说话而已。但她想得不多，聊聊之后，看儿子没兴趣，也就不聊了。她不像父亲，会逼问我混成什么样子了，什么时候要一个孩子，等等，母亲从来不问这些事。她只是说过一两次，为我担心：这么多年没有工作，怎么办？我安慰她说："没事的，我活得很好的。"

母亲对这个世界没有了兴趣。我一度把动物风光片子放给她看，她看了也就看了。不像父亲，主动找我要中国最好的相声听，父亲希望听见自己的笑声，结果我找了一些，父亲奇怪，这些相声不好笑。母亲要淡然得多。只有一次，我们去山里的一个风景区，走到半山上的石级上，母亲才感慨，原来真有这样的地方。但那次把她害惨了，她走得脸色都变了，吃的东西都吐了。她把到风景区当成一次福报，既有福，又有报应。

## 四

母亲固执地生活在自己的世界里。儿孙们的工作，她也上心，但过去就过去了。欠她钱的儿子、孙子、亲戚们，她会跟我说一句，也就不再管了。这两年，郊区农村福利有所改善，母亲每月也有一些养老费了。大家给她算账，说她就算都用来吃了也吃不完。她不以为意，甚至账都在儿子手里，她并没有感受到自己拥有什么钱。这迟到的一点补偿，她已经感觉不到其中有什么意义和恩典了。当年她奉献青春的时候，在国家最困难，比如“三年灾害”的时候，我们村都能够糊口。后来超经济盘剥严重了，我们村反而吃不饱了。我小时候坐过那种交公粮的车。大人把最好的粮食收好装好，兴奋地进城缴给国家。我被大人带到车上，到验收口停下来，就有公家人、所谓国家干部拿一块三角铁一样的尖器，插进麻袋，再抽出来时就带了不少粮食，据说是查验粮食等级的，大人们看到公家人都肃然、诚惶诚恐。到 20 世纪 80 年代初，我们家还饿过饭，冬天一天吃两顿几乎是常事。

我母亲因此后来不相信勤劳致富，她相信了命运，相信了主的安排。大哥大嫂去世后，她和父亲更是感受到了生计的艰难，以至于她一度在街上捡垃圾挣一点钱。直到今天，我仍能理解母亲那种生存飘忽的心情，因为那也是今天的我的心情。虽然婚后仰仗太太较多，但无论表面如何潇洒，我内心里仍是不安的。毕竟我希望能为朋友，尤其是年轻朋友示范一条可行的生存道路，在没有找到前，我心里一点也不踏实。

可以说，母亲到最后几年，把侄子侄女送上社会后，经济条件略有改善时，就停止了消费。她消耗不了多少，但她仍主动地拒绝了消耗。她认定了这个世界不值得留恋，这个世界太污浊；她累了，想早点走。只是她想走却一时走不了。儿孙们没有出息，不能陪她、照顾她不说，还不断有事要烦她。

她从大理回去后，一下子更老了。用侄子的话说，老糊涂了。是的，一个老人，一天吃不了二三两饭，走不了一里路，只是坐在家里了却光阴而已，怎么不糊涂呢？她做香肠忘记了放盐，十几斤香肠白做；她要洗的衣服放在盆子里忘了直到发臭；给她烧好的饭菜，一天下来，她都没吃一口。我因此在两个月之后的元旦赶回家乡，陪母亲一周，看看情况。她确实更消极了。侄子怕她用电器坏事，不让她做饭烧水，她在家更没事做了。每天就是睡到不能再睡的时候，起来熬天黑而已。

我实在太伤心了。我教过母亲，坐着可以做做简单的动作以活动手脚，她说已经忘记了。我说："你就每天念主祷文吧。"我陪着母亲在家念，每天念诵。母亲念诵几遍后，就住声听我念。我说："你没事就可以念的。"母亲记得主祷文，她曾经半夜里为各种烦恼祈祷过。"我们在天上的父，愿人都尊你的名为圣。愿你的国降临，愿你的旨意行在地上，如同行在天上。我们日用的饮食，今日赐给我们。免我们的债，如同我们免人的债。不叫我们遇见试探，救我们脱离凶恶。因为国度、权柄、荣耀全是你的，直到永远！阿门！"

有一天，我和母亲坐在一起念主祷文的时候，姨来了。我在一旁听她们聊家常，最后说到了死，我听出母亲真的不想活了，孙子也大了，没什么可留恋了。但姨劝她，要吃好喝好，才能走好。姨还说她去算命了，像她那种身体才会说走就走、干脆直接，否则吃不好，也死不好。母亲听着不言语。

# 五

我离开家乡的时候，心里非常黯淡，总想找什么人倾诉、宣泄，想想母亲的状态实在是焦虑。当我把母亲的状况跟朋友谈起的时候，一个有经验的朋友当即说："从医学的角度看，你母亲已经是典型的老年痴呆症了。老年痴呆症是世界性的难题，像她那种情况，可能会拖得很久，让亲人苦不堪言。"我想起自家的状态，哥哥姐姐们的状况，只能叹一口气，听天由命了。在煎熬中，我甚至想，是否需要我每天祈祷一次呢？

但也就三个月的时间，4 月 15 日下午，哥哥打电话要我回家，说母亲不行了，昨天还是好好的，早上起来还帮他搬砖，一脚没踩稳，跌了一跤，就昏过去了。医生看了，脑溢血，没救了。

我第二天傍晚赶回家，五点多到家，看到母亲躺在床上，跟三个月前完全是另外一个样子。死神在屋子里伺守着，母亲艰难地吐还给世界最后的气息。我喊母亲，不断地喊着母亲，母亲似乎没有力气回应我了。十多分钟后，她就走了。

我在无人闻问的老年，受尽污染
为求证麦田、河水、道场和青春
而听从十字架的教导
以信仰做成我的余生

爱的种子，死而复活的真理
像擂鼓墩脚边的野花
我在内心里等待美和爱的日出
像年轻人看见的晚霞
末日还未来，四海的兄弟姐妹
仍在开结自己的因缘
我听见他们灵魂的哭声
他们的身体为锦衣玉食充满
没人愿意在哭声里停留太久
我于是祈祷信仰的日子
在小康的大地上漂流
像无能自立者，像叫花子
看到好人在泥泞里挣扎
我就悲悯，跟着受罪
看到城市和罪人们无知无识
我就默默地忏悔
我来过，我记得，我爱着
我曾是乡野间的一株植物，
尘土回到了尘土，天国的回到天国
神知道我的幸福

——代母亲游思

## 六

我自责，又在心里为母亲高兴、庆幸。我相信我们母子的心是相连的。就像我跟父亲对视一眼，就明了彼此相同的才华，彼此对这个世界都怀抱的爱、谦卑、悲悯一样。我跟母亲交流不多，但母亲知道我知道她，母亲也知道我。我们都知道自己生此一世的命运。

我为母亲高兴，因为我坚信母亲安排了自己的生死。从世俗的角度看，母亲一生清苦，但她养育了六个儿女和两个孙儿女，足以自豪。她教导了自己的孩子要学好，要善良，要勤劳。何况对母亲来说，一生虽苦，到晚年尤其没享受什么，但她却在苦行中参透了生死。我也在这半年回忆母亲时，才想到我的所谓生存之路的虚妄。母亲能够去捡垃圾过日子，我相信自己也能，那么还有什么必要计较呢？如《圣经》所言，飞鸟尚且得到天父的照料，不愁食物，何况人呢？不知道年轻朋友是否懂得其中的意味。

母亲的言谈举止是大气、高贵、节制的，还记得母亲第一次到北京时，我的房东见到她，惊讶地对我说："你妈妈是不是贵族小姐出身啊？"我当时还不以为意："哪里啊，她没见过世面，就是地道的农民而已。"房东不相信，说："那气质！"后来山东一大学教授来家看我，见到母亲，深深地鞠了一躬。母亲坦然地坐着不动，我才想，哦，母亲原来是一个大家啊！我自己承认母亲的高贵一面也是看到她在跟城里人打交道的时候，是看到她出席父亲葬礼的时候，我为母亲由衷地自豪。她喜欢小动物，喜欢孙悟空、猪八戒，喜欢小燕子（她因此在私下把我太太的名字叫得亲切极了）……但她更喜欢花，她曾经把邻居地里的夜来香摘回来。我批评她时，她不说话。太太没参加母亲的葬礼，她跟我正面临着婚变，但仍叮嘱我为母亲买一束鲜花。

民间说法，母亲在我赶到后咽气，正说明她对世界的记忆和对自身的把握力。据说具有神性的人有着苦行、清洁、记忆、慈悲等几种能力，母亲拥有这些能力。我赶回随州，正是炎阳开始发威肆虐之时，从武汉到随州，却从盛夏进入了一个毛毛雨的阴凉之中。但母亲走后，小雨也就停了。我们兄弟开始了忙碌的准备工作，通知亲友、购置用具、计划丧仪……教会的兄弟姐妹半夜赶来，向母亲告别。第二天上午，丧棚搭好，天下起大雨，接下来的几天更是大雨不断。直到去火葬场、再把母亲骨灰送上山安葬的那一天，才突然放晴，让整个过程顺利进行。后勤老师说："你妈妈肯定有某种东西感动了老天爷。"我相信这是真的。因为就在那几天的大雨丧仪中，我记起了美国心理学家肯·威尔伯在《恩宠与勇气》中对主人公崔雅死亡时的描述，我和太太一起看过那本书，那种自然示现的奇象是人们超越死亡的明证。

民间葬仪，在最后送葬时，需要开棺检视一次。那个时候，就需要孝子们准备一勺白糖，如果死者张着嘴，就得把糖放进嘴里，帮死者合拢。母亲走时嘴也是张开的，但当几天后我们打开冰棺时，母亲的嘴却是紧紧地闭上的。我看到时，禁不住眼泪涌出。我知道，跟父亲不同，母亲拒绝这个世界的布施，也不需要这个世界的布施。当我后来把母亲的这些事实讲给佛门中人听时，佛门的朋友当即举手宣起佛号：“阿弥陀佛！”让我觉得天地都为之震动了。

## 七

我因此固执地相信，母亲解脱了生死轮回，上天堂了。在流浪中，我还听到过同样的解脱生死大苦的案例，那些虔信的神圣的单纯，在死神、病魔来袭时，最终安详地回向了净土、天国、神的怀抱。他们的微笑，以及坦然受难，都给了亲友不小的安慰。我在贵阳还跟何士光谈起佛法。何先生告诉我，轮回、因果这些支配世界的铁律一直在起作用，只是当今人多不相信而已。我同意他的说法。

尽管不断地回忆母亲让我仍未解脱自身的生死难题，我却以母亲自豪。诗人和晓宇在《老余节哀》中，引用了我的一句话——“想想你的父母兄弟一生的努力都无能知晓你所享用的人生灿烂，那是怎样的一种大恸！”这确实是我的想法，不过母亲的隐迹或归天却让我明白，一个看透生死的人未必没有世俗所谓的灿烂，其人生甚至从未丢失自己的身心，从而能够心生万有、高贵淑世。我在年轻的大宝法王那里证实了这个道理，母亲的晚年也如此，她有如苏格拉底的宣言：分手的时候到了，你们去活，我去死，究竟谁幸福，只有神知道。但母亲在晚年时时刻刻地面对苦难的人生世界时，显然得到了天地的认可和祝福。因此，她可以老年痴呆，更能够了断生死。

我永远不知道母亲最后几年里的心理活动，以我的猜测，那大概是直面死亡时的专一，思念主时的吁请。她以此弃绝了世俗。而弃绝是所有宗教中最伟大的修行之一，耶稣在世上一再要求人们放弃，儒道也再三强调断绝、坐忘、求放心。体贴的宗教甚至理解人们在青壮年时的游学和居家生活，而要求人们在此后要进入弃绝的阶段。只有经过这一阶段，人们才能了生死，而跟威尔伯总结东西方宗教哲学时所说的“大精神”合一。母亲的弃绝同样如此，而且绝不是出于可怜、无奈——一个壮盛年华都奉献过并认可自己奉献的人，有什么理由为晚年的穷苦、病苦而怨天尤人呢？只有那些天真的新人类才会以为自己比一个和善的一辈子没出过远门的农村老人幸福、灿烂，只有那些狂妄的、那些不知死活的人才以为自己比一个清贫洁白的人活得值得。这也是俄国一流的作家们在人民面前低头的原因，也是文明史上一切圣贤在人民面前通达无碍的原因。穷苦、病苦及弃绝都是母亲示现的方式，就像隐迹前狼狈于病、大恸于千百年后的末法是伟大的佛陀所示现的某种方式一样。因此，我愿意像母亲一样有坦白生活在当下中国的人生观，有他们所谓的中国是我不乐意的，有他们所谓的盛世喜庆是我不愿去的。我跟父亲对世界的爱有所不同，我的爱是怀着憎恨的爱。如果有可能，我愿意截断因果。至于地狱中的同胞，那就有劳地藏兄或阎罗兄们去成全了。

什么是住世的功德？走一遭，享受消费一把，还是自卑地学习，自得地以为拥有……这都不是功德。达摩当年就对好佛、几次舍身寺庙的皇帝说：“不是功德！”年轻的思想家廖强针对当下人们舍身胡适，也说不是真正的功德。其实今天的社会“不是功德”的岂止揄扬胡适这一现象，舍身时尚、国学、“成功”阶层或河蟹言行，不是功德。奉爱瑜伽的大觉悟者帕布帕德曾对一个声称对《博伽梵歌》倒背如流的学者说：“你能按教义生活四十分钟吗？”学者噤口。因为世象如流，生死事大，我们多未活出个样子来。

感谢母亲，一个没有受过学校教育的农民，让我对生存的恩宠坚定了信心。

愿母亲穿越荒凉的大地，在天国的怀抱里得到安宁！

2009年9月27日 匆就于风城

# 跋 天街踏尽公卿骨

## 一 贾府的年货

现代人对宗亲家族的理解多停留在明清以来的家族文化上面。在山西、安徽、浙江等地，看到几百年的古村落或家族遗迹，多叹为观止。看到《红楼梦》里的家族生活场面，看到《家》《春》《秋》中的伦理关系，就感叹传统宗族的根深蒂固。但实际上这些明清以至民国以来的家族，并不能代表我中国家族文化的全貌。

《红楼梦》中有让现代读者咋舌的不少场面，其中过年一节中说，贾家田庄的庄头乌进孝给贾家进贡的财物包括："大鹿三十只，獐子五十只，狍子五十只，暹猪二十个，汤猪二十个，龙猪二十个，野猪二十个，家腊猪二十个，野羊二十个，青羊二十个，家汤羊二十个，家风羊二十个，鲟鳇鱼二十个，各色杂鱼二百斤，活鸡、鸭、鹅各二百只，风鸡、鸭、鹅二百只，野鸡、兔子各二百对，熊掌二十对，鹿筋二十斤，海参五十斤，鹿舌五十条，牛舌五十条，蛏干二十斤，榛、松、桃、杏穰各二口袋，大对虾五十对，干虾二百斤，银霜炭上等选用一千斤、中等二千斤，柴炭三万斤，御田胭脂米二石，碧糯五十斛，白糯五十斛，粉粳五十斛，杂色粱谷各五十斛，下用常米一千石，各色干菜一车，外卖粱谷、牲口各项之银共折银二千五百两。外门下孝敬哥儿姐儿顽意：活鹿两对，活白兔四对，黑兔四对，活锦鸡两对，西洋鸭两对。”

但贾珍面对乌进孝的反应是，贾珍皱眉道：“我算定了你至少也有五千两银子来，这够作什么的！如今你们一共只剩了八九个庄子，今年倒有两处报了旱涝，你们又打擂台，真真是又教别过年了。”乌进孝的回应是：“爷的这地方还算好呢！我兄弟离我那里只一百多里，谁知竟大差了。他现管着那府里八处庄地，比爷这边多着几倍，今年也只这些东西，不过多二三千两银子，也是有饥荒打呢。”

那些在民国大家族奢华生活面前感叹的人，见到这样的情节不免望洋兴叹。有些读者虽然不屑一顾：这只不过说明以贾府为例的封建主们，是如何大肆搜刮民脂民膏，而过着一种穷奢极欲的荒淫生活，其家族的没落是必然的。但现代人在传统家族生活面前，确实有想象力难以穿越之处。真正对过日子有见识的恐怕还是贾珍、贾老太太他们，比如贾老太太就很诚恳地说，他们贾府充其量是一个“中等人家”。

历史上的上等上品之家已经不复再现，这一类家族在国史和文明史上，确实有过逼人的辉煌，也有过令人深恶痛绝的腐化。我们今天只能在史书中，通过零星的记载，去想象家族文化曾有过的丰富复杂的面相。

## 二 魏晋世家的饮食

以饮食为例。大家都知道，曹操的出身不算高，他们家族跟当时的世家大族比还有差距，但他的儿子、大才子曹植十九岁就在一篇文章里开列了一席名贵的菜谱：芳菰精稗，霜蓄露葵，玄熊素肤，肥豢脓肌。蝉翼之割，剖纤析微；累如叠縠，离若散雪，轻随风飞，刃不转切。山鵽斥鷃，珠翠之珍。寒芳苓之巢龟，脍西海之飞鳞，臛江东之潜鼍，臇汉南之鸣鹑。糅以芳酸，甘和既醇。玄冥适咸，蓐收调辛。这当中说的一道鱼片，堪比秋蝉之翼，又如雪片般轻薄飘飞。

曹植本人就是美食家，“陈思王制驼蹄为羹，一瓯值千金”。明代人记录了“驼蹄羹”的制法：将鲜驼蹄烫煺毛，去爪甲、污垢，洗净后用盐腌，再用开水退去咸味，用慢火煮至烂熟……另一位门第不高的皇帝喜欢吃一种名叫“逐夷”的鱼肠酱，《齐民要术》记载其做法是：取石首鱼、鲨鱼、鲻鱼三种肠、肚、鱼鳔，洗净后用白盐腌制，密封在罐中。夏天等二十日，春秋等五十日，冬季需要一百天后，就可以吃了。吃时配姜、酢调料，味道鲜美。

但曹家和皇家的这点享受跟世族比又不可以道里计。魏晋时代的何曾，史书评价还算不错，说他孝敬长辈父母，遵守礼法，等等。但在饮食方面，何曾的奢靡程度令人瞠目结舌。有名的“食日万钱，犹曰无下箸处”就是何曾大人的故事，一天吃的要花费万钱，还说没个下筷子的菜。有人说，一万钱相当于一千个平民百姓一个月的伙食费。皇帝每次宴请大臣，何曾都不吃皇宫厨师做的饭菜，说是无法下咽，皇帝也不生气，特许他自带家里的饭菜。何曾的儿子何劭赶超父亲，“食之必尽四方珍异，一日之供，以钱二万”！

石崇家的饮食有过之而无不及。他家“画卵雕薪”，就是在鸡蛋和柴薪上都要雕画出图形。石崇跟“丝竹尽当时之精，庖膳穷水陆之珍”的王恺比富，就从吃喝开始，听说王恺饭后用麦芽糖水洗锅，石崇就用蜡烛当柴来烧。

王恺是皇帝的舅舅，但跟有的人比起来，仍不免落败。当时上流人家流行吃牛心，有一次小王羲之到名士周颛家做客，主人看出王羲之有前途，端上来一盘牛心炙，就先把牛心炙给了王羲之，十三岁的王羲之因此立即名动四方。王恺有一头跑得很快的牛，号称“八百里驳”。另一大佬王济找王恺说：“我射术不如你，现在拿你这头牛当赌注，我出千万钱来当抵押。”王恺觉得自己箭术了得，又想对方不会把这么珍贵的牛杀掉，就同意比赛。结果王济一出手就射中，大声吩咐，“快点把牛心给我挖来”。王济扬长而去，拿着牛心回家做牛心炙去了。

王济家的饮食极想象之能事。有一次皇帝司马炎到王济家，王济准备了无数佳肴，其中有一份蒸乳猪很美味，司马炎好奇地问是怎么做的。王济回答说：“用人乳蒸的。”司马炎一听脸色都变了，没吃完就起驾回宫了。

饮食诱惑了当时人的极限。张翰有一天见秋风起，想到故乡吴郡的菰菜、莼羹、鲈鱼脍，感叹说：“人生贵适志，何能羁宦数千里，以邀名爵乎？”他为此弃官还乡。有人劝他：你可以一时生活很快乐，难道你没想过百年之后的名声怎样吗？他的回答是：“使我有身后名，不如即时一杯酒。”

宋代的陆游有诗《读晋书》：“诸公日饫万钱厨，人乳蒸豚玉食无。谁信秋风雒城里，有人归棹为莼鲈。”

## 三 世族的产生

这些世族，即门阀士族是怎么产生的？跟春秋时代的贵族们相比有什么区别？他们在中国史上占据什么样的位置？至今仍缺乏足够的研究。

大致说来，世族跟贵族不同，贵族时代以爵位世代享用，因此称为世禄，世族没有爵位，也不一定在朝廷政治中占一席之地，但世族仍有皇权本位所不及的权力和尊荣。跟一般家族不同，家族只是血缘纽带，世族则是以家族为基础、以门第为标准的特权阶层。

门阀是门第阀阅的简称，它本身就说明世族参与过社会事务，甚至为朝廷立过大功。“古者人臣功有五品，以德立宗庙定社稷曰勋，以言曰劳，用力曰功，明其等曰伐，积日曰阅。”“第”指直接面向大街开的院门，门第指家族背景、地位贵贱。有身份的人家在大门两侧竖立两根柱子，左边的叫“阀”，右边的叫“阅”。阀阅指家族功绩、官历等。

先秦的贵族演变下来，一旦爵位丧失，但连续几代在政治经济和文化的舞台上有影响力，就有后来世家的影子了。

当时人称巨室，即公卿之家，《孟子·离娄上》：“为政不难，不得罪于巨室。”秦始皇一统天下，废分封，行郡县，贵族时代结束，皇权独尊，公卿巨室的发展也受到影响。

到西汉时代，汉武帝举贤良、明教化，董仲舒“以贤良对策”上书汉武帝。“罢黜百家，独尊儒术”与“霸王道杂之”。经学成为社会的主旋律，朝野开始培养大批士人。到东汉时期，以经学传家，以清廉正直闻名、不畏强权，家族中累世有人出任两千石以上的士大夫豪族阶层，被称为世家大族。世家大族是士大夫阶层的核心，又是社会舆论的中心，他们在与外戚宦官斗争的过程中，获得了极高的社会声誉，也有世代获得官位的家族。最出名的就是“四世三公”精研《孟氏易》的汝南袁氏、“四世太尉”世传《欧阳尚书》的弘农杨氏。

史家分析，世家大族在政治上把持中央和地方政权，经济上兼并土地，渐成割据之势，集文化、官僚、商人、地主多位一体，故又称士族，又称门第、衣冠、世族、势族、世家、巨室、门阀等。世家大族具备三方面的特征：一是世官，在史书中，其家族多有“累世二千石”的字样；二是经学名声，即以熟悉儒学经典名动天下，为天下所重；三是地方豪强，拥有庞大的庄园田产，有号召力，甚至有相对独立的武装。汉代末年，世族的控制力越来越大，选举官员的权力被士族所垄断。当时的民谣说：“举秀才，不识书，举孝廉，父别居，寒素清白浊如泥，高弟良将怯如鸡。”

天下大乱，代表庶族寒门的曹操提倡“唯才是举”，到了其子曹丕手里，创制九品中正制，以选拔官吏。初衷虽好，但到后来，九品中正逐渐异化，只记阀阅，不看个人。中正官被门阀把持，只推选门阀子弟，有了制度性的保证，可以更容易世代为官，不再需要经学传家，而能够直接升级成为士族，如此一来，加速了士族阶级的发展，造成了“上品无寒门，下品无士族”的现象。

## 四 士族崛起

在三国南北朝时期，由于大陆中国小冰期天气转寒，北方民族南下寻找生存空间，所谓“五胡乱华”，导致了数百年左右的大分裂，皇权不振，士族控制地方，流民武装保家卫国。社会的力量，因此有皇权名器力量，有士族力量，有流民武装成长起来的力量。东晋一开始，就是皇家司马氏家族与士族共治天下，即“王与马，共天下”。

最开始的“王与马，共天下”，是士族琅琊王氏与皇帝司马氏共治天下。后来又有庾与马、桓与马、谢与马等共天下的变化。门阀与皇权共治天下，这是士族们空前强大的时代。历史学家田余庆先生认为：“东晋一朝，皇帝垂拱，士族当权，流民出力，门阀政治才能维持。等到士族不能照旧当权，司马氏也不能照旧垂拱而居帝位的时候，已经走到历史前台的流民领袖人物既抛弃了司马氏，也改变了门阀政治格局，树立了次等士族的统治秩序。”

当时的中国，在南方，有琅琊王氏、陈郡谢氏、陈郡袁氏、兰陵萧氏等乔迁的世族，有东吴原来的顾姓、陆姓、朱姓、张姓等门阀大族。在北方，有太原王氏、清河崔氏、范阳卢氏、博陵崔氏、赵郡李氏、荥阳郑氏、陇西李氏等世族。有人说，那时的中国，就是被控制在一百来个士族的手中。

这些士族“高贵”“威福”到什么程度？他们之间别的不熟悉，但他们熟悉彼此的家族里出过多少个宰相、多少个皇后、多少个驸马、多少个名士。比如琅琊王氏，千百年来培养了以王羲之、王导、王元姬为代表的35个宰相、36个皇后、6个驸马和186位文人名士。南朝的文人沈约曾经感叹：“吾少好百家之言，身为四代之史。自开辟以来，未有爵位蝉联、文才相继如王氏之盛也。”

当然，士族中也分几等，如：第一等，膏粱门第，三世中有过三个宰相（三公）；第二等，华腴门第，三世中有过三个院级首长（尚书令、中书令、尚书仆射）；第三等，甲姓门第，三世中有过重要部门的长官（尚书）；第四等，乙姓门第，三世中有过次要部门的长官（九卿）和地方官（刺史）；第五等，丙姓门第，三世中有过顾问官或国务官员（散骑常侍、太中大夫）；第六等，丁姓门第，三世中有过重要部门的副长官（吏部员外郎）。

士族的权力难以想象。东晋的内外军政大权一度几乎全由桓温控制，皇帝对桓温有任命诏书，太原王氏的王坦之和陈郡谢氏的谢安联手抵制，他们直接在皇帝面前把诏书撕掉。除了政治经济的强势，在社会生活上，他们要跟庶族分隔开来，庶族是指士族以外的一般中小地主，也称寒门。他们不与庶族通婚，坐不同席。徐爰是皇帝的宠臣，皇帝想提高他的社会地位，命王球等人跟他交往，出身门第最高的琅琊王氏的王球竟说："士庶区别，国之章也，臣不敢奉诏！"皇帝只好承认自己不对。

陶渊明的曾祖陶侃出身寒门，有一次，陶侃跟杨晫一同乘车去拜见江南名士中书郎顾荣，有人对杨晫说："你怎么和小人同乘一辆车呢？"后来的陶侃雄霸天下，为东晋立下大功，即使如此，他和自己的后人仍被士族圈子排斥。到陶渊明时代，无法进入上流核心，陶渊明也因此不堪吏职，辞官归家。

一代乱臣侯景曾向梁武帝请求和王谢两族联姻，梁武帝萧衍不答应，他的理由是："王谢门高非偶，可于朱张以下访之。"另一个皇帝宠信的大臣纪僧真，向皇帝请求："我的出身不过本县武官，请陛下准许我当士大夫。"皇帝说："这事由江斅做主，求我没有用，你可去找他。"纪僧真前去拜访，刚一坐下，江斅就要人把自己的座位搬开，纪僧真丧气而退，向皇帝诉屈说："士大夫不是皇帝可以委派的。"

士族的发达使他们的"朋友圈"也进行了排名。在北魏孝文帝时代，曾对汉人腹地——"山东"（崤山以东，包括今天的山西一部、山东、河北大部与河南）地区的士族进行排名："魏主（孝文帝）雅重门族，以范阳卢敏、清河崔宗伯、荥阳郑羲、太原王琼四姓，衣冠所推……"当时不在山东的陇西李氏十分显贵，虽未列"四姓高门"，但其山东一支仍被定为甲族，最终也成"四海大姓"之一。

曹魏时代，清河崔巘对范阳卢元明说："天下盛门唯我与尔，博（陵）崔（氏）、赵（郡）李（氏）何事者哉？！"但后来，博陵崔氏影响日深，再次超越了清河崔氏。来自博陵的宰相也超越了来自清河的宰相，博陵崔氏遂被"天下推为士族之冠"。到了唐代，流行"七宗五姓"的说法：博陵崔氏、赵郡李氏、清河崔氏、范阳卢氏、荥阳郑氏、陇西李氏、太原王氏。

这些士族，"恃其族望，耻与诸姓为婚"，他们内部通婚，以保持高贵的血统。如按北魏以来的传统，清河崔氏与陇西李氏、范阳卢氏世代为婚姻；赵郡李氏则与博陵崔氏世代为婚姻；范阳卢氏与荥阳郑氏世代婚姻；陇西李氏与范阳卢氏世代婚姻，他们不屑于与其他姓氏为婚。盛唐宰相薛元超的薛家已属以韦、裴、柳、薛为成员的"关中四姓"之一，他的人生感叹是："此生所遗憾者，未能娶五姓女！"

## 五 华轩绣毂皆销散

虽然士族在东晋时代有过权倾朝野的辉煌，但士族并没有阶层的独立和自觉，用现代人的话说，他们并没有发挥创造性，反而只是在寄生和奢靡的路上狂奔。时移世异，士族终于被时代的车轮所抛弃碾轧。随着军功阶层或所谓"次等士族"的兴起，刘裕等人建立了新政权，排斥门阀政治，将政治格局拉回皇权独尊之状态。

其实在刘宋政权建立之前，权力斗争中的士族基础就不断被削弱。士族相互之间的竞争不说，士族跟皇权、军头权臣之间的争斗同样大大弱化了士族。如河阴之变中，权臣尔朱荣纵兵围杀北魏的王公百官两千多人，将迁到洛阳的汉化鲜卑贵族和出仕北魏的汉族大家消灭殆尽。之后的侯景之乱，更使南朝的士族遭遇灭顶之灾，除了被屠杀的，还有许多士族饿死。颜之推说："中原冠带，随晋渡江者百家，故江东有《百谱》；至是，在都者覆灭略尽。"在侯景之乱期间，士族子弟几十年不见兵器，柔弱不堪，闻变后惶惶不可终日。腐败到毫无抗击能力的士族，一个个怀抱金银珠玉，在家里等死。我曾在《我们对于饥饿的态度》一文中感叹："晋惠帝是个白痴，天下有饥竟问何不食肉糜？东晋时代……士族中人身着罗衣，怀抱金玉，关着门整家整家地饿死，他们连掘食草根的能力也丧失了。"

皇权趁势打压士族。隋文帝杨坚开国后，为了打击士族力量，就杀绝了关陇集团缔造者宇文泰的满门子孙。唐太宗李世民也觉得奇怪，那些士族被打压得那么厉害，怎么还那么嚣张："比有山东崔、卢、李、郑四姓，虽累叶凌迟，犹恃其旧地，好自矜大，称为士大夫。每嫁女他族，必广索聘财，以多为贵，论数定约，同于市贾，甚损风俗，有紊礼经。既轻重失宜，理须改革。""吾实不解山东四姓为何自矜，而人间又为何重之？！"他为了扶植庶族地主，压制旧士族势力，加强皇权，下令修订《氏族志》。结果新修的《氏族志》仍把清河崔氏列为第一，李世民非常生气："崔氏早已衰微，既无显官，又无人才，凭什么列为第一？难道我李氏贵为天子，还比不上崔氏吗？”他下令改以李氏第一，皇后氏族长孙氏第二，崔氏列第三。

高宗时代，朝廷颁布《禁婚令》：“后魏陇西李宝，太原王琼，荥阳郑温，范阳卢子迁、卢浑、卢辅，清河崔宗伯、崔元孙，前燕博陵崔懿，晋赵郡李楷等子孙，不得自为婚姻。”但效果适得其反，他们的社会声望更高了，“皆称‘禁婚家’，益自贵”。到晚唐时，文宗皇帝向宰相郑覃求亲，希望郑覃能把孙女嫁给皇太子，但郑覃拒绝了，反而把孙女嫁给时为九品官的崔某。皇帝大为不解：“民间修婚姻，不计官品而上阀阅。我家二百年天子，顾不及崔、卢耶？”

真正的打击来自草根阶层。如果用当代政治学社会学的浅陋术语来说，在士族最为辉煌的时代，他们最有机会创制出“纺锤形”的社会结构，但他们没能发挥阶层的自觉和创造性。有西方学者曾把士绅分开来看，认为士代表的利益诉求是追求公正，代表平民大众，一如现代的民主党派；绅代表的利益诉求是追求效率，代表精英阶层，一如现代的共和党派。但士族时代的世家大族多集士绅一体，没有社会追求，只有贪婪享受。他们因此注定既为皇权忌惮，又为民众仇恨。

侯景入梁时，只有八百人，到他起兵暴乱时，有八千人。侯景任命许多南朝士族家的奴婢为官，使他们纷纷投奔而来，“人人感恩，为之致死”。大量的士族奴婢和农民的加入，使侯景之乱攻入皇城的人数有十万人。有学者因此称为“梁末奴婢解放运动”。

士族这个阶层似乎没有时间意识，没有历史感和记忆，上招王权忌恨，下招民众仇恨。天怒人怨，他们不以为然，仍招摇于中国。到盛世唐朝，一个新时代，我们最忧患的大诗人杜甫写下了“朱门酒肉臭，路有冻死骨”这样的名句，仍不足以警醒他们。

更大的报复终于来临。“待到秋来九月八，我花开后百花杀。冲天香阵透长安，满城尽带黄金甲。”落第的黄巢带兵来了。“尚让厨中食木皮，黄巢机上刲人肉……华轩绣毂皆销散，甲第朱门无一半。含元殿上狐兔行，花萼楼前荆棘满。昔时繁盛皆埋没，举目凄凉无故物。内库烧为锦绣灰，天街踏尽公卿骨！”

士族们至死仍无自觉，仍以清流自命。于是，有人对权臣说：“此等自谓清流，宜投诸河，永为浊流。”于是，朱温在滑州白马驿，一夕尽杀以裴枢、独孤损、崔远、陆扆、王溥、赵崇、王赞等为首的“衣冠清流”三十余人，投尸于河，同时被贬和杀害的大臣有数百人，使唐朝朝廷为之一空。

经黄巢之乱、白马驿之祸，士族再无力量现身于历史舞台。没有中上阶层，没有“上层建筑”，暴发户们粉墨登场，较南北朝时期更黑暗的时代五代十国阶段来临了，即使首都有“折叠”但更为专制、扁平化的宋元明清时期来临了。士族曾以经学传家自许，此时，“家国天下”在他们的传承下，多成为笑话。